समय के सुलगते सरोकार

मीडिया, समय और समाज पर प्रश्नांकन

समय के सुलगते सरोकार

मीडिया, समय और समाज पर प्रश्नांकन

सेवाराम त्रिपाठी

संपादन

विजयशंकर चतुर्वेदी

लोकभारती प्रकाशन

लोकभारती प्रकाशन
पहली मंजिल, दरबारी बिल्डिंग, महात्मा गाँधी मार्ग
प्रयागराज-211 001
वेबसाइट : www.lokbhartiprakashan.com
ईमेल : info@lokbhartiprakashan.com

शाखाएँ : 1-बी, नेताजी सुभाष मार्ग, दरियागंज
नयी दिल्ली-110 002
अशोक राजपथ, साइन्स कॉलेज के सामने
पटना-800 006
36-ए, शेक्सपियर सरणी
कोलकाता-700 017 (प. बंगाल)

प्रथम संस्करण : 2019

आस्था पेपर कन्वर्टर
इलाहाबाद द्वारा मुद्रित

SAMAY KE SULAGTE SAROKAR
by Sewaram Tripathi
Edited by Vijayshankar Chaturvedi

ISBN : 978-93-89243-26-0

मूल्य : ₹ 395

सामयिक विषयों पर
लिखने के लिए प्रेरित करने वाले
बाबू जी श्री मायाराम सुरजन
संस्थापक-संपादक 'देशबंधु'
और
श्री श्यामसुंदर शर्मा
पूर्व संपादक, देशबंधु, सतना
की स्मृति में
एवं
यशस्वी पत्रकार एवं कवि
बड़े भाई
श्री ललित सुरजन
के लिए

अनुक्रम

ये लेख ख़ूब पठनीय और माननीय हैं

मीडियाहस्ती और वरिष्ठ हिंदीसेवी राहुल देव

निबंधकार डॉ. सेवाराम त्रिपाठी के प्रौढ़ मन की गहरी संवदेनशीलता, विचारशीलता, आहत मूल्यबोध और विशद जिज्ञासाओं के, चिंताओं के और चिंतन के, अवसाद और निराशा के आलेख हैं ये; जिन्हें युवा कवि-पत्रकार विजयशंकर चतुर्वेदी ने चयनित एवं संपादित किया है। निबंधकार की दृष्टि फ़ार्मूलाबद्ध वामपंथी संवदेनशीलता और विचारधारात्मक प्रभावों से निबद्ध होने के बावजूद मर्मस्पर्शी, अपने तईं प्रामाणिक, बड़े आकाश और दार्शनिकता की ओर झुकी हुई है।

देश-समाज की समकालीन समस्याओं को एक बड़े परिप्रेक्ष्य में देखने, घटनाओं पर फौरी पत्रकारीय टिप्पणियों से आगे जाकर उनके पीछे की संरचनात्मक परिघटनाओं को समझने-समझाने की निबंधकार की प्रवृत्ति लेखों को गहराई और सुदीर्घ प्रासंगिकता देती है। एक सजग और परिश्रमी पत्रकार की तरह विजयशंकर ने सभी लेखों में विषय के अधिक-से-अधिक पक्षों में पर्याप्त शोध करने और सभी पहलुओं को एक संश्लिष्ट और समग्र वैचारिक चौखटे में रखकर पेश करने की प्रवृत्ति दिखलाई है। उनका यह प्रयास अक्सर एक तरह से विषय के बहुपक्षीय सर्वेक्षण जैसा उपयोगी रूप धारण कर लेता है।

निबंधकार की एक और प्रवृत्ति ध्यान खींचती है। वह लगभग हर लेख में तमाम भारतीय और विदेशी विद्वानों-चिंतकों-लेखकों के उद्धरणों का ख़ूब उदार और भरपूर उपयोग करते हैं। उतना ही प्रचुर उपयोग हुआ है हिंदी के कवितांशों का। यह आदत लेख का आकार और आयाम तो शायद बढ़ाती है; लेकिन कई बार उनकी अपनी मौलिक सोच को लेकर प्रश्न भी खड़ा करती है कि एक मौलिक चिंतक को अपनी बात की पुष्टि के लिए इतने बाहरी अनुमोदनों और सहारों की ज़रूरत क्यों पड़नी चाहिए? अपने समय और समाज की विभिन्न

समस्याओं और प्रवृत्तियों पर तो निबंधकार की दृष्टि तो जाती ही है, वह समय और काल जैसी अर्मूत अवधारणाओं से भी पूरे दार्शनिक अंदाज़ में दो-दो हाथ करते नज़र आते हैं। जीवन और जगत के सनातन और विराट प्रश्नों से जूझने-उलझने-समझने-समझाने का उनका यह बौद्धिक साहस सराहनीय है।

वामपंथी वैचारिकी में निबद्ध रहने के दुष्परिणाम भी दिखते हैं। आतंकवाद और साहित्य वाले लेख में इस पूर्वग्रही दृष्टि की सीमाएँ स्पष्ट तरीके से उभरी हैं। निबंधकार आतंकवाद जैसी वैश्विक परिघटना पर टिप्पणी करते समय आतंकवाद और सांप्रदायिक दंगों के बीच के विशाल और मौलिक अंतर को भूल जाता है। उसकी कई स्थापनाएँ आश्चर्यजनक हैं। ऐसी स्थापनाएँ अपनी वैचारिक प्रतिबद्धताओं के चलते कुछ बेहद स्पष्ट सामने दिखती चीज़ों को स्वीकार न करने की मज़बूरी भी उजागर करती हैं। एक बानगी देखिए- "जब राज्य स्वयं एक आतंकवादी संस्था का रूप ग्रहण कर ले, तब उसके विरुद्ध प्रतिक्रियात्मक आतंकवाद का औचित्य समझा जा सकता है।"

अपने लोकतंत्र पर केंद्रित तीनों लेखों में भी निबंधकार के विचारधारात्मक पूर्वग्रह और दृष्टि की एकांगिता उन्हें बड़ी राष्ट्रीय समस्याओं और हमारी राष्ट्रीय चरित्रताओं, विकृतियों और विशिष्टताओं में से ज़्यादातर का ज़िम्मेदार वर्तमान सरकार और उसकी विचारधारा को बनाने तक सीमित रह जाती हैं। स्वतंत्रता के बाद के सारे शासक-प्रभु वर्गों, सरकारों, सत्तारूढ़ विचारधाराओं, राजनीतिक-सामाजिक- आर्थिक-शैक्षिक-सांस्कृतिक नेतृत्व तथा परिघटनाओं के चरित्र-व्यवहार और प्रभावों को लगभग अनदेखा करके उन्हें ज़िम्मेदारी से मुक्त कर दिया गया है। इन चिंताओं/विशेषताओं के बावजूद अपनी धारदार भाषा, वैचारिक प्रखरता, व्यापक संवेनदनशीलता, मानवीय चिंताओं से दीप्त गहरी चिंतनशीलता और मौलिक भाषायी प्रयोगों के लिए ये लेख ख़ूब पठनीय और माननीय हैं। विजय और निबंधकार त्रिपाठी जी को बधाई!

बेचैनियों के दहानों में

"बहुत चालाक है दुश्मन, उजालों को ख़बर कर दो,
दीये के ठीक नीचे ही अँधेरा बैठ जाता है।"

-बल्ली सिंह चीमा

कुछ बातें समय-समय पर मेरे वैचारिक लोक में आती रही हैं। वास्तविकताओं से मुठभेड़ करना ही तो ज़िंदगी है। रेत में सर छिपाकर, बिल्ली की तरह आँखें मूँदकर या कन्नी काटकर यथार्थ से आँखें चुराना संभव नहीं है। हम अपने समय, परिवेश और विद्रूपताओं को पीठ दिखाकर आगे नहीं बढ़ सकते। आपदाएँ आपके सामने हमेशा नए-नए रूप धरकर पेश होती रहती हैं और ज़िंदगी सपने बुन रही होती है। ख़ुशफ़हमियाँ भी नया संसार रचती हैं। स्थितियाँ आती हैं उम्मीदों के फ़लसफ़े बनाती हुई, धरती-आसमान के कुलाबे मिलाती हुई, पर हमारे चाहने भर से क्या होगा? विपदा की अनदेखी करते लपलपाती इच्छाओं के रूपक परेशानी-दर-परेशानी पैदा कर रहे हैं। सबको पता है कि अज्ञान और अंधविश्वास की तलवारें सर्वांगीण विकास की प्रक्रिया को अपाहिज बना देती हैं। फिर भी झुंड के झुंड सँपेरे की बीन की तरह सम्मोहित होकर विनाश की खाइयों में कूदते जा रहे हैं!

हमारा निज़ाम बड़ी तेज़ी से बदल रहा है। ढोल-नगाड़ों की धुन पर ख़ुशहाली के उद्घोषणा-गान सुना-सुनाकर हमको ठोंका-पटीला जा रहा है। मुश्किलें नए-नए अंदाज़ में ढल रही हैं और अब तो ख़्वाबों पर भी पहरे हैं। वहाँ भी निशानदेहियाँ हो रही हैं। हमारी चिंताओं में नित्यप्रति बदलते अरमान, सपनों के अक्स और जीवन में छितराता हुआ खोखला वैभव पसरा हुआ है। यही नहीं, हूहों में बजते इरादे रोज़-रोज़ नया कारवाँ बनाते चले आते हैं। न्याय, मनुष्यता, आज़ादी और जनतंत्र लहूलुहान हैं। केवल विकास

के रूपक गढ़े जा रहे हैं। विकास के अट्टहास और सब कुछ को अपनी मुट्ठी में कस लेने की स्पृहा ने जवानी का जलवा खींचने वालों को अपने आगोश में ले लिया है। तड़पता हुआ वर्तमान हमारी चिंतन-दिशा को छलनी कर रहा है। एक घायल मनोलोक, शिष्टता की समूची सरहदें ध्वस्त करती जीवन-शैलियाँ और ख़तरे के सायरन बजाते नैतिक मूल्यों का मलवा निरंतर झर रहा है। एक सनक समूची सीमाएँ लाँघती हुई सभी को ललकार रही है। अमंगल की रुग्ण शायिकाओं के नए-नए रूपाकार जनकल्याण की खोल में अट्टहास कर रहे हैं; लेकिन विचारों के आईने में उतरते जज़्बात और ख़ामोशियों में पैवस्त उम्मीदों के मायने हमें जीने का हौसला देते हैं।

हमारे समय में केवल बेकली ही नहीं है, कुछ दुःस्वप्न भी हैं। एकता, भाई-चारा, शांति, सद्‌भाव और सौहार्द को बार-बार कुचलने की कोशिश हो रही है। ज़िम्मेदारियाँ चुप्पी लगा लेती हैं या कभी-कभार कुछ बोलकर अहसान-सा जताती हैं। उन्हें सक्षम और फ़ैसलाकुन कार्रवाई से परहेज़ है। दलन, उत्पीड़न और हिंसा की घटनाएँ इसी झोल की वजह से बढ़ी हैं। इन्हें दबाने वाला तंत्र ख़ामोश है। इसलिए किसी को किसी चीज़ का कहीं कोई डर नहीं। मुश्किलें अनेक हैं और उनके विविध कोण भी। जनतंत्र के नाम पर भीड़तंत्र के नाना रूपी ब्रांड निर्मित किए जा रहे हैं; वह भी जातीय और धार्मिक अस्मिता के नाम पर। आतंक की यह मार्केटिंग और भारतीय मानसिकता की यह बदहाली हमारी सांस्कृतिक विरासत और विविधता को किस गह्वर में ले जाकर पटकेगी, कुछ कहा नहीं जा सकता। हम प्रश्नवाचकों के दावानल झेलने के लिए अभिशप्त किए जा रहे हैं। यह निराशा नहीं, एक तरह की व्याकुलता है। इन्हीं विकलताओं और व्यग्रताओं के तहत समय-समय पर लिखे गए मेरे ये निबंध आपके सामने हैं। आपकी हैरानियाँ और परेशानियाँ मेरी इन चिंताओं में भागीदार बन सकें, मात्र यही कामना थी। ये निबंध चूँकि मेरे जीवन के अलग-अलग पड़ावों पर विभिन्न रूपों में ढले हैं, इसलिए इनमें एक सिलसिला बनाती वास्तविकताएँ भी छिपी हुई हैं और बहुविध सवालों से टकराने की ज़िद भी।

हम देख रहे हैं कि एक तरह का चौतरफ़ा उन्माद कड़े संघर्ष और चरम त्याग से अर्जित मूल्यों और उनकी प्रणालियों को ढहाता हुआ बवंडर की शक्ल ले रहा है। किंकर्तव्यविमूढ़ता चतुर्दिक् नाच रही है।

क्या-क्या बदल रहा है, क्या-क्या बदला जा रहा है और क्या-क्या बदलेगा- इन सवालों पर तमाशबीनों की-सी स्थिति है। दुष्यंत कुमार का यह शेर याद आ रहा है- 'दुकानदार तो मेले में लुट गए यारो, तमाशबीन दुकानें लगा के बैठ गए।' ऊपर से तुर्रा यह कि हम उत्तरोत्तर विकास की वे मंज़िलें तय कर रहे हैं; जो आज तक सोची तक नहीं गईं। यह सब न्याय और जनतंत्र के मानदंडों को अंग-भंग करते हुए हो रहा है और मीडिया इसका साक्षी और आवाज़ बनने की बजाय स्वयं आखेटक की भूमिका में है।

क्या हम असमंजस में नहीं हैं? जो भी घट रहा है, वह अविश्वास की लपटों के बीच है। हम ऐसे समय में हैं, जब सभी के पास सहेजने के लिए सामाजिक न्याय, रोज़गार का हक़, शिक्षा के समान अवसर, अभिव्यक्ति की स्वतंत्रता, विश्वबंधुत्व और सह-अस्तित्व जैसे अनेक उच्चतर मानव-मूल्यों के स्थान पर हताशाओं, कुंठाओं और निराशाओं के ढूह लगा दिए गए हैं। झाँसा, धोखाधड़ी और रहसलीलाओं का घटाटोप बार-बार चुनौतियाँ देता है। शर्म-लज्जा, ग्लानि-अपमान फ़िज़ाओं में तैर रहे हैं; आचरणहीनता दहाड़ रही है; नैतिकताओं का पतन चरम पर और आम है। ठोस, बुनियादी और वास्तविक जीवन-मूल्यों को दरकिनार करते हुए मात्र इच्छाओं की पुतलियों में समूचा संसार और वैभव निर्मित किया जा रहा है।

सुना है कि समय की मार बहुत घातक और कई बार बेआवाज़ भी होती है। इसके बावजूद बड़ी निर्लज्जता के साथ भारत की सामासिक संस्कृति को तहस-नहस करने के दृढ़ इरादे से अश्वमेध यज्ञ का घोड़ा छुट्टा छोड़ दिया गया है। देखते हैं कि नथुनों से नाथकर इसे अस्तबल में कौन बाँध सकेगा!

पुस्तक-प्रकाशन के प्रति लोकभारती प्रकाशन के श्री रमेश ग्रोवर जी ने जो उत्सुकता और तत्परता दिखाई, आभारी हूँ। अपने व्यस्ततम समय में से श्री विजयशंकर चतुर्वेदी ने इस क़िताब का सुरुचिपूर्ण, निष्ठा और विद्वतापूर्ण जो संपादन किया है, उसके लिए मैं निःशब्द हूँ। मीडिया-विशेषज्ञ श्री राहुल देव जी ने जो लिखा तथा श्री बोधिसत्व जी ने ब्लर्ब लिखा और मेरे प्रति जो अपनापा और आदर व्यक्त किया, दोनों के प्रति शुक्रगुज़ार हूँ। प्रिय रामानंद तिवारी की निष्ठा और समर्पण को याद करते हुए बार-बार अभिभूत होता हूँ। पारिवारिक और सामाजिक-सांस्कृतिक हलचलों ने मुझे निरंतर प्रोत्साहित

किया है; राजनीतिक परिदृश्य ने लगातार मुझे आंदोलित और उद्वेलित किया है। इस पूरे क्रम में मेरा समूचा परिवार फ़ौलाद की तरह मेरे साथ खड़ा था; जिसकी वजह से यह पुस्तक आकार पा सकी है।

13 नवंबर' 2018
मुक्तिबोध-जयंती

-सेवाराम त्रिपाठी

संपादक की बात

सच कहूँ तो उपलब्ध निर्बंधित सामग्री में अंतर्निहित विकलता ने मुझसे यह काम करवा लिया। यों तो अपने समाजार्थिक परिवेश, राजनीतिक हलचलों और सांस्कृतिक क्षुधाओं से हर संवेदनशील व्यक्ति कंपित होता है और उसे बल भर अभिव्यक्त भी करता है; लेकिन डॉ. सेवाराम त्रिपाठी के निबंधों में मुझे भाषा की जो विदग्धता दिखी; वह विषय-वस्तु को नश्तर की तरह पाठक के मनोजगत में उतार देती है।

प्रस्तुत निबंधों में अपने समय, समाज और संचार-माध्यमों की पड़ताल के साथ-साथ लोकतंत्र के धैर्य की आज़माइश का भी जायज़ा लिया गया है। इनमें एक ओर जहाँ सर्वग्रासी उपभोक्ता संस्कृति को लेकर चिंताएँ ज़ाहिर की गई हैं, तो दूसरी ओर दलित, वंचित, शोषित वर्गों की छटपटाहट भी व्यक्त की गई है। आधी आबादी की कराह के साथ-साथ उम्र का दंश झेल रहे वृद्धों की उपेक्षा का हाहाकार उपस्थित है। पर्यावरण के साथ हो रहे खिलवाड़ का भंडाफोड़ किया गया है और व्यावसायिक योग के गुणा-भाग का फल भी चखाया गया है। नई सदी की सच्चाई बयान करने के अलावा काल-प्रवाह से मुठभेड़ की गई है। आतंकवाद की गोली के सामने सीना ताने खड़े प्रतिरोधी साहित्य का मंजर प्रस्तुत हुआ है तो जीवन में बिखरते जा रहे रिश्तों का कोलाज़ मन को भिगो देता है।

इन निबंधों में प्रजातंत्र के लड़खड़ाते क़दम भी दिख जाएँगे और रंग बदलता लोकतंत्र भी। पते की बात यह है कि वर्तमान समय और समाज को सबसे ज़्यादा प्रभावित करने वाले मीडिया की जमकर ख़बर ली गई है; जो जनता का पाला छोड़कर सत्ताधीशों के सामने पूँछ हिला रहा है। ऐसा करने के पीछे निबंधकार की मंशा मीडिया का निषेध करना नहीं; बल्कि 'का चुप साध रहा बलवाना' स्मरण कराने की भूमिका निभाना है। इसी कड़ी में उसकी कलम

ने सोशल मीडिया की भी निर्मम चीर-फाड़ की है। उच्छृंखल पूँजी का दास बन चुके मुख्यधारा के मीडिया का विकल्प बनकर उभरे इस न्यू मीडिया के श्वेत-श्याम पहलू भी सामने रखे गए हैं। संग्रह में इस सबके अतिरिक्त अन्य ज्वलंत, ज़रूरी और सरोकारी विषय तो शामिल हैं ही।

विशेष बात यह है कि निबंधकार सिर्फ़ प्रश्न उछालकर, कटघरे में खड़ाकर, दोषारोपणकर या स्वयं को बचाकर नहीं रह गया; बल्कि उसने आँख में उँगली डालकर आसन्न संकट की ओर ध्यान आकृष्ट किया है और अपनी ज़िम्मेदारियाँ साझा और तय करते हुए समस्याओं के समाधान भी निरूपित किए हैं। ये समाधान प्रवचन या उपदेश की शैली में नहीं, बल्कि कविता की उस शैली में हैं; जहाँ चिंताओं की परतें सीवन की तरह उधड़ती चलती हैं; पढ़ते-पढ़ते जागरूकता उत्पन्न होती जाती है और पाठकों के समक्ष विकल्प ख़ुद-ब-ख़ुद उपस्थित होते जाते हैं।

हाँ, यह घोषित तौर पर कहा जा सकता है कि ये ललित निबंध नहीं हैं। निबंधकार की भाषा भी नर्मोनाज़ुक नहीं है। कोड़ा फटकारना उसकी भाषा का मूल भाव है, बिजली गिराना नहीं। यह शब्दों की शुचिता वाला शिल्प भी नहीं है। वहाँ खड़ी बोली का कोई शब्द शावक-भाव से पुकारता है और उसका साथ देने बघेली के सिंह शब्द दहाड़ते चले आते हैं। भाषा नर्मदानुगामिनी है। कहीं वह भेड़ाघाट बनाती है तो कहीं माहेश्वर।

निबंधों की विशाल मंजूषा से चयन और संपादन करते समय मैंने इस तथ्य का पूरा ध्यान रखा कि अधिकतर लेखन विविधविषयी होने के साथ-साथ भिन्नकालिक भी हैं। चूँकि समय अपना सफ़र तय करता रहा है और लिखित पाठ पर मुसलसल बर्फ़ जमाता रहा है, इसलिए दबे हुए अंगारों की तलाश और शिनाख़्त सावधानीपूर्वक की जानी थी। निबंधकार की वैचारिक प्रतिबद्धता, संवेदना, व्यग्रता और बेचैनी को भी बरकरार रखा जाना था। मैंने चुनौती को स्वीकारा और परिणाम सामने है। मेरी अपनी सीमाएँ भी उजागर हैं। मैं किस हद तक सफल रहा, यह निर्णय आप सुधीजन करें।

अतिशय धन्यवाद,

-विजयशंकर चतुर्वेदी

सोशल मीडिया : ख़ुद ही ठंडा, ख़ुद ही गरम

भारत में सोशल मीडिया को अपनी स्वतंत्र पहचान मिल चुकी है। यहाँ तक का अपना रास्ता उसने स्वयं बनाया है। कई दिशाओं में वह अब भी प्रयासरत है; लेकिन कहीं रुका नहीं, कहीं झुका नहीं। शुरुआती दौर में वातावरण अवश्य बहुत उत्साहजनक नहीं था; मगर अब तो उसकी धीरे-धीरे सर्वत्र व्याप्ति हो रही है। संघर्षशील ताक़तों के सामाजिक-राजनैतिक मंचों पर वह पहले ही बेहद प्रभावी हो चुका है। इसकी प्रमुख वजह यह है कि मुख्यधारा के मीडिया ने महिलाओं, दलितों, शोषितों, वंचितों, अल्पसंख्यकों तक सूचनाएँ और ख़बरें लेने-पहुँचाने में घनघोर बाधा डाली। आवारा पूँजी का चाकर बनकर उसने सत्ता का गुणगान तो किया; लेकिन सत्ता की जनविरोधी नीतियों पर लंबे समय तक भरसक परदा डालता रहा। इस परदे की वजह से मुख्यधारा का मीडिया लोगों के मन में घुटन भरता रहा और अपने प्रति अविश्वास कमाता रहा। लेकिन जैसे ही तक़नीक ने छलाँग मारी, मोबाइल-क्रांति हुई, इंटरनेट चौड़ा हुआ और नए ढंग का मीडिया लोगों के सामने आया, उन्होंने हाथोंहाथ उसे लपक लिया और भड़ास निकालने लगे। यह प्यासे को पानी मिलने जैसा अमल था।

अब तो सोशल मीडिया ने लोकतंत्र पर सवार मुख्यधारा के मीडिया की विसंगतियों को बिना किसी भय के उजागर करना शुरू कर दिया है। वह सामग्री-उपभोक्ता को ही उत्पादनकर्ता बना रहा है, भले ही यह उत्पाद आभासी दुनिया में चकरघिन्नी बना फिरता हो; हालाँकि उसका आभासीपन उसकी शक्ति भी है और सीमा भी। सोशल मीडिया का उपयोग करने वाले इसे बख़ूबी समझते हैं और इसका अच्छा-बुरा दोनों तरह का परिणाम प्राप्त करते हैं; लेकिन जब यही उत्पाद हैशटैग या व्यक्तिगत पृष्ठ के माध्यम से वास्तविक दुनिया में आता है, तो लोग सड़कों पर उतर जाते हैं और सरकारों

की ईंट से ईंट बजा देने का माद्दा रखते हैं। सोशल मीडिया को वंचितों का मीडिया कहा जाए तो अतिशयोक्ति नहीं होगी। हालाँकि इसका दुरुपयोग करने के लिए मुख्यधारा का पूँजीधारी मीडिया भी अपने विकृत दल-बल के साथ वहाँ आ डटा है।

सोशल मीडिया के उपयोगकर्ता भी भाँति-भाँति के हैं। उनकी पृष्ठभूमि और कार्यक्षेत्र भी अलग-अलग हैं। सोशल मीडिया के व्यापक मंच पर कवि, लेखक, पत्रकार, अनुवादक, वकील, डॉक्टर, इंजीनियर, अभिनेता, गायक, रंगकर्मी, पाककला-विशेषज्ञ, टैरो कार्ड रीडर, रत्न-विशेषज्ञ, अंकशास्त्री, फलित ज्योतिषाचार्य, सामाजिक कार्यकर्ता, पुलिस अधिकारी, विभिन्न खेलों के खिलाड़ी, नेता, अभिनेता, छोटे-बड़े व्यापारी, मार्केटिंग वाले सेल्समैन, पुस्तक-प्रकाशक, पढ़े-लिखे किसान, जादूगर, उपदेशक, पंडित, मुल्ला, मौलवी, आयुर्वेदाचार्य, अध्यात्मवादी, दर्शनशास्त्री- आख़िर कौन है, जो सक्रिय नहीं है। लेकिन सोशल मीडिया की एक बड़ी दिक्कत यह है कि यहाँ प्रस्तुत या प्राप्त की गई अधिकतर सामग्री की प्रामाणिकता का दावा ब्रह्मा भी नहीं कर सकते। प्रसिद्ध कवि बोधिसत्त्व की एक कविता मुझे याद आ रही है- "मैं तो बस चोर की तरह/चुराता रहा दूसरों का किया/मैंने किया क्या/जीवन जिया क्या?"

कोई फेसबुक, ट्विटर, वॉट्सऐप, इंस्टाग्राम, लिंक्ड इन, ब्लॉग, यूट्यूब, विकीपीडिया, गूगल सर्च, अन्य सर्च इंजनों, डिज़िटल मंचों और सोशल वेबसाइट्स पर पूरा-पूरा दिन गुजार देता है, तो कोई अपने सुभीते से झाँककर लौट जाता है। सोशल मीडिया पर हर किसी की पसंद का मसाला उपलब्ध है; लेकिन इस सुभीते के अपने ख़तरे भी हैं। यह ब्रेनवॉश भी करता है। अगर आप समझदारी और अपने विवेक का इस्तेमाल नहीं करते तो यह बंदर के हाथ उस्तरा भी साबित हो सकता है। इसी का फ़ायदा जानपाँड़े लोग उठाते हैं और लोगों को एक ख़ास दिशा में चलने को मना-पुटिया लेते हैं। प्रमुख राजनीतिक दलों ने तो अपनी-अपनी आईटी सेनाएँ तैनात कर रखी हैं; जो उपयोगकर्ताओं को अपने पाले में करने के लिए किसी भी हद तक गिर सकती हैं और विरोधियों को चित करने के लिए घृणा-सामग्री उत्पादन का कारखाना चलाती हैं। इस आभासी संसार में झूठ, दुष्प्रचार, फ़ेक न्यूज़ और अफ़वाहों का कुटीर उद्योग भी धड़ल्ले से फल-फूल रहा है।

सोशल मीडिया के इस नकारात्मक पक्ष से चिंतित होकर युवा कवि-पत्रकार विजयशंकर चतुर्वेदी ने शीर्ष टीवी समाचार चैनल एबीपी न्यूज़ के संपादकीय

ब्लॉग्स के लिए अपने एक आलेख में 16 जुलाई, 2018 को चिंता ज़ाहिर की है- ''फैंटेसी उपन्यासों के ब्रिटिश लेखक टेरी प्रैचेट ने अपनी 41 पुस्तकों वाली 'डिस्कवर्ड' शृंखला की एक पुस्तक में लिखा था कि सत्य के क़दम रखने से पहले ही एक झूठ दुनिया का चक्कर लगा सकता है। भारत के सोशल मीडिया पर आज उनकी यह उक्ति सौ फीसदी खरी उतरती है। दुष्प्रचार की शक्ल में किसी बगूले की तरह चक्कर काटता यह झूठ अनगिनत मासूम लोगों का हत्यारा बन चुका है। वॉट्सऐप समूहों में बच्चा चुराने वाले गिरोह के बारे में हाल ही में उड़ाई गई अफ़वाहों के चलते गुजरात, महाराष्ट्र, कर्नाटक, पश्चिम बंगाल, असम, त्रिपुरा आदि प्रदेशों में हुई मॉब लिंचिंग यह भी साबित करती है कि इस झूठ के लिए भाषा कोई बाधा नहीं है। सस्ते स्मार्टफोन और लगभग मुफ़्त डेटा वाले इस दौर में सत्य के क़दम रखने से पहले ही अफ़वाहें जितनी तेज़ी से घातक परिणाम दे रही हैं और देंगी, वह भयावह है।'' इसी आलेख में वे आगे लिखते हैं- ''आपत्तिजनक सामग्री के सहारे भोले-भाले लोगों का मन-मस्तिष्क दूषित करने में सफलता भी मिल जाती है। इसका कारण यह है कि सोशल मीडिया की भ्रामक और उत्तेजक सामग्री लोगों के मन में छिपी व्यग्रता को और उभार देती है तथा अपने ही जैसे लाखों असुरक्षित लोगों के भय के साथ एकांत में सीधे और निःशुल्क जोड़ देती है। हमारा राजनीतिक झुकाव, हमारी विचारधारा, वर्तमान सरकारों के बारे में हमारी सोच सोशल मीडिया पर उपलब्ध कराए जा रहे डेली के डोज से निर्धारित होने लगी है और हम हरदम इस भय में मुब्तिला रहते हैं कि आस-पास कोई है; जो हमारे लिए ख़तरा है।''

सोशल मीडिया के व्यापकत्व और प्रभाव पर चर्चा करने के साथ-साथ राजनीतिक क्रियाओं में जो भय और निर्लज्जताएँ पसरी हुई हैं, उन्हें भी देखना ज़रूरी है। साहित्य के सरोकार भी शनैः-शनैः परिवर्तित होते जा रहे हैं। यह मंजर सोशल मीडिया पर सक्रिय रहने वालों के व्यवहार और सोच को प्रत्यक्ष और अप्रत्यक्ष दोनों रूपों में प्रभावित करता है। समूची दुनिया बाज़ारीकरण, ख़रीद-फरोख़्त और भूमंडलीकरण के आगोश में आ चुकी है। मूल्य और मूल्यवान निरंतर ठिकाने लगाए जा रहे हैं। जनशायर महेश कटारे सुगम का ये मौजू शेर उनकी ही फेसबुक वॉल से उठा रहा हूँ-

कहाँ कहार गए पालकी है खाली क्यों
घने पहाड़ हैं बारात ये रुकी क्यों है!

जो ख़बरें आ रहीं हैं, वे तनाव से भर देती हैं और हमें बेचैन भी करती हैं। जो सत्ताधारी पार्टी के साथ हैं, वे किसी भी क़ायदे, क़ानून को नहीं मानते। यदि महिलाएँ, अल्पसंख्यक और दलितवर्ग अपने लिए संरक्षण माँगते हैं तो उसके ख़िलाफ़ भी शक्तिशाली वर्गों द्वारा आवाज़ उठाई जा रही है। देश लगातार ध्रुवीकृत होते हुए बँटता जा रहा है और यह हर तरह से हमारे राष्ट्रीय मानकों के विरुद्ध है। हिंदुत्ववादी ताक़तों के बढ़ते प्रभाव के चलते आसन्न ख़तरों के बारे में मुख्यधारा का मीडिया अधकच्ची और अधपकी सामग्री परोस रहा है; जबकि सोशल मीडिया के एक बड़े हिस्से में वर्तमान सत्ता के ख़िलाफ़ बेहद आक्रोश है।

सोशल मीडिया का उपयोग करने वाला यह धड़ा आज के संदर्भ में खुलकर सवाल उठा रहा है कि किसका विकास और किस तरह का विकास? मात्र दावे से विकास नहीं होता? उन्हें जीवन की न्यूनतम ज़रूरतों की पूर्ति चाहिए। देश की अस्मिता और उसकी सांस्कृतिक पहचान को ठोस आधार चाहिए। हवा में प्रगति के सोपान नहीं रचे जा सकते। धार्मिक कट्टरता और शासन की आक्रामकता से काम नहीं चलेगा। अर्थतंत्र बीमार है। मँहगाई की मार ने निम्न और मध्यवर्ग की कमर तोड़ दी है और अधिकतर उपयोगकर्ता इन्हीं वर्गों से आते हैं। वे समझ गए हैं कि सत्ताधारियों के मात्र शेख़ी बघारने से काम नहीं चलने वाला है। वे देख रहे हैं कि सत्ताधारी लोग और उनके समर्थक सोशल मीडिया से लेकर सड़क तक तलवारें भाँज रहे हैं और विरोधियों को ठिकाने लगाने के काम पर लगे हुए हैं। मतदाता दंग हैं कि क्या यही दिन देखने के लिए इन्हें चुना गया था। पेश है प्रख्यात कवि संजय चतुर्वेदी का एक तंजिया शेर उन्हीं की फेसबुक वॉल से–

काम शैताँ का फ़रिश्तों से कराने वाले,
कैसे शौक़ीन तबीअत हैं जमाने वाले।

यह शेर उन लोगों के लिए भी है; जो बार-बार अपने सत्कर्मों का बखान करते नहीं थकते। लेकिन समय वह चलनी है; जो सब कुछ छानकर हमारे सामने असलियत ला देता है। आज़ादी मिलने के तुरंत बाद और आज के जस-के-तस हालात पर खरी उतरती फ़ैज अहमद फ़ैज की ये पंक्तियाँ मैं डिजि़टल मंच पर मौजूद http:/kavitakosh.org से उठा रहा हूँ–

"किसी पे चारा-ए-हिज्राँ का कुछ असर ही नहीं
कहाँ से आई निगार-ए-सबा, किधर को गई

अभी चिराग़-ए-सर-ए-रह को कुछ ख़बर ही नहीं
अभी गरानि-ए-शब में कमी नहीं आई
नजात-ए-दीद-ओ-दिल की घड़ी नहीं आई
चले चलो कि वो मंज़िल अभी नहीं आई।'' (सुबह-ए-आज़ादी)

हमारे देश में असमानता इतनी बढ़ गई है कि श्रम का निरंतर अवमूल्यन हो रहा है। हर क्षमतावान को उसकी शक्ति और सामर्थ्य के अनुसार कार्य करने के अवसर नहीं है। एक अच्छे राष्ट्र के लिए यह भी ज़रूरी है कि उसकी आवश्यकता ही महसूस न हो; लेकिन सोशल मीडिया पर रोज़ी-रोटी के सवालों को दरकिनार कर हिंदू राष्ट्रवाद की आँधी चलाने का प्रयास हो रहा है और इसके हज़ारों खाते स्वयंसेवक बने हुए हैं। कलकत्ता विश्वविद्यालय में हिंदी के प्रोफ़ेसर और प्रसिद्ध लेखक जगदीश्वर चतुर्वेदी ने अपने ब्लॉग 'नया ज़माना' में 24 अप्रैल, 2018 को कुछ बेहद प्रासंगिक सवाल उठाए थे- ''हिंदुत्व' और 'हिंदूराष्ट्र' का नया संदर्भ वर्चुअल रियलिटी रच रही है। साइबर संचार रच रहा है। इसलिए वर्चुअल रियलिटी की प्रक्रियाओं की सटीक समझ के आधार पर ही इसके समूचे वैचारिक ताने-बाने को खोला जाना चाहिए। सवाल यह है सारे देश में 'हिंदुत्व' और 'हिंदू राष्ट्रवाद' की आँधी कैसे आई? उसकी प्रक्रिया क्या है? उसने किस तरह के दार्शनिक मॉडल का इस्तेमाल किया? इत्यादि सवालों पर गंभीरता के साथ विचार करने की ज़रूरत है।''

सोशल मीडिया में साहित्य के लिए भी नए प्रश्नवाचक चिह्न मौजूद हैं, उनके नए रूप भी बन रहे हैं; लेकिन दिक्कत यह है कि लोकतंत्र-बहाली के इतने लंबे अरसे बाद भी हम परस्पर विरोधी साहित्यिक दिशाओं में चलते जा रहे हैं। हम सांस्कृतिक विविधता के दौर में होते हुए भी आत्मपरीक्षण नहीं करते। धोखे में न रहा जाए। भारत एक छवि वाला देश नहीं है; बल्कि उसकी अनेक छवियाँ हैं। हम रूढ़ छवियों के मार्फ़त अपना सही विकास नहीं कर सकते। भारत में एक नए 'मास कल्चर' यानी जनसंस्कृति के विकास की आत्मछवियाँ हैं; लेकिन हम नए तत्त्वों तक पहुँचने की कोशिश नहीं करते। पुरानी लकीरों को पीटते रहने का यही परिणाम होता है। साहित्य में विकसित हो रहे नए मानकों की तरफ़ हमें जाना चाहिए। विकास की हवाओं को भी ठीक से पहचानना चाहिए। हमारी खिड़कियाँ कई तरह के विकास की माँग करती हैं; क्योंकि इस दौर में दुनिया और मनुष्यता नित नए रूप धर रही है। भ्रष्टाचार ने भ्रम, वैभव और ऐश्वर्य का नरक रच दिया है।

इस संबंध में भी सोशल मीडिया की सक्रियता किसी से छिपी नहीं है। पूरी दुनिया अशांति, असुरक्षा और एक बड़े बाज़ार के रूप में सक्रिय है। आतंकवाद का चरम विकास सभी को डराता है। अब तो काबिज़ सत्ताएँ भी अपने विरोधियों को नेस्तनाबूद करने के लिए हर तरह के छल, छद्म और घमंड, धमकी का सधा हुआ इस्तेमाल कर रहीं हैं। असहमतियाँ जनतंत्र की पहचान हैं; लेकिन यदि ऐसी सोच हावी होने लगे कि जो हमसे असहमत है वह देशद्रोही है, उसे देशनिकाला दे दिया जाना चाहिए, तो जनतंत्र रसातल में चला जाएगा। मेरी समझ में देश किसी की न तो व्यक्तिगत जागीर है और न किसी की बपौती; लेकिन सत्ता उलटबाँसी बजाने में मदमस्त है। सोशल मीडिया पर अति सक्रिय रहने वाले तिरुअनंतपुरम से कांग्रेस के लोकसभा सांसद शशि थरूर ने ट्विटर पर 19 जुलाई, 2018 को अपना दुःखड़ा साझा किया– "Freedom of expression is the principal strength in any democracy- These people (who vandalised office) said they will shut down my office in my constituency, drove away people there…they actually said that they will kill me or I should go to Pakistan- Is this the level to which your country's politics has to descend?"

प्रश्न व्यापक हैं और उन पर बार-बार लोग टिप्पणियाँ करते हैं और बार-बार विचार भी। इसके बावजूद सोशल मीडिया पर अक्सर लोग पक्षधरता से बचते हैं। शायद यह सत्ता द्वारा निर्मित भय के वातावरण के कारण है; जिसका जिक्र ऊपर किया गया है या यह दोनों हाथ में लड्डू लेने की मनोवृत्ति का परिणाम है। युवा कवि-लेखक-संपादक अशोककुमार पांडेय के जुलाई, 2013 के दौरान janatakapaksh.blogspot.com पर पढ़े इस विचार से मेरी पूर्ण सहमति है– ''साहित्य ही नहीं, समाज में भी 'नो पालिटिक्स प्लीज़' एक लुभावना और प्रचलित नारा बन गया है इधर। या यों कहें कि यह फ़्रेज इन दिनों फैशन में है। अराजनीतिक होने को बेहतर होने की तरह देखा-सुना जा रहा है। विश्वविद्यालयों को राजनीति से मुक्त करने की कमान कुलपतियों और प्राध्यापकों ने सँभाली है तो साहित्य से राजनीति को बाहर करने की कमान 'कला कला के लिए' के पुराने अलंबरदारों ने।'' यही नहीं, इस दौर में नेताओं की दिशाहीनता भी जनता के हितों पर कुठाराघात है।

सोशल मीडिया पर इस्तेमाल होने वाली हिंदी को लेकर गुणीजन नाक-भौं सिकोड़ा करते हैं; लेकिन यह कोई नया फ़िनॉमिना नहीं है।

शुद्धतावादियों ने हमेशा यही रुख़ अपनाया है। इस सबसे बेपरवाह उपयोगकर्ता अपनी-अपनी समाजार्थिक पृष्ठभूमि और शिक्षा-दीक्षा के अनुसार हिंदी की अलग-अलग छटाएँ बिखेरते हैं। यही इस मंच का इंद्रधनुष भी है। आधुनिक दौर में हिंदी के विकास और पहुँच में सिनेमा-टेलीविज़न ने जबरदस्त भूमिका निभाई है। सिनेमा ने तो उसे सात समंदर पार प्रतिष्ठा दिलाई है और यूएसए, ब्रिटेन, कनाडा, इंडोनेशिया, दक्षिण अफ़्रीका, फ़िजी, सूरीनाम, मॉरीशस, ब्रिटिश गुयाना जैसे सुदूर देशों में बसे भारतीय आज सोशल मीडिया पर इसी हिंदी का इस्तेमाल करते हैं। भाषा के विकास और प्रतिष्ठा के इस चरण का स्वागत होना चाहिए।

फेसबुक कभी-कभार बहुत ज़रूरी प्रश्न भी उठाता है और हमें सोचने-समझने के लिए बाध्य करता है। गहरे सामाजिक सरोकारों वाले वरिष्ठ पत्रकार और कवि चंद्रभूषण ने फेसबुक पर तात्कालिक व्यथा व्यक्त की है- "ख़बरें देखी नहीं जातीं। हत्या-बलात्कार की ऐसी बाढ़, जैसे किसी बाहरी फ़ौज़ ने हमला कर दिया हो! इन पाँच सालों में सरकारें ही तो बदली हैं!"

साहित्य का रिश्ता जीवन के एक़दम निकट होता है। इस दौर में एक विशेष प्रकार की अराजकता और अहंकार का नशा है। साहित्य की भी एक विशेष प्रकार की राजनीति होती है और जो साहित्य को निरपेक्ष और तटस्थ रूप में देखना चाहते हैं वे परम गप्पी हैं और सभी को भरमाना चाहते हैं। साहित्य की राजनीति का उद्देश्य मनुष्य का चहुँमुखी विकास और उसे सभी प्रकार के उत्पीड़न और शोषण से मुक्त कराना है और जो साहित्य में राजनीतिहीनता की बात करते हैं, वे छली, कपटी और धूर्त लोग हैं। उनका मुँह दक्षिण दिशाओं की ओर लटका हुआ आप देख सकते हैं, यह जानते हुए भी कि राजनीतिक हलकों में सच्चे जनपक्षधर साहित्य के लिए लगभग कोई जगह नहीं है। शासन-प्रशासन की जनविरोधी नीतियों, धार्मिक, सांप्रदायिक घटनाओं की तुड़ी-मुड़ी ख़बरों से पूरा मीडिया पट जाता है और साहित्य-संस्कृति के नाम पर होने वाले बड़े-बड़े अश्लील किस्म के सेठाश्रयी आयोजनों के प्रचार-प्रसार के लिए पन्ने पर पन्ने रंग दिए जाते हैं। सरकारें अपने सांस्कृतिक लंपट किस्म के समर्थकों को उपकृत करने हेतु जनता के धन की बंदरबाँट करती हैं। स्वामिभक्ति निभाने के लिए ये तथाकथित संस्कृति और रंगकर्मी सोशल मीडिया पर सच्चे कलाकारों पर हुआ-हुआ करते रहते हैं। मीडिया इनके अवगुणों को अनदेखा कर रहा है। सत्ता-प्रतिष्ठानों से बाहर

कुछ लोग ही ऐसे बचे हैं; जिनसे भ्रष्ट और दोमुँही सरकारें हलाकान रहती हैं। लेकिन मुनाफ़े की मलाई के लालच में मुख्यधारा का मीडिया उनकी तस्वीर पर भी कालिख पोतता रहता है। सोशल मीडिया स्वामी अग्निवेश, योगेंद्र यादव, हिमांशु कुमार जैसे इन हज़ारों तपस्वियों की शरणस्थली ऐसे ही नहीं बना हुआ है। कुछ भलेमानस तो अपनी पहचान छिपाकर सरकार की आँख में उँगली डालने का काम कर रहे हैं। अगर सत्तापक्ष अपनी 32 उपलब्धियाँ गिनाता है तो उसके आलोचक फेसबुक और सैकड़ों वॉट्सऐप समूहों में 64 कमियों और विफलताओं का पिटारा खोल देते हैं।

अगर हम आनुपातिक रूप से देखें तो सोशल मीडिया में सतह की चीज़ें ही ज़्यादातर सामने आती हैं। हमारे जीवन की अंदरूनी परतों में जो त्रास, यंत्रणा और जानलेवा स्थितियाँ हैं, वे कम उद्घाटित होती हैं और यदि होती भी हैं तो आत्मप्रदर्शन के लिए, सहानुभूति पाने के लिए। उसे वास्तविक क्रियाशीलता के रूप में नहीं पहचाना जाता। कोई बलात्कार की शिकार बच्चियों की तस्वीर शेयर करता है तो लोगों की संवेदना जागती है सिर्फ़ उसे लाइक करने के लिए! लेकिन इसी का एक पीड़ादायक, लेकिन दूसरा पहलू देखिए- अपनी पत्नी की मृत्यु के बाद सरकारी अस्पताल में एंबुलेंस न उपलब्ध कराए जाने पर शोकविह्वल दाना माँझी लाश को कंधे पर रखकर ही चल पड़े थे। जिसने सुना, वह दहल गया और सोशल मीडिया का एक धड़ा सक्रिय हो गया। लाजा-ढीठी अस्पताल को एंबुलेंस दौड़ानी पड़ी; लेकिन तब तक माँझी 10 किलोमीटर का सफ़र पैदल तय कर चुके थे।

इस दारुण प्रसंग पर मेरे विद्यार्थी-साथी रामानंद तिवारी ने वॉट्सऐप पर राकेश पाठक की एक मार्मिक कविता भेजी- "तुमने अर्धांगिनी के शव के साथ/जब दस कोस की यात्रा प्रारंभ की/तब भद्रजन गिरधर की भक्ति में लीन/झाँझ-मजीरे बजाते हुए/गिरिराज पर्वत की पंचकोसी/परिक्रमा में थिरकते हुए/परलोक सुधारने में व्यस्त थे/लोकतंत्र की राजसभाओं में/सभासद विकास की स्वर्णाक्षरी लिखने को/गंभीर मंत्रणाओं में तल्लीन रहे/चारण और भाट समवेत स्वर में/सत्ता का विरुद गाते रहे/कवि प्रेम कविताएँ/लिख-लिखकर धन्य होते रहे/चित्रकार तूलिका से अमूर्त शैली में/नायिकाओं के उन्नत यौवन/रेखांकित कर नयनाभिराम चित्र बनाते रहे/संगीतकारों का अभ्यास/नए राग की रचना में/अनवरत चलता रहा/और तुम बिना थके/सृष्टि का महानतम भार/अपने कंधे पर रख चलते रहे, चलते रहे/स्वर्ग के देवताओं के पास नहीं

था अवकाश/तुम्हारा आर्तनाद सुनने को/और न ही पृथ्वी के अधिनायक के पास समय/सुनो, दाना माँझी/दस कोस की इस महायात्रा में/तुम्हारे कंधे पर तुम्हारी पत्नी का नहीं/मनुष्यता का शव रखा था।'' इन पंक्तियों को पढ़कर मैं सन्न हो जाता हूँ।

आज दुनिया में वैचारिक स्तर पर पहुँचने के लिए अपने पैर जमाने की अनेक योजनाएँ हैं और अनेक दायरे भी। सोशल मीडिया स्वयं को अभिव्यक्त करने का बड़ा प्लेटफार्म और माध्यम और नेटवर्क है; किसी की रोक-टोक नहीं, किसी का व्यवधान नहीं। खुली छूट है- आपको जहाँ तक जाना हो जाइए। आप जो कुछ भी सोचते हैं, जो पाना चाहते हैं, अपना जितना विस्तार करना चाहते हैं, कीजिए। आज से ठीक कुछ वर्षों पहले सोशल मीडिया मेरे लिए एक सपना और अजूबा था; लेकिन धीरे-धीरे जब इससे हाथ मिलाना शुरू किया तो यह खुद-ब-खुद मेरे लिए नए-नए रास्ते खोलने लगा; किसी मठाधीश ने भी टाँग नहीं अड़ाई। यह अभिव्यक्ति और साहित्य का नया लोकतंत्र है। भले ही कच्चा, अधपका और अधबना साहित्य सामने आ रहा हो। आप मठाधीश हैं तो अपनी हाँक लगाते रहिए, उस हाँक को कोई नहीं सुनता? सोशल मीडिया ने साहित्य की लाटसाहबी-प्रणाली को ध्वस्त कर दिया है। साहित्य का सोशल मीडिया जिस तेज़ी और गतिशीलता से विकसित हुआ है, उससे साहित्य के जमे-जमाए महारथी सकते में हैं। वे 'रहा किनारे बैठ' की मनोस्थिति से बाहर नहीं निकल पा रहे हैं। इसके बरअक्स विमल कुमार जैसे स्थापित कवि फेसबुक पर ही जुमलों की असलियत उधेड़कर रख दे रहे हैं। मैं hindisamay.com पर उनकी एक प्रभावी कविता पढ़ रहा था-

''मैं इस देश को उबारने में लगा हूँ
संकट की इस घड़ी में
जब अर्थव्यवस्था पिघल रही है
पर तुम समझते ही नहीं
फ़ौरन बयान देते हो मेरे ख़िलाफ़
मैं तो इस देश के भले के लिए ही
इस देश को बेच रहा हूँ।''

सोशल मीडिया से सामने आने वाले साहित्य ने स्थापितों के प्रचार-प्रसार, प्रकाशन और वितरण-संसार में भी चुनौती खड़ी कर दी है। कविताओं, कहानियों, लघु कथाओं, पत्र-पत्रिकाओं के प्रकाशन की योजनाएँ फेसबुक

पर धड़ल्ले से बनती हैं। उनके कवर डिज़ाइन शेयर किए जाते हैं। पसंद-नापसंद की राय माँगी जाती है। लोकार्पण, समीक्षाएँ, सेमीनार, आमंत्रण फेसबुक के माध्यम से संपन्न होने लगे हैं। जब विश्व पुस्तक-मेले लगते हैं, तब सोशल मीडिया की बहार देखिए! नाम लेना उचित नहीं होगा; लेकिन लघु-पत्रिकाओं की भाँति यहाँ भी साहित्यकारों के बीच तीखे और कटु वाद-विवाद चलते हैं; ख़ेमेबाज़ियाँ होती हैं; शीश उतारे जाते हैं; फ़तवे जारी किए जाते हैं। महिला-साहित्यकारों को लेकर लंतरानियाँ करने वाले लोग भी इस मंच पर तेल-फुलेल लगाकर उपस्थित रहते हैं! मैं इसे वैकल्पिक साहित्य का लोकतंत्र और सह-उत्पाद मानकर चलता हूँ।

नए और युवा साहित्यकारों की पूछ-परख भी इस मंच पर होती है। कविताओं की दुनिया में नए-नए आए अभिषेक त्रिपाठी ने अपनी फेसबुक वॉल पर 07.02.2018 को प्रेम के स्वरूप और उसकी हैसियत को केंद्र में रखते हुए एक कविता पोस्ट की, तो ज़ोरदार प्रतिक्रिया मिली। अंश देखें- "इस नदी के किनारे/गुबार मोहब्बतों के/ज़रा कम ही मिलते हैं अब/लेकिन जब मिलते हैं/सदाएँ सदियों तक सुनाती हैं किस्से इन गुबारों के/मैं जानता हूँ कि देखा है तुमने भी/यही गुबार नाव पर बैठकर/शनासाई था चप्पा-चप्पा वहाँ का/महसूस तो किया ही होगा तुमने/कुछ आवाज़ें रूहों से गुज़रती हुई/सदियों सफ़र करती हैं/तुम वही सोहनी हो/जो इसी नदी में अपने माही से मिलती है अब भी/सदियों का क्या है/वो तो सोई हुई हैं अब भी वैसे ही/तुम्हारी मोहब्बत यहाँ तक आ गई है/क्या तुम्हें पता है सोहनी या नहीं/तुम अब भी साथ हो माही के/मैं देखता हूँ गुबार ही गुबार।"

इस दौर के सोशल मीडिया में उत्साह का वातावरण तो है; लेकिन जब कुछ समय बाद एकरसता हावी होने लगती है, तो मायूसी भी आ घेरती है। संभवतः इसीलिए सोशल मीडिया से जुड़े कुछ लोग कभी-कभार इससे विश्राम चाहते हैं। कुछ कामकाजी लोग तो बाक़ायदा घोषणा करके छुट्टी लेते हैं और कुछ ठेलूजन इससे दूर रहने का ऐलान करके अपनी लोकप्रियता का थर्मामीटर मापते हैं और अगले ही दिन फिर हाज़िर! इन सबकी हाँडी का चावल तब पता चलता है, जब सोशल मीडिया में ज़िम्मेदारी निभाने का अवसर आता है। कई लोग दुम दबाकर खिसक लेते हैं; लेकिन मानवता को धर्म मानने वाले उपयोगकर्ता न सिर्फ़ डटे रहते हैं; बल्कि अपनी शक्तिभर प्रतिकार भी करते हैं। फेसबुक पर 11 अप्रैल, 2018 को स्वप्निल श्रीवास्तव की एक कविता पढ़ रहा था- "उसकी आंगिक भाषा हमें बताती है कि

वह/व्यवस्था के अस्तबल का पागल घोड़ा है/उसकी लगाम थामने की हिम्मत/किसी के पास नहीं है/वह अपने राज्य घराने में खुले साँड़/की तरह घूम रहा है/उसके नथुने फडफ़ड़ा रहे हैं/उसे क़ैद करने के लिए नहीं बना है कोई काँजी हाउस/डरी हुई हैं सेनाएँ/प्रधान सेनापति इस घटना पर मौन होकर/उसे बचा रहे हैं/मुसाहिब मुँहों पर उँगली रखकर/लोगों से चुप रहने का इशारा करते हैं/यह हमारे जनतंत्र का सबसे शर्मनाक/दृश्य है- जहाँ निर्भय हो रहा है एक बलात्कारी।'' यह कठुआ गैंगरेप के बाद लिखी गई कविता है; जो ऐसी हर त्रासदी का सामाजिक विज्ञान है।

सोशल मीडिया की कई तस्वीरें हैं। उन्हें एक लेख में नहीं दिखाया जा सकता। जन्म से लेकर मृत्यु तक भारतीयों के जितने संस्कार होते हैं, सब सचित्र प्रस्तुत किए जाते हैं। कई बार तो असंवेदना की पराकाष्ठा हो जाती है। किसी की माता जी का देहावसान हो गया है और वह मोबाइल पर अंतिम संस्कार का वीडियो बनाकर अपलोड कर रहा है! ऐसी भी घटनाएँ सामने आई हैं; जब कोई घातक गेम खेलते-खेलते बच्चे ने आत्महत्या कर ली और वह घटना लाइव चली! शादियों, विविध समारोहों, यात्राओं और त्योहार मनाने की तस्वीरें और पोस्ट आम हैं। पढ़ने वाला यदि इन्हें पूरा पढ़ने लगे तो एक़दम पस्त और ध्वस्त हो जाएगा। और यह सब लाइक और कमेंट के लोभ में किया जाता है। इसके लिए बाक़ायदा दुकानें खुल गई हैं। दाम चुकाइए और उतने लाइक और कमेंट पाते ज़ाइए और दोस्तों के बीच अपनी छद्म लोकप्रियता को लेकर इतराइए। इस लोभ में सामान्य उपयोगकर्ता ही नहीं, बड़े-बड़े दिग्गज फँसे हुए हैं। पिछले दिनों जब फेसबुक और ट्विटर पर नीतिगत छँटनी हुई तो प्रधानसेवक के लाखों फॉलोवर फर्ज़ी निक़ले, विपक्ष के शीर्ष युवा नेता के थोड़ा कम निक़ले; लेकिन आश्चर्य की बात यह थी कि सदी का महानायक कहे जाने वाले अभिनेता के लाखों चाहने वाले अस्तित्व में ही नहीं थे! मेरे एक मित्र ने सोशल मीडिया पर भयावह टिप्पणी की है। उनका कहना है कि इससे बड़ा कोई गटर नहीं है। लोग जिससे असहमत होते हैं, उसके बारे में गंदे-गंदे विचार और पुरखों को जाति-धर्म संबंधी गालियाँ देते हुए योजनाबद्ध तरीके से उनकी फ़ोटोशॉप की हुई अश्लील तस्वीरें शेयर कर दी जाती हैं। लोगों ने स्वतंत्रता-संग्राम-सेनानियों, त्यागी नेताओं, शीर्ष विचारकों और महापुरुषों को भी नहीं बख़्शा! गाँधी, सुभाष, नेहरू, पटेलख़सब पर कालिख पोती जा रही है!!

एक बड़े कवि सोशल मीडिया पर सक्रिय हैं- मंगलेश डबराल। उनसे असहमति एक अलग बात है; लेकिन उनके लिए जिस तुच्छ और गई-गुज़री भाषा का इस्तेमाल किया गया है, वह हमारे मानसिक दिवालियापन का प्रतीक है। प्रसिद्ध पत्रकार और मीडिया-विशेषज्ञ रवीश कुमार की बातें न पचने पर उनको गाली-गलौज और हत्या कर देने की धमकिया दी गईं। आहत रवीश कुमार भारत के प्रधानमंत्री के नाम एक पत्र में लिखते हैं- "विदित है कि सोशल मीडिया के मंचों पर भाषायी शालीनता कुचली जा रही है।... इस विचलन और पतन में शामिल लोगों की संख्या बढ़ती जा रही है।... राजनीति ने सोशल मीडिया और सड़क पर जो यह भीड़ तैयार की है, एक दिन समाज के लिए ख़ासकर महिलाओं के लिए बड़ी चुनौती बन जाएगी।... सत्ता के सामने बोलना उस साहस का प्रदर्शन है; जिसका अधिकार संविधान देता है और जिसके संरक्षक आप हैं।"

यह जनतंत्र के लिए एक चुनौतीपूर्ण वाकया है कि जब दाभोलकर, कलबुर्गी, पानसारे, गौरी लंकेश जैसे कई बुद्धिजीवी संस्कृतिकर्मी और पत्रकार सत्तापक्ष की विचारधारा के साथ असहमति के कारण मौत के घाट उतारे जा चुके हैं और उनके हत्यारों के पक्ष में सोशल मीडिया पर हवा बनाने की कोशिश की गई। घोर चिंता की बात यह है कि इनमें से कई हवाबाज़ों के खाते पीएम तक फॉलो कर रहे हैं! 'जनसत्ता' के पूर्व संपादक ओम थानवी का विश्लेषण है- "यह तक़नीक, जो अभिशाप लेकर आई है, वह ये है कि आप उसका इस्तेमाल देश में आग लगाने के लिए भी कर सकते हैं। कभी भी किसी की टोपी उछाली जा सकती है। बड़ी तादाद में लोगों को 'हायर' किया जाता है; जो बाक़ायदा फ़ौज की तरह उनके लिए लड़ने का काम करते हैं।" (वागर्थ, अगस्त-2017, पृष्ठ-108)

सोशल मीडिया बहुत प्रभावी और उपयोगी माध्यम है; लेकिन इसे आत्ममुग्धता, शक्ति-प्रदर्शन, दुष्प्रचार और चमत्कार-प्रदर्शन का साधन नहीं बनने देना चाहिए। हम देख ही रहे हैं कि धीरे-धीरे अर्जित ज्ञान के प्रति संवेदना ख़त्म होती जा रही है और लोग गूगल बाबा तथा वॉट्सऐप युनिवर्सिटी द्वारा उपलब्ध कराए जा रहे ज्ञान के वशीभूत हो गए हैं। ऐसे में सोशल मीडिया के उपयोगकर्ताओं के सरोकार कैसे सच्चे और प्रबल हों, उन्हें प्रामाणिक सूचनाएँ और विश्लेषण कैसे उपलब्ध हो, उनके बीच ज्ञान के वितरण की क्या व्यवस्था हो, इस पर पुनर्विचार होना चाहिए, तभी सकारात्मक उपयोग संभव है। एक सज्जन बता रहे थे कि वे तो केवल प्रिंट

मीडिया में सक्रिय हैं, सोशल मीडिया के किसी मंच से उनका कोई लेना-देना नहीं है; लेकिन क्या किसी के शुतुरमुर्ग की भाँति रेत में सर गड़ा लेने से तूफ़ान टल जाता है? विनय मिश्र के शब्दों में कहूँ तो- ''एक षड्यंत्री हवा का सामना है/अब सतत संघर्ष ही आराधना है।''

पत्रकारिता की पकड़

"भारत में स्वाधीनता आने पर पत्रों की पाठक-संख्या बढ़ेगी। उनकी छपाई-सफ़ाई सुधरेगी, वे अधिक चमक-दमक से निकलेंगे; परंतु उनके विचार पराधीन हो जाएँगे। पत्रकार बड़े-बड़े व्यावसायिक प्रतिष्ठानों के क्रीतदास या विशिष्ट राजनैतिक मतवाद के भोंपू मात्र बन जाएँगे।" (बाबूराव विष्णु पराड़कर-आकाशवाणी पत्रिका 16.07.1983)

आज की पत्रकारिता देखकर उपर्युक्त उक्ति महान पत्रकार बाबूराव विष्णु पराड़कर की भविष्यवाणी-सी लगती है; जो हमारे सामने अक्षरशः घटित हो रही है। सामान्यतः पत्रकारिता को सामान्य तबका शुद्ध अख़बारनवीसी और हल्के-फुल्के काम के रूप में ही देखता-चीन्हता है; लेकिन पत्रकार अपने और आने वाले समय का कितना बड़ा पर्यवेक्षक होता है, यह पराड़कर की पेशागत सूक्ष्म दृष्टि से ज़ाहिर होता है। यह कुछ-कुछ वैसी ही बात है कि जैसे गोस्वामी तुलसीदास ने कलिकाल का जो वर्णन रामचरितमानस में किया था, वह हमारे सामने अक्षरशः घटित हो रहा है। इसे हम महाकवि के भावी समाज-विकास की परख का उत्कृष्ट नमूना कह सकते हैं। ऐसे महापुरुषों को ही हम भविष्यद्रष्टा कहा करते हैं।

कविता ने तो आज भी अपनी आबरू काफी हद तक बचा रखी है; लेकिन पत्रकारिता को अत्यंत आवश्यक होते हुए भी स्तरहीन और गौण मानने का रिवाज़ चल पड़ा है। लोगों की ज़िंदगी से इसके सीधे जुड़ाव के चलते कभी-कभी लोगों के बीच ऐसी मान्यता भी पनपने लगती है कि यह कुछ लोगों की रोज़ी-रोटी कमाने का, जीवनयापन की निरंतरता का जरिया है। इसके अलावा शायद इसकी कोई उपयोगिता नहीं रह गई है। ज़ाहिर है कि पत्रकारिता जितनी सहज-सरल देखने-सुनने, मानने-जानने में है, उससे अपेक्षाएँ, उसका दायित्व और लक्ष्य उतना ही गहरा अर्थवान, गंभीर एवं

मनुष्य-सापेक्ष है। वह व्यक्ति, समाज और राष्ट्र को दुनिया के विकास और सपने से जोड़ने की क्षमता रखती है। सच्चाई यह है कि पत्रकारिता के जरिए केवल समाचारों का संप्रेषण भर नहीं होता; बल्कि उसमें हमेशा मनुष्य के प्रति गहरी निष्ठा एवं तड़प विद्यमान होती है। वह हमारा जीवन भी बदलने की सामर्थ्य रखती है। वह जीवन के अतीत, वर्तमान और भविष्य के सुनहरे सपनों का माद्दा भी रखती है और उन्हें पूरा करने की क्षमता भी। सच्ची पत्रकारिता मानवीय मूल्यों को बेहतर तरीके से रच सकती है। वह गूँगेपन से समूचे समाज, देश और दुनिया को मुक्त कर सकने की सामर्थ्य भी रखती है। वह मनुष्य की विकास-प्रक्रिया का जीवंत दस्तावेज़ भी बनती रही है।

सच्ची पत्रकारिता मानवीय मूल्यों की विकास-प्रक्रिया की पक्षधर होते हुए हमें अँधेरे से प्रकाश की ओर ले जा सकती है; मनुष्य के स्वर्णिम संसार को रच भी सकती है। वह आहत, पीड़ित, लाचार मनुष्य को संघर्षों के रास्ते से भविष्य के स्वर्णिम संसार तक ले जा सकती है। वह मनुष्य को ताक़त के साथ विकास-प्रक्रिया और आधुनिकता की ओर अग्रसर कर सकती है। पत्रकारिता हमारी अस्मिता की सार्थक पहचान भी है और व्यक्ति के गौरव की साझेदार भी। पत्रकार प्रेमनाथ चतुर्वेदी का मानना है- "पाठक जिसे जानना चाहता है वह समाचार है, शर्त यह है कि वह सुरुचि तथा प्रतिष्ठा के नियमों का उल्लंघन न करे।"

साहित्य जिस विशेष अर्थ में समाज का दर्पण है, बल्कि प्रेमचंद की मान्यता के अनुसार वह राजनीति के आगे चलने वाली मशाल है, इससे किसी भी मायने में कमतर मूल्य और निष्ठाएँ पत्रकारिता की नहीं होतीं। पत्रकारिता किसी भी सिलसिले में हेय नहीं है; बल्कि वह उपयोगिता और उत्तर आधुनिकता के रूप में मूल्यवान है। वह बैठे-ठाले का गोरखधंधा नहीं है; बल्कि बहुत गहरे अर्थ में मनुष्य की विकास-यात्रा में, उसकी अस्मिताओं के संघर्ष के रूप में उसकी गहरी सहभागी भी रही है। उसने मनुष्य की चेतना के उत्तरोत्तर विकास की सरणि में मानवीय मूल्यों को लगातार प्रबुद्ध और जाग्रत किया है; उसके हक़ों की सुरक्षा की है; उसे निरंतर हौसला और गरिमा प्रदान की है।

वास्तव में पत्रकारिता हमारा तात्कालिक जीवंत साहित्य है। उसमें भी हमारे समय की बेचैनी, पीड़ा, दुःख, तकलीफ़ और हाहाकार होते हैं। वे हमेशा सहृदय को मथते हैं, आंदोलित करते हैं और सोचने-समझने के लिए बाध्य करते हैं; यहाँ तक कि मनुष्य को झकझोरकर रख देते हैं। पत्रकारिता

हमें बेहद प्रभावित करने वाली वास्तविकता है। उसका तत्काल प्रभाव सभी प्रकार की स्थितियों, यथार्थ की विभिन्न सरणियों के विश्लेषण और मूल्यांकन पर होता है। पत्रकारिता ख़बरों के भीतर छिपी ख़बरों को प्रकाशित करने में समर्थ है। पत्रकारिता और साहित्य के परस्पर संबंधों को किसी भी तरह, किसी भी कोण से अनदेखा नहीं किया जा सकता। दोनों के संबंध बाहर और भीतर से बहुत गहरे हैं। डॉ. जगदीशचंद्र जैन के शब्दों में- "पत्रकार हल्के-फुल्के तथा सामाजिक-लौकिक विषयों पर अपनी राय देता है; जबकि साहित्यकार स्वानुभूति पर आधारित जीवन के निरंतर स्थायी मूल्यों को उजागर करता है; किंतु गंभीरतापूर्वक विचार करने से पत्रकारिता और साहित्य एक-दूसरे के पूरक जान पड़ते हैं।"

सूचना तक़नीक और ख़बर जुटाने के तौर-तरीकों में हज़ारों-हज़ार प्रयोग और फेरबदल हुए हैं; जिन्होंने हमारे जीवन और जीवन-शैली को आसान बनाया है। प्रिंट मीडिया और इलेक्ट्रॉनिक मीडिया में आई क्रांति, जैसे- आर्टीफीशियल इंटैलीजेंसी, नेटवर्क की बढ़ती स्पीड, वाई-फाई की सुविधाओं की बढ़ोत्तरी की वजह से इनकी मारक क्षमता ज़्यादा बढ़ गई है। इससे सोशल मीडिया के क्षेत्र में हम 'इंस्टाग्राम' एवं 'फेसबुक' में फीलिंग, छवियाँ और न्यूज़ शेयर करने में, उन्हें अद्यतन करने में हमें ज़्यादा-से-ज़्यादा सुविधा हो गई है। पत्रकारिता की दुनिया में आई क्रांति ने प्रिंट मीडिया और इलेक्ट्रॉनिक मीडिया की पत्रकारिता को निरंतर नित नूतन किया है और उसकी पहुँच का विस्तार किया है।

ज़ाहिर है कि जिस तरह साहित्य का लक्ष्य मनुष्य की बेहतरी और उसका कल्याण है, उसी तरह पत्रकारिता का लक्ष्य मनुष्य को विकास की ओर अग्रसर करने और उसके कल्याण में अंतर्निहित है। पत्रकारिता अन्याय, शोषण, उत्पीड़न और अमानवीयता के ख़िलाफ़ लगातार संघर्ष करती है। पत्रकारिता बहुआयामी है। पत्रकारिता सामाजिक न्याय दिलाने में दबे-कुचले निरीहों, वनवासियों, स्त्रियों, वृद्धों और अपनी अस्मिता के लिए संघर्ष करने वालों को साहस, संकल्प और भरपूर वाणी देती है, उन्हें मुखर करती है और उनके हक़ में खड़ी होती है। यह कार्य वह तात्कालिक स्तर पर संभव भी करती है। वह हर किसी को बहुत दूर तक ले जाने का जोख़िम उठाती है। सच्ची पत्रकारिता के परिणाम तात्कालिक भी होते हैं और दूरगामी भी। सामाजिक न्याय उसका ध्येय है। स्वतंत्रता, समानता और भाईचारा उसका सपना है। पत्रकारिता का ज़ोर सपनों को यथार्थ में बदलने पर रहता है;

अन्यायरहित समाजों के निर्माण पर रहता है। धर्म की दीवारों को तोड़कर सहिष्णुता, भाईचारा और समानता की भावना विकसित करना उसका लक्ष्य है। मुझे लगता है कि जनसंचार-माध्यमों का पहला एवं अंतिम उद्देश्य मनुष्य-जीवन की सर्वांगीण बेहतरी है। पत्रकारिता का मूल लक्ष्य मनुष्य का ही कल्याण है। फ्रांसिस बिलियन के शब्दों में- "समाज के वर्गों के समान होने की दर के साथ-साथ पत्रकारिता का महत्त्व भी बढ़ता जाता है। अगर हम कहें कि वे केवल हमारी स्वाधीनता की रक्षा करते हैं, तो यह उनके महत्त्व और उपयोगिता को घटाना होगा; बल्कि ये समाचार पत्र या पत्रकारिता तो हमारी सभ्यता और संस्कृति के रखवाले हैं।"

बाबूराव विष्णु पराड़कर मानते थे- "समाज के जीवन में जिन प्रश्नों पर उचित निर्णय की आवश्यकता हेती है और जिन निर्णयों पर समाज का जीवन अंत में निर्भर करता है, उनके बारे में जनता को योग्य जानकारी कराना उनके संबंध में जनमत का निर्माण और नेतृत्व करना, उस मत को प्रकट करना तथा उससे अधिक-से-अधिक लाभ जनता को पहुँचाना एक आदर्श पत्रकार का कर्तव्य है।" मेरी समझ में पत्रकारिता के उच्च आदर्शों और लक्ष्यों की ओर पराड़कर जी ने हमारा ध्यान आकृष्ट किया। आज हम चारों ओर से घिरे हैं; हम आपदाओं की आँधियों में हैं। दुर्भाग्य से हम पत्रकारिता की सीमाओं से बाहर निकले जा रहे हैं.; जो पत्रकारिता के ध्येय को नेस्तनाबूद भी कर सकता है। यह हमारे लिए गंभीर चिंता का विषय है। पत्रकारिता में एक विशेष किस्म की ट्रैजिडी भी है। आज के समय में उद्योग होते हुए भी उसमें नैतिकताओं के लिए काफी 'स्पेस' है; क्योंकि पत्रकारिता में एक तरह का नैतिक तनाव भी लगातार काम करता है। वास्तव में यह नैतिक तनाव ही उसका निकष और अग्निपरीक्षा है।

पत्रकारिता का समूचा इतिहास इस बात का साक्ष्य है कि उससे संबद्ध लोगों ने मारक और जानलेवा स्थितियों के बीच जान जोखिम में डालकर, रहस्यों के आवरण चीरकर वास्तविकता को प्रत्यक्ष किया है। दरअसल नैतिक तनाव ही पत्रकार को हमेशा रचनात्मक बनाता है और उसे पत्रकारिता के लक्ष्यों से दूर नहीं जाने देता। अनगिन पत्रकार जेलों में डाले गए; उन्हें यातनाएँ दी गईं। भारतीय स्वाधीनता-आंदोलन में और अज़ादी के बाद भारत के नवनिर्माण में उनकी अविस्मरणीय भूमिका रही है। आधुनिक काल के प्रारंभिक भारतेंदु-युग की पत्रकारिता ने स्वतंत्रता-आंदोलन को, भयावह ग़रीबी को और उपेक्षित स्त्री को वाणी देने का गंभीर प्रयत्न किया था। इसी

कालखंड में सतीप्रथा के ख़िलाफ़ राजाराम मोहन राय ने बहुत महत्त्वपूर्ण लड़ाई लड़ी। स्वामी विवेकानंद ने आस्तिकताओं के ढहे हुए मूल्यों के ख़िलाफ़ संघर्ष किया। उन्होंने पूजा-पाठ और धार्मिक अंधविश्वासों के बरअक्स श्रम के महत्त्व को स्वीकारते हुए मनुष्य के स्वाभाविक संचरण की ओर हमारा ध्यान आकृष्ट किया। द्विवेदीयुग की पत्रकारिता ने राष्ट्रीय पुनर्जागरण के लिए स्त्री के क्षत-विक्षत स्वाभिमान और गौरव की रक्षा के लिए अनेक जोख़िम उठाए; क्योंकि तब पत्रकारिता एक मिशन थी। वह समाज और सत्ता में सकारात्मक परिवर्तन चाहती थी। तब वह मानवीय मूल्यों की स्थापना के लिए, सामाजिक न्याय और समरसता के लिए, छल-प्रपंच और धोखाधड़ी से मुक्ति दिलाने के लिए प्राणपण से संघर्षरत थी।

पत्रकारिता पर प्रश्नांकन कोई नई बात नहीं हैं- इतना ज़रूर है कि इसका वाजिब समाधान प्राय: न तो निकलता है और न तो मिलता है। कवि इस हक़ीक़त का बयान कुछ इस तरह करता है-

''झेलते हैं सब तमाशा बोलता कोई नहीं
चुप्पियों की घेराबंदी तोड़ता कोई नहीं।
मीडिया के ठीक पीछे कौन है असली विलेन
और इस असली का भांडा फोड़ता कोई नहीं।।''

(श्रीराम मेश्राम)

हर प्रकार की चुप्पी के ख़िलाफ़ अपने नैतिक साहस के दम पर ग़लत चीज़ों का भांडा पत्रकारिता ही फोड़ती है और समाज में छाए हुए आतंक को वाणी देती है। स्वाधीनता-आंदोलन में सामाजिक सौहार्द के लिए, जनशिक्षण के लिए उसकी अविस्मरणीय भूमिका हमेशा रही है। पत्रकारिता न तो भजन-पूजन है और न श्रद्धा-भक्ति का कोई वितान। समाज के वास्तविक रूप को वह प्रत्यक्ष करती है। पत्रकारिता की इसी भूमिका के कारण उसे लोकतंत्र का चौथा स्तंभ कहा जाता है। जब सभी ओर चुप्पी छा जाती है, चिंतक, कलाकार और दार्शनिक मौन हो जाते हैं, तब भी वह जाग्रत रहती है और हर प्रकार के अँधेरे के ख़िलाफ़ लड़ती है, पहरेदारी करती है, झूठ के तिलिस्मों को लगातार भस्म करने का प्रयत्न करती है। पत्रकारिता केवल यह कार्य नहीं करती कि जो जैसा है, जिस तरह है सिर्फ़ उसकी सूचना देकर रह जाए; वह जैसा होना चाहिए की ओर भी इंगित करती है और इस दिशा में प्रयास करती है। पत्रकारिता के पास सामाजिक विकास का अपना अलग रास्ता है। अख़बारों की भूमिका के बारे में दैनिक ट्रिब्यून के संपादक

राधेश्याम शर्मा ने कभी लिखा था- ''पत्रकारिता यथार्थ तक पहुँचने की प्रक्रिया है। व्यक्ति, समाज-सेवा और समूची मानवता की चेतना-जागृति का यह माध्यम है। न्याय के लिए संघर्ष एवं सुव्यवस्था की स्थापना के लिए और उन्हें उचित-अनुचित एवं हक़ीक़त से अवगत कराने का तंत्र है। यह सद्भावना की एवं सत्य की खोज और स्थापना के लिए बुराई के ख़िलाफ़ संघर्ष को स्वर देती है।''

समूचे संसार के पत्रकारों और पत्रकारिता का महत्त्व इसलिए भी है कि न केवल उसने गुलामी के ख़िलाफ़ संघर्ष किया, न केवल उसने साम्राज्यवाद, पूँजीवाद, नस्लवाद, तानाशाही, फासिस्टवाद एवं जातिवाद के ख़िलाफ़ लोहा लिया, वरन् समूची दुनिया में फैल रहे 'ग्लोबलाइजेशन' की आँधी, उत्तर आधुनिकताओं और उत्तर संरचनावादी ताक़तों के अलावा छोटे-बड़े के भेद, सत्ता और अफसरशाही के गलियारों में पनप रहे भ्रष्टाचार को तार-तार किया है। प्रजातंत्र की छाया तले पल रही गनगनाहट को सामाजिक उत्पीड़न और आतंकवाद के रूप में, धर्म के पाखंडों के रूप में उभर रहे वितंडावाद को कभी भी अनदेखा नहीं किया। पत्रकारिता आर्थिक असमानता की वास्तविकताओं का भी पर्दाफाश करती रही है। पत्रकारिता की जनतांत्रिक ताक़त ही यह है कि वह सामान्य से सामान्य आदमी से सीधे संबद्ध है। ज़ाहिर है कि साहित्यकार और पत्रकार दोनों का क़ार्य सामाजिक परिवर्तन रहा है। कोई भी सत्ता यदि समाज-विरोधी रुख़ अख़्तियार करती है तो उसके ख़िलाफ़ दोनों ठोस प्रतिक्रिया भी करते हैं और कार्रवाई भी; क्योंकि ये दोनों जनता के पक्ष में और सत्ता के प्रतिरोध में रहे हैं। जार्ज बर्नार्ड शॉ का मानना था- ''ऐसा कुछ भी साहित्य के रूप में बहुत दिनों तक जीवित नहीं रह सकता, जो पत्रकारिता भी न हो। जो व्यक्ति अपने और अपने समय के बारे में लिखता है, केवल वही सचमुच समस्त मनुष्यता और सभी युगों के लिए लिख सकता है।''

दरअसल पत्रकारिता हमेशा दायित्वबोध से जुड़ी है और सजग भी है। वह कार्पोरेट घरानों के अहंकार और सभी को अपनी मुट्ठी में करने वाले मनोविज्ञान को भी पहचानती है। सच्चाई तो यह है कि जब तक ख़राब स्थितियाँ रहेंगी, तब तक वह इन सबके ख़िलाफ़ जंग करती रहेगी। महाजनी सभ्यता के घटाटोप ने हमारी मानसिकता को गुलाम बना रखा है। आज के दौर में समूचे रिश्ते-नाते पैसे की सत्ता से, पद की सत्ता से बौने और ख़ारिज किए जा रहे हैं। भ्रष्टाचार की हाँक और दिखावा शिष्टाचार में विकसित

करने के प्रयत्न हो रहे हैं। पत्रकारिता ही इसका सक्षम तरीके से सामना करती है। हमारे राष्ट्रीय और अंतरराष्ट्रीय जीवन में जिस तेज़ी से कार्पोरेट ताक़तों का जलवा बढ़ा है; आतंकवादी हिंसा बढ़ रही है; धर्म की तानाशाही की दिनोंदिन बढ़ोत्तरी हो रही है; बहुसंख्यक अल्पसंख्यकों को नीचा दिखाना चाहते हैं और लील लेना चाहते हैं; मानवता-विरोधी शक्तियाँ दहशतगर्दी फैला रही हैं; हमारे विकास और प्रगति में काली ताक़तों ने भरपूर सक्रियता दिखाई है; अपने स्वार्थों की पूर्ति के लिए हर तरह से विकास के सोपानों में अवरोधक लगाए जा रहे हैं; मनुष्य को तरह-तरह से गुमराह करने के और तोड़ने के प्रयत्न हो रहे हैं, वे सभी अपने आप में भयावह हैं।

समूची दुनिया में आणविक अस्त्रों और परमाणविक मिसाइलों के प्रयोग का ख़तरा हमारे समग्र विकास में बाधक रहा है। तरह-तरह की चुनौतियों और चिंताओं की बातें हमें छलनी कर रहीं हैं। ऐसे में हमारी निगाहें सच्ची पत्रकारिता की ओर उठती हैं; क्योंकि उसके समक्ष हर तरह की सत्ताएँ घुटने टेक देती हैं। बड़े-बड़े ताक़तवर भयभीत हो जाते हैं। पत्रकारिता के समक्ष बौने, लूले, लँगड़े और अपाहिज हो जाते हैं। उनकी समूची शेख़ियाँ राई के बराबर भी नहीं रह जातीं। कहते हैं कि जब बीबीसी का लोगो साउंड के साथ आना शुरू होता था तो ब्रिटेन के शक्तिशाली प्रधानमंत्री विंस्टन चर्चिल के दिलों की धड़कन उसे सुनते ही बढ़ जाया करती थी कि पता नहीं अपने बारे में कौन-सी बुरी ख़बर सुनने को मिल जाए। पत्रकारिता तमाम तरह के स्कैंडलों को, गुपचुप चल रही साज़िशों पर फ़ोकस करती है। वह धर्म के सांप्रदायिक विद्वेष और सामंतवादी जड़ताओं से लोहा लेने में समर्थ है; लेकिन इस दौर में पत्रकारिता को भरमाने के, ख़रीदने के कार्य भी तेज़तर हो रहे हैं। इस तरह की सभी साज़िशों का मुकाबला हर हालत में सभी को करना पड़ेगा; क्योंकि उसके मंद होने से समूचे समाज और देश में अफ़रा-तफ़री मच जाएगी। मैं महसूस करता हूँ, जिस तरह हमारे निजी जीवन की पवित्रता और नैतिकता होती है, उसी तरह सार्वजनिक जीवन की भी; जिसका उल्लंघन न तो पत्रकारिता कर सकती है और न नेता। पत्रकारिता को अपनी सीमाओं में रहकर ही हमारी अस्मिताओं को सुरक्षित रखना पड़ेगा।

देश और दुनिया में जब-जब सांप्रदायिक शक्तियों ने सर उठाया, धर्म पाखंड का रूप धरकर सामने आया, आतंक के घिनौने राष्ट्रीय-अंतरराष्ट्रीय खेल हुए, सत्ताधारियों ने मनमानियाँ शुरू कीं, प्रशासन में गुलछर्रे उड़ाने की

प्रवृत्ति पनपी, साइबर क्राइम बढ़े, भाषा-विवाद गहराया, शोषण-अत्याचार का घृणित नाच हुआ, तब-तब पत्रकारिता ने उसे बेनक़ाब किया। इस पूरे प्रसंग में मुझे पांडेय बेचन शर्मा 'उग्र' की ये बातें स्मरण आ रही हैं- "मेरी राय में पत्रकार बनने के पूर्व आदमी को समझ लेना चाहिए कि यह मार्ग त्याग का है, जोड़ का नहीं। जिस भाई-बहन को भोग-विलास की लालसा हो, वह और धंधे करे, रहम करे इस रोज़गार पर। मेरा आदर्श पत्रकार वह ईमानदार पादरी पीर है; जिसे किसी भी भीड़ में आसानी से पहचाना जा सके" (बृहद् हिंदी पत्रकारिता कोष-पृष्ठ 639)

पत्रकारिता की दुनिया में कई ध्रुव कार्य कर रहे हैं। मुख्यत: आज़ादी ने हमारे पंखों को खोल दिया है। अनंत आकाश में उड़ान भरने के लिए जनतंत्र का विस्तार हो रहा है। हालाँकि वह भी निरापद नहीं है। वहाँ भी प्रश्नांकनों का मेला है। हमारे इसी जनतंत्र में सामंतों, बड़े घरानों और कार्पोरेट से जुड़े लोगों का दबदबा है। विधायकों-सांसदों की ख़रीद-फरोख़्त हो रही है। केंद्र सरकार की देख-रेख में विधानसभाएँ अपने अंदाज़ में भंग कर दी जाती हैं और अपनी तर्ज़ पर अपनी मनचाही सरकारें चलाई जाती हैं। ताज़्जुब है कि सामान्य आदमी चुनाव से लगभग खारिज़ हो गया। वह चुनाव नहीं लड़ सकता; क्योंकि कोई भी दल या स्वतंत्र निकाय उसको टिकट ही नहीं देगा।

ज्ञान इतना बढ़ गया है कि सूचनाएँ विशाल पैमाने पर फैलती जा रहीं हैं; लेकिन उसी अनुपात में हमारी संवेदना कम से कम होती जा रही हैं। यह सही है कि टेलीविज़न की सहज उपलब्धता ने बहुत सारी चीज़ों को, बहुत सारे ज्ञान को सुलभ बना दिया है; लेकिन ज्ञान देने वाला पत्रकार डर और आतंक के साए में जी रहा है। राजनीतिक और आर्थिक दबाव में वह पूरी कोशिश करने के बावजूद स्वच्छंद होकर अपना कर्तव्य नहीं निभा पा रहा है। समय के इन द्वंद्वों को चीरते हुए विनय मिश्र ने सच ही कहा है-

"वो सफ़र के साथ है पर इस अदाकारी के साथ
जैसे इक मासूम क़ातिल पूरी तैयारी के साथ।
ये सियासत का करिश्मा है हमारे दौर में
तख़्त पर बैठा हुआ विश्वास गद्दारी के साथ।।"

पत्रकारिता इस दौर में चारों ओर से अविश्वसनीय होने के हमले झेल रही है; क्योंकि इसमें ऐसे-ऐसे लोग शामिल हो गए हैं; जो आधे-अधूरे मन से सिर्फ़ कमाई-धमाई के कारण इससे जुड़े हैं। लेकिन समूची गड़बड़ियों के बावजूद पत्रकारीय मूल्यों के लिए अभी भी कहीं-न-कहीं जगह हैं। समय,

परिवेश और पर्यावरण चाहे जिस तरह का विकसित हो रहा हो; लेकिन अभी भी किसी-न-किसी रूप में नैतिकताएँ इस क्षेत्र में कार्य कर रहीं हैं। पत्रकारिता के संदर्भ में व्यंग्य और वास्तविकता पर चुटकी लेते हुए स्थापित पत्रकार स्वर्गीय राजकिशोर ने लिखा था- "दरअसल पत्रकारिता की मुसीबत ही यह है कि अपनी तमाम गड़बड़ियों और अंतर्विरोधों के बावजूद वह कहीं-न-कहीं मूल्यनिष्ठता से जुड़ी हुई है। यह कारोबार ही अच्छाई का है। अगर आप अच्छे नहीं है तब भी आपको स्वाँग तो अच्छा होने का ही करना पड़ेगा। अच्छाई की ताक़त इतनी ज़्यादा है कि बुराई भी उसी वेश में काम करने को बाध्य होती है। इसी अंतर्विरोध के कारण पत्रकारिता एक सीमा तक ही वास्तविक सामाजिक हितों के विरुद्ध जा पाती है और इसीलिए हम उम्मीद कर सकते हैं कि जब समाज में बदलाव की ताक़तें मज़बूत होंगी तो पत्रकारिता भी अपने मोर्चे पर पीछे नहीं रहेगी। तब तक हमें जो कुछ है, उसी से संतोष या असंतोष करना चाहिए" (पत्रकारिता के नए परिप्रेक्ष्य, पृष्ठ-156)

पत्रकारिता की दुनिया में विधेय के बरअक्स निषेध का ज़्यादा बोलबाला हो गया है। कहा यह जा रहा है कि अख़बार नकारात्मक होते जा रहे हैं। मीडिया उत्तेजना देने वाले समाचारों और स्थितियों को ज़्यादा परोस रहा है। यह भी आरोप है कि वे ख़बरों को चटपटा बनाते हैं। टीआरपी बढ़ाने के लिए भ्रामक, असत्य और सनसनीखेज़ा समाचारों को ज़्यादा अवसर दिए जा रहे हैं। क्या आने वाले समय में मीडिया को अफ़वाहों को बढ़ाने वाला मान लिया जाएगा। ज़ाहिर है कि पत्रकारिता को अपनी विश्वसनीयता बढ़ाने की ओर ध्यान देने की ज़रूरत है। अख़बारों और मीडिया की तरफ़ प्राय: सभी का ध्यान होता है; लेकिन वस्तुस्थिति यह है कि यदि पत्रकार विश्वसनीय ख़बरें देते हैं तो शासन-प्रशासन की नज़रों में गड़ने लगते हैं और यदि वो अविश्वसनीय रिपोर्टिंग करते हैं तो पाठकों की उँगली उठने लगती है। पीत पत्रकारिता भी इस दौर में बहुत तेज़ी से बढ़ रही है और उस पर प्रश्न उठ रहे हैं।

पत्रकारिता में इधर निरंतर गिरावट दर्ज़ की जा रही है। पत्रकारों की पक्षधरता प्रश्नवाचकों के घेरे में है। बहुत कम पत्रकार और मीडिया-विशेषज्ञ हैं; जो अपने हुनर और पक्षधरता के लिए जाने जाते हैं। उन पत्रकारों ने अपने जीवन को दाँव पर लगाकर सत्ता और समाज-विरोधियों के ख़िलाफ़ अपनी असहमति व्यक्त की और वे नि:शंक भाव से डर को पराजित करने में सफल

हुए। उनमें कभी कोई ऊहापोह और असमंजस नहीं रहा। वे सत्ता और कार्पोरेट घराने से लोहा लेते रहे। वे सत्ता के बगलगीर नहीं हुए। उन्हें कोई प्रलोभन टस से मस नहीं कर सका। उन्होंने प्रशासन के बगले नहीं झाँके। वै सत्ता के चाटुकार नहीं हुए। ऐसे पत्रकारों को अब भी बक़ायदा महत्त्व दिया जाता है और आगे भी उन्हें ऐसा महत्त्व हासिल होगा। बाकियों के बारे में क्या कहना और क्या सुनना!

पत्रकार और समाज तथा पत्रकार और शासन-व्यवस्था का संबंध अज़ीबोग़रीब है। पत्रकारों को सरकारें और अन्य सत्तातंत्र ख़रीदना चाहते हैं; अपने शीशे में उतारना चाहते हैं। उनको अनेक चीज़ें मुफ़्त में या बहुत थोड़ी क़ीमत अदा करने पर उपलब्ध कराने का लालच दिया जाता है। राजकिशोर ने रेखांकित किया है कि "पत्रकारिता का सबसे बड़ा दुर्भाग्य यह है कि उसके स्वामित्व का कोई लोकतांत्रिक स्वरूप विकसित नहीं हो पाया है। पत्रकारिता को लोकतंत्र का रक्षक माना जाता है, पर उसका अपना आंतरिक ढाँचा स्वामित्व और प्रबंध दोनों स्तरों पर लोकतांत्रिक नहीं है।" (पत्रकारिता के नए परिप्रेक्ष्य, पृष्ठ-123)

पत्रकारिता समय के अनुसार अपने आप को बदल रही है। पत्रकार को कभी-कभी ताज़ा या टटका इतिहासकार भी कहा जाता है। उसे समय की चुनौतियों को समझना, समय की धड़कनों को पहचानना पड़ता है। उसके कान और आँखें और समूचा शरीर संवेदनशील भी माने गए हैं; क्योंकि अंततोगत्वा उसे समाज के सभी पाठकों तक पहुँचना पड़ता है; कार्यवाही करनी पड़ती है। यह जानना दिलचस्प है कि समय के साथ पत्रकारिता का स्वरूप और पत्रकार से समाज की अपेक्षाएँ भी बदल जाती हैं। हमारा आज का समय-संदर्भ अलग है। पत्रकारिता का स्वरूप और चरित्र ही नहीं बदला है, उसके सामने प्रस्तुत चुनौतियाँ भी बदल गई हैं। ऐसा नहीं है कि समाज में अन्याय व उत्पीड़न मिट गया है। वह है, परंतु पत्रकारिता अब मिशन नहीं रह गई; वह व्यवसाय बन गई है।

पत्रकारिता की दुनिया में बहुत प्रसिद्धि है। इसका ग्लैमर भी अकूत है। भारत के अलावा संसार के अन्य देशों में भी लगातार पत्रकारिता के संदर्भ में अनेक घटनाएँ घटती रहती हैं। प्रायः हर देश में समाचारपत्रों पर और पत्रकारिता पर ख़ास नज़र सरकारें रख रही हैं। वे स्वतंत्र, जागरूक और सक्षम पत्रकारिता पर लगातार बंदिशें भी लगाती रही हैं। कभी अंतरराष्ट्रीय प्रेस-संस्थान की रिपोर्ट में अकारण ही यह बात दर्ज़ नहीं की गई थी-

"अधिकतर देशों में प्रेस की स्वतंत्रता का नारा भी आपत्तिजनक माना जाता है। अख़बारों को राजनीतिक मूल्यों पर सरकार का कोप-भाजन बनने का भय बना रहता हैख़ दक्षिण अफ्रीका में समाचारपत्रों की स्वतंत्रता का गला घोंट दिया गया था। सिंगापुर में जहाँ समाचारपत्र पहले से ही एक पालतू जानवर की तरह था, उसकी स्वतंत्रता पर और भी आँच आई है।" (हिंदी पत्रकारिता : विविध आयाम, पृष्ठ-15)

प्रलयंकारी परिवर्तनों के दौर में, बदल रहे जीवन-मूल्यों के दौर में, प्रजातंत्र को धोबीपछाड़ लगाने के दौर में, अपनी मनमानी परोसने के दौर में, आतंकवाद और हर तरह की मूल्यहीनताओं को झेलने के दौर में भी जो पत्रकार साहस के साथ अपनी प्रतिभा के बलबूते यातनाओं से लगातार संघर्ष करते हुए पत्रकारिता के उच्च आदर्शों की ज़मीन पर टिके रहेंगे, वही नया समाज बना पाएँगे और नए युग को रोशनी दिखा पाएँगे; वही अपने चारित्रिक प्रतिमानों के द्वारा नए संसार को रच पाने में समर्थ होंगे। अच्छा पत्रकार हमेशा जागरण के स्वप्न देखता है; संघर्षों की पीठिका तैयार करता है; वही जोख़िम भी उठाता है और चुनौतियों का सामना भी करता है; वह अन्याय अत्याचार से टकरा सकता है; कुछ नया रच सकता है। मुझे लगता है कि वह पत्रकार हमारे लिए वरेण्य है; जो साहस के साथ प्रश्नों को उठाता है; जनकल्याण के लिए अपने जीवन को दाँव पर लगाकर प्रश्नांकनों के रास्ते सब कुछ के उत्तर चाहता है और सचमुच भागना नहीं, दुनिया को बदलना चाहता है।

जिस देश में स्वार्थ की प्रतिपूर्ति हेतु जनता का पैसा पानी की तरह बहाया जा रहा हो, विदेशी यात्राओं पर धन स्वाहा किया जा रहा हो, झूठी घोषणाओं और वादों के बल पर सत्ता कब्जाई जा रही हो, उस देश में पत्रकारिता को सच के साथ संभावनाओं के लोक में मुस्तैदी से खड़ा रहना होगा। अदम गोंडवी की बात को सीने में बिठाना होगा कि-

तुम्हारी फ़ाइलों में गाँव का मौसम गुलाबी है
मगर ये आँकड़े झूठे हैं ये दावा क़िताबी है।
घर में ठंडे चूल्हे पर अगर खाली पतीली है
बताओ कैसे लिख दूँ धूप फागुन की नशीली है।।

पत्रकारिता का उद्देश्य और पत्रकारों की दुनिया कोई सामान्य दुनिया नहीं है, वह लगातार चुनौतियों की, कार्रवाइयों की और जान हथेली पर रखकर चलने वालों की दुनिया है। पत्रकारिता के क्षेत्र में कायर, क्लीव और कमज़ोर

आदमी न तो काम कर सकते और न ही सामाजिक परिवर्तन में कोई सार्थक भूमिका अदा कर सकते। स्वर्गीय राजकिशोर ने हमारा ध्यान इस महत्त्वपूर्ण तथ्य की ओर खींचा था; जिससे हम पत्रकारिता के बहुआयामी क्षेत्र को संजीदा तरीके से समझ सकते हैं- ''यदि आप यथार्थ से सही मुठभेड़ नहीं कर सकते तो आपके आदर्श भी साररहित होंगे। स्थिति उल्टी भी हो सकती है। यदि आपके आदर्श वास्तविक और जनोन्मुख हैं, तो आप यथार्थ से उचित मुठभेड़ भी कर सकेंगे।'' सच्चे पत्रकारों को सलाम!

मीडिया की कशमकश

माल्कन एक्स ने कहा था- "अगर आप सावधान नहीं रहेंगे तो अख़बार आपको उन लोगों से नफ़रत करना सिखा देंगे; जिनका उत्पीड़न किया जा रहा है और उन लोगों से प्यार करना सिखा देंगे; जो उत्पीड़न कर रहे हैं।" मीडिया के बारे में यह कोई उत्तेजना भरा बयान नहीं है; बल्कि हमारे इस क्रूर और कठिन समय की वास्तविकता का रेखांकन है और मीडिया के बारे में, उसके आचरण के बारे में सभी को आगाह भी किया गया है। जनविश्वास क़ायम करने का वहाँ भी संघर्ष पैदा हो गया है। एक दौर ऐसा था कि लोग पत्रकारिता पर अगाध विश्वास करते थे। अब स्थिति भिन्न है। पत्रकारिता की विश्वसनीयता पर जबरदस्त प्रश्नांकन हैं; क्योंकि पत्रकारिता अनेक रूपों में विकसित हो गई है- प्रिंट मीडिया, इलेक्ट्रॉनिक मीडिया, डिजिटल मीडिया, सोशल मीडिया, न्यू मीडिया, ऑनलाइन मीडिया, ऑफलाइन मीडिया आदि; जहाँ सूचनाओं की बमबारी के बीच सच और झूठ का फ़र्क कर पाना आम पाठक के लिए टेढ़ी खीर है।

पत्रकारिता या मीडिया को प्रजातंत्र का चौथा खंभा कहा जाता है। यदि कुछ अपवादों को छोड़ दिया जाए तो मीडिया में काम करने वाले प्रायः अच्छे माने जाते थे; क्योंकि तब पत्रकारिता एक मिशन थी। पत्रकारिता में ऐसे लोग काम करते थे; जो जनता के विश्वासों को जीवित रखना चाहते थे। विधायिका, कार्यपालिका और न्यायपालिका के बाद मीडिया या पत्रकारिता की अहमियत रही है। उसे अपनी करनी के द्वारा एक व्यापक पहचान मिली थी। पत्रकारिता या मीडिया अपने समय पर अपने समाज को प्रतिबिंबित करती रही है; लेकिन पूरी ज़िम्मेदारी के साथ। प्रश्न उठता है कि क्या आज भी ऐसा है? इस पत्रकारिता पर लांछनों की, भूल की परतें विगत कई वर्षों से चढ़ रही हैं। उसका दाग़दार चेहरा भी निरंतर सामने आने लगा है। उसकी

विश्वसनीयता संशय के दायरे में है। लोग कहने लगे हैं कि वह सत्ता के पक्ष में काम करने लगी है। वहाँ भी सत्ता, लालच, धन के प्रति विराट आकर्षण है।

यह आज की पत्रकारिता का एक पक्ष है। दूसरा पक्ष यह भी है कि पत्रकारिता से जुड़े लोग यदि थोड़ा भी असावधान हुए; उन्होंने जनता की तरफ़दारी की तो उन्हें मौत के घाट उतार दिया जाता है। उन्हें पूरी तरह से ख़रीदने की कोशिश होती है। सत्तापक्ष जो चाहता है, वह उससे कराना चाहता है। सच्चे पत्रकार यदि माफियाओं के काले कारनामें के बारे में लिखते हैं तो या तो उन्हें नौकरी से हटवा दिया जाता है या उनकी हत्या कर दी जाती है। समय बदल गया है। अब मीडिया सरकारों का मोर्चा है। इसीलिए ज़्यादातर पत्रकार सत्ता के पक्ष में हैं; अपने स्वार्थवश खड़े होते हैं। यदि ये पत्रकार विपक्ष की स्थितियों को आवाज़ देते हैं तो सत्ता या तो उनका गला घोंट देती है या ख़त्म करने का काम करती है। सत्ता में चाहे जो पार्टी हो, वे पत्रकारिता को अपने पाले में खींचने का प्रयास करते हैं। विपक्ष को समाप्त करने की एजेंसी के रूप में उससे ही काम किया जाता है। सत्ताओं को विपक्ष की आवश्यकता नहीं है। वे अपने दम पर निष्कंटक होना चाहते हैं। दूसरे शब्दों में कहें कि वे तानाशाहियत के बाड़े में आ चुके हैं।

पत्रकारिता कोई आज की चीज़ नहीं है। पत्रकारों ने हमारी वास्तविकताओं को, हमारी स्थितियों को, हमारी विकास-यात्रा को ठीक ढंग से जानने-पहचानने की कोशिश की। पत्रकारों ने अपने छोटे-छोटे साधनों के द्वारा बड़े ऊँचे-ऊँचे सपने देखे और ऊँची-ऊँची कार्रवाइयाँ कीं। भारत में ही अंग्रेज़ों की दासता के ख़िलाफ़ जनजीवन को नई आस्थाएँ दीं एवं नई उमंग और हृदय में उत्साह भरा। पत्रकारों ने एक 'विज़न' के जरिए संघर्ष किए। पैसा नहीं था; लेकिन हौसला तो था; साधन नहीं थे, तो संघर्ष का जलवा तो था; जनकल्याण के लिए माद्दा तो था। बहुत कम पैसों में लस्टम-पस्टम तरीके से निकले पत्रों और पत्रिकाओं ने हमारे देश में वो फ़िजा बनाई कि उनकी लेखनी से विदेशी शासन तक थर्राता था।

मीडिया ने अपने ढंग से देशी सामंतों और राजे-रजवाड़ों के ख़िलाफ़ एक मुहिम छेड़ी; पूँजीवाद और साम्राज्यवाद के ख़िलाफ़ संघर्षशील लड़ाई लड़ी। यह उस जमाने में छोटा नहीं, निश्चय ही बड़ा काम था। इन पत्रकारों ने अँधेरे में रहकर गुमनामी और गुलामी में जीकर आज़ाद ख़्यालों के जो पर्चे

बाँटे, उनकी धमक हमें आज भी सुनाई पड़ती है; उनकी पक्षधरता और मूल्यों का संचरण हमें प्रेरणा देता है। अकबर इलाहाबादी ने कभी कहा था कि "जब तोप मुकाबिल हो, अख़बार निकालो; जनता की आवाज़ को बहुत दूर तक पहुँचाओ।" कहाँ तो वो दिन थे और कहाँ आज के दिन हैं। तब हम गुलाम थे, अब आज़ाद भारत में और जनतंत्र-व्यवस्था में हैं। सभी चीज़ें वहीं हैं; लेकिन हमारे सोचने का नज़रिया बदला है। हमारी स्वार्थ-साधना के नए-नए रूप विकसित हुए हैं। अपनी स्वार्थ-साधना में सत्ता और सत्ता से जुड़े लोग पत्रकारिता को हिंदू माइथॉलॉजी में प्रसिद्ध ऋषि नारद से भी जोड़ रहे हैं। बाक़ायदा अब नारद-जयंती मनाई जा रही है। मैं तो कहता हूँ कि उन कबूतरों की भी जयंतियाँ मनाई जाएँ; जो प्रारंभिक दौर में संदेशवाहक हुआ करते थे।

आज शासन जो और जैसा चाहता है, वही मीडिया करने पर तुला है। सच्चे लेखकों, संस्कृति-कर्मियों और पत्रकारों को हम लगातार पीठ दिखा रहे हैं। उनकी नृशंस हत्याएँ हो रहीं हैं। यह अँधेरे में नहीं, खुलेआम है और दिनदहाड़े हो रहा है। हत्यारे निष्कंटक घूम रहे हैं। उनको पकड़ने की किसी में हिम्मत नहीं। स्पष्ट है कि यह सब सत्तातंत्र की शह से हो रहा है। लेकिन दुःखद स्थिति यह है कि इस दौर में मीडिया की भूमिका निरंतर संदेहास्पद और हास्यास्पद हुई है। किसी ने लिखा था- "हर किसी के हाथों बिक जाने को तैयार नहीं/ये मेरा दिल है तेरे शहर का अख़बार नहीं।" शासन-प्रशासन ने मीडिया को अपनी तरफ़ या अपने पक्ष में कर लिया है। प्रलोभन का विकट महामायाजाल है; जिसमें प्रायः अधिकतर पत्रकार फँस ही जाते हैं। 'माया महाठगिनी हम जानी'- कबीर ने ऐसे ही नहीं कहा था। यह माया मात्र स्त्री भर नहीं है; इसके असंख्य और अनंत रूप और रूपाकार हैं।

मीडिया में कुछ ही लोग हैं; जो प्रलोभनों की दुनिया से बाहर होकर आम जनता की वाणी और संघर्षों को तरज़ीह देते हैं; झूठ, प्रवंचनाओं और छल से सत्ता के किले से हमें बाहर ले जाने का प्रयत्न करते हैं। मीडिया में कई ऐसे पत्रकार हैं; जो जनपक्षधर हैं। वे जनता की लड़ाई को वाणी देते हैं। उन्हीं में से एक रवीश कुमार हैं। वे निर्भीकता से अपनी बातें रखते हैं, तो उन्हें जान से मारने की धमकियाँ दी जाती हैं। डराने के और भी सौ तरीके हैं; जो आपातकाल के वक़्त नहीं थे। सरकारें सबको नहीं डराती हैं, सिर्फ़ उन्हें डराती हैं; जिनसे उन्हें डर लगता है। ऐसे ही लोगों के आस-पास डर

का माहौल रचा जाता है। यही वह माहौल है; जहाँ से सत्ता आपको डराती है। डर का कोई दस्तावेज़ नहीं मिलता। यह एक तरह का सुनियोजित षड्यंत्र है; जो इन दिनों लगातार पनपा है।

हास्यास्पद स्थिति यह है कि मीडिया के कुछ जानकार सत्ता और प्रशासन में जिस तरह की घटनाएँ घटा रहे हैं, उनका बेहद सधे ढंग से खुलासा करते हैं। उसमें ऐसे प्रसंग हैं कि हर किसी को दाँतों तले उँगली दबानी पड़ेगी। बलात्कार अब घटना नहीं, एक प्रसंग हो गया है। फिर भी चुनाव के समय महिला-मतदाताओं को पत्रकारिता के झूठ के द्वारा सत्ता के पाले में खींच लिया जाता है। यह भी एक तरह का मैनेजमेंट है। इन समूचे प्रश्नों को मीडिया सत्ता के पक्ष में रसगुल्ले और चाशनी के रूप में पेश करता है। मीडिया सत्ता के लिए हर धूल-धक्कड़ को सोना और हीरा बना देता है। चरम विध्वंस और हत्याओं को विकास के मानकों से ढँक देता है। यह घनघोर असमंजस का समय है। मीडिया इधर के समय में देशभक्ति की जो परिभाषाएँ रूढ़ कर रहा है, उससे सहमत होना किसी के वश का नहीं। मीडिया देश से बड़ा होने की कोशिश कर रहा है; जबकि देश सर्वोपरि होता है। उसकी परिधि, उसकी व्यापकता और समग्रता सबको अपने आगोश में ले लेती है। मीडिया विपक्ष का ध्वंस करने में सत्तापक्ष का भोंपू बन बैठा है। उसे मालूम होना चाहिए कि यदि विपक्ष देश में नहीं रहेगा तो लोकतंत्र भी नहीं बचेगा और मीडिया को तो पाताल में गाड़ दिया जाएगा।

सत्ताएँ तो आनी-जानी हैं। हर हाल में मीडिया को जनपक्षधर पत्रकारिता करके मानवीय मूल्यों को और हमारी जनतांत्रिक व्यवस्था को बचाना चाहिए। पर न जाने इस माध्यम को किसकी नज़र लग गई है। सत्ताधारी पार्टी यदि यह समझती है कि जो उसकी ग़लत नीतियों की आलोचना करते हैं, वे देशद्रोही हैं। जो बहुसंख्यक कहें, उसे सभी को मानना चाहिए; लेकिन कम-से-कम मीडिया को तो इस रुग्ण विचार को आगे नहीं बढ़ाना चाहिए। यह जनतंत्र की भावना और संविधान में निहित नीतियों के ख़िलाफ़ है। उरूग्वे के एक ख्यात साहित्यकार एदुआर्दो ग़ालियानो लिखते हैं- "अगर देशप्रेम की परिभाषा सरकार की अंधआज्ञाकारिता नहीं हो, झंडों और राष्ट्रगानों की भक्तिभाव से पूजा करना नहीं हो; बल्कि अपने देश से, अपने साथी नागरिकों से (सारी दुनिया के) प्यार करना हो, न्याय और जनवाद के उसूलों के प्रति प्रतिबद्धता हो, तो सच्चे देशप्रेम के लिए ज़रूरी होगा कि जब

हमारी सरकार इन उसूलों को तोड़े तो हम उसके हुक्म मानने से इंकार करें।ख्र ख्र जिस धरती पर हर अगले मिनट एक बच्चा भूख या बीमारी से मरता हो, वहाँ पर शासक-वर्ग की दृष्टि से चीज़ों को समझने की आदत डाली जाती है। लोगों को इस दशा को एक स्वाभाविक दशा समझने के लिए प्रशिक्षित किया जाता है। लोग व्यवस्था को देशभक्ति से जोड़ देते हैं और इस तरह से व्यवस्था का विरोधी एक देशद्रोही अथवा विदेशी एजेंट बन जाता है। जंगल के क़ानूनों को पवित्र रूप दे दिया जाता है; ताकि पराजित लोग अपनी हालत को अपनी नियति समझ बैठें।" भारतीय मीडिया को इससे सबक हासिल करना चाहिए।

आजकल विकास-विकास का खेल खेला जा रहा है। किसान-मज़दूर, शिक्षा-रोज़गार, अस्पताल-सड़क की क्या हालत है, पुलों और भवनों के क्या हाल हैं, इस पर मीडिया की नज़र न के बराबर जाती है। हाँ, फ्लायओवर-संस्कृति के जलवे के तहत सत्ताधारियों के पक्ष में चुनावी गणित साधने के लिए वह बराबर दुम हिला रहा है। हर गली-मोहल्ले की सड़कें ख़ुदी पड़ी हैं। प्रायः कहीं भी काम पूरा नहीं हैं। इस वास्तविकता को देखकर यही कहा गया है- 'यहाँ भी ख़ुदा है, वहाँ भी ख़ुदा है, जिधर देखते हैं ख़ुदा ही ख़ुदा है।' शहरों में फ्लायओवरों का ढहना और उससे हुई अनेक मौतें कई प्रश्नचिह्न हमारे सामने रख रही हैं; लेकिन मीडिया इन ख़बरों की ओर पीठ करके दिन-रात थोथी बहसों का जाल फैलाता रहता है।

कभी जनता की आवाज़ कहा जाने वाला मीडिया आज जनता की उम्मीदों की कब्रगाह बन गया है। कवि मदन कश्यप की इन काव्य-पंक्तियों पर ध्यान दीजिए- "आप जो भाषा को खाते रहे/हमारे सपनों को खाना चाहते हैं/आप तो विचार को मारते रहे/हमारी संस्कृति को मारना चाहते हैं।" (अपना ही देश)। मीडिया की भूमिका धर्मप्रचारक की कभी नहीं रही; लेकिन आजकल हिंदुत्व की एक नई परिभाषा गढ़ी जा रही है और मीडिया इसमें सहयोगी की भूमिका अदा कर रहा है। नब्बे के दशक से हिंदुत्व का जुमला परोसा जाने लगा। यूँ तो जुमला पहले से भी चल रहा था; लेकिन तब से वह केंद्र में आ गया। मीडिया के बदले हुए रंग के चलते यह अब नारे की तरह चल रहा है। अब नेता हिंदुत्व की चादर के नीचे सत्ता का खेल साध रहे हैं और गर्जना कर रहे हैं।

जुझारू और विचारवान पत्रकार गौरी लंकेश की दिन दहाड़े हत्या कर दी गई। कहा यह भी जा सकता है कि हर कोई गौरी लंकेश नहीं बन सकता।

उसमें गुर्दा होना चाहिए। जिसमें विहंगावलोकन की ताक़त होती है, वही गौरी लंकेश बन सकता है। जो सच को सामने नहीं ला सकता, वह काहे का पत्रकार? गौरी लंकेश ने अपने आख़िरी संपादकीय में लिखा था- "आज की मेन स्ट्रीम मीडिया केंद्र सरकार और बी.जे.पी. के दिए आँकड़ों को जस-का-तस वेदवाक्य की तरह फैलाती रहती हैं। मेन स्ट्रीम मीडिया के लिए सरकार का बोला हुआ हर शब्द वेदवाक्य हो गया है। उसमें भी जो टी. वी. न्यूज़ चैनल हैं, वो इस काम में दस क़दम आगे हैं।" (फेक न्यूज़ के जमाने में) गौरी लंकेश की जघन्य हत्या से समूचे भारत में शोक और आक्रोश सभाएँ हुईं, निंदा हुईं।

हमारे देश में सत्ता का मत न स्वीकार करने वालों की शृंखलाबद्ध हत्या की जा रही है। यह सुविचारित हत्याओं का एक सिलसिला है; लेकिन मीडिया के बड़े वर्ग ने गौरी को विद्रोही और माओवादी बताते हुए उल्टा हत्यारों के पक्ष में हवा बनाने की कोशिश की। इतिहासकार हार्वर्ड जिन ने एक तथ्य की ओर हमारा ध्यान दिलाया था- "नागरिक अब तो हमारी समस्या नहीं है; हमारी समस्या है- नागरिकों की आज्ञाकारिता। हमारी समस्या है कि दुनिया भर में ग़रीबी, भुखमरी, अज्ञान, युद्ध और क्रूरता का सामना कर रहे लोग आज्ञाकारी बने हुए हैं। हमारी समस्या यह है कि लोग आज्ञाकारी हैं; जबकि जेलें मामूली चोरों से भरी हुई हैं...बड़े चोर देश को चला रहे हैं। यही हमारी समस्या है।" क्या मीडिया को इतना भी समझ में नहीं आता! लेकिन लोग बख़ूबी समझते हैं कि सत्ता की बातें मानने पर पत्रकार लाभ में रहते हैं। उनके लिए हर तरह के दरवाज़े खुलते हैं। इसीलिए वे सतत सत्ता का कीर्तन-भजन गाते हैं। आख़िर रोज़ी-रोटी का मामला है, गाड़ी-घोड़ा का खेल है, इसीलिए मीडिया से जुड़े लोग भी बिकते हैं। इसमें क्या शक? ये सत्ता झाँसा भी देती है और आराम से लोगों को ख़रीदती भी है, इसे कौन नहीं जानता?

पिछले वर्षों लेखकों, संस्कृति-कर्मियों, वैज्ञानिकों, दार्शनिकों और विचारकों ने कितने पुरस्कार वापस किए? ये क्या बात हुई कि जनतंत्र की खुलेआम हत्या हो और कोई बोले नहीं? संस्कृतिकर्मी सत्ता के गुलाम नहीं होते। वे जनता के पक्ष में होते हैं और जनता की आवाज़ को बुलंद करते हैं। वे प्रतिपक्ष में रहकर ही ये संघर्ष कर सकते हैं। हत्या की राजनीति को जनता पी ले, निंदा और कुकर्म पर चुप्पी साधे, यह शायद भारतीय इतिहास की पहली घटना है; जब लेखकों ने इतना तीखा और तीव्र विरोध किया; लेकिन

लांगूल चलाने वाले मीडिया ने उसे 'पुरस्कार वापसी गैंग' कहकर अपमानित किया। सत्ता ने इसे हँसी में लिया; क्योंकि वह तो केवल गुणगान करने वालों को पसंद करती है। एक शायर ने कहा है- "ख़ामोशी अच्छी लगती नहीं/कुछ तो गिला कीजिए/जब कोई फैसला कीजिए/दिल से भी मशविरा कीजिए।" लेकिन लगता है कि मीडिया ने दिल को किसी कोटर में छिपा दिया है।

जिन्होंने देश और पत्रकारिता के लिए कुछ किया है, उन्हें हाशिए पर ठेला जा रहा है; बल्कि सच यह है कि उन्हें वाक़ई में ठेल दिया गया है। शायद अब अच्छे पत्रकारों की तलाश मीडिया-मुग़लों को भी नहीं है। वहाँ चाटुकार और केंचुए भरे पड़े हैं। हम दोयम दर्ज़े के, बहुत निम्न किस्म के व्यक्तियों को तलाशते हैं। केवल उनकी क़ाबिलियत यह होनी चाहिए कि वे सत्ता की हाँ में हाँ मिलाते हुए झूठ बोल सकें और सरकारी आतंक पैला सकें; दूसरों को गरिया सकें और लोगों को अपनी ओर आकर्षित कर सकें। उनके कोटे भी फिक्स किए जा रहे हैं। जुझारू और अच्छे पत्रकारों को संकेत दिया जा रहा है कि बहुत क्रांतिकारिता कर ली, अब ऐसे ही किसी कोने-अँतरे में पड़े फ़ाक़ाकशी करते रहो। काफ़ी दिनों से जनता के पक्ष में काम करते रहे हो; थक गए होगे; अब पूर्ण आराम करो।

मीडिया में तरह-तरह के विवाद, अपवाद, इतिहास से तोड़-फोड़ और मनमाने निशाने साधे जा रहे हैं। अज्ञानी एंकर टीवी पर समझा रहे हैं कि देश के विकास के काम, समाज के काम, सरकार को नहीं, विपक्ष को करने होंगे। मीडिया को ख़रीद चुके लोग ईमानदार पत्रकारों से कह रहे हैं कि आपके मन में अभी भी प्रतिष्ठा का भूत सवार है तो घर बैठो। अब तुम्हारा कोई हक़ नहीं बनता कि बार-बार टीवी पर अपनी सूरत दिखाओ। इस बात के लिए अकड़ो कि पत्रकारिता के लिए तुमने बड़े त्याग किए हैं; तुमने बड़ी तपस्या की है। ज़मीन से कटे पत्रकार कह रहे हैं कि हम लोग हैं न! सच मानो, कुछ अच्छा ही कर गुज़रेंगे; तुम लोग दाढ़ी बढ़ाकर, खादी का झोला टाँगकर बहुत लंबे अरसे से पत्रकारिता की मुख्य धारा में रहे हो। अब तुम हाशिए पर रहो; अभी तक हम लोग हाशिए पर थे। अब हमारे दिन फिरे हैं। कुछ हमें भी करने-खाने दो। तुम जनता की आवाज़ बनकर अमरत्व प्राप्त करना चाहते थे। हमारे दर्द को भी समझो। हम हमेशा बहुत दिक्कत में रहे हैं; अब मौका मिला है तो उसका सुखभोग करने दो। ज़ाहिर है कि असली मज़ा तो तब आता है, जिनका पत्रकारिता से, जनआंदोलन से, पठन-पाठन से

कभी कोई लेना-देना नहीं था। जो पुरातनपंथियों के पिछलग्गू थे; इक्कीसवीं सदी में पाषाणकाल उतार लाने के हामी थे; वे अब पत्रकारिता के शीर्ष पर विराजमान हैं और खुलकर खेल रहे हैं। उनका कभी कोई नामोनिशान नहीं था; कभी भी उनकी कोई चर्चा ज़रूरी नहीं होती थी; अब वही सरताज हैं। अब पत्रकारिता के नायक चूहे बन गए और ख़बरों के खलनायक सुख-सुविधाओं की पिचकारी चला रहे हैं; सत्ता का फाग गा रहे हैं; अपनी बेईमानी की चाँदनी पर फूलकर कुप्पा हो रहे हैं।

मीडिया में उत्खनन की भी एक संस्कृति होती है। गड़े मुर्दे उखाड़कर सत्ता की नाक में दम करना उसका एक हथियार होता है। खोजी पत्रकारिता का भी अपना एक मज़ा होता है। कभी-कभी पुराने कालपात्रों को उखाड़कर जब वर्तमान कालपात्रों से अनुलग्नित किया जाता है तो जनता की आँखें खुल जाती हैं। इस उत्खनन से बड़े-बड़े भीमकाय बलवान भी चित्त हो जाते हैं। राजीव गाँधी और बोफोर्स का किस्सा तो याद ही होगा; लेकिन मीडिया आजकल उत्खनन का लाभ अपने मालिकान के लिए कर रहा है। कालपात्र तो खुल जाते हैं; लेकिन उससे निक़ली हड्डियों को जनता के सामने नहीं लाया जाता। बाद में वे ब्लैकमेलिंग के काम आती हैं। बर्टोल्ड ब्रेख़्त ने पूर्व में ही सच कहा था- ''सचमुच मैं अँधेरे युग में जीता हूँ/एक मासूम बोल बेवकूफ़ी की अलामत है/जिस इंसान के माथे पर शिकन नहीं/ज़रूर वह पत्थर दिल है/कोई आदमी हँसता है तो/जान लो कि उस तक अभी पहुँची नहीं है बुरी ख़बर।'' इस बुरी ख़बर को मीडिया दबाने का काम करता है।

इसे इस तरह समझना चाहिए कि एक गाँव के पंडित जी ने पैसा कमाने के बारे में सोचा। उन्होंने एक जंगल में गड्ढा खुदवाकर उसे चनों से भर दिया और एक पत्थर दबाकर लोगों से बताने लगे कि उन्हें रात में स्वप्न आया है कि वहाँ एक अद्भुत प्रतिमा विराजमान है; उसका अभिषेक करना चाहिए; उसकी प्राण-प्रतिष्ठा करनी चाहिए। गाँव-के-गाँव पहुँचने लगे; घंटा-घड़ियाल बजे; जलाभिषेक होने लगा। चना धीरे-धीरे फूलने लगा और पत्थर ऊपर उठने लगा। लोगों ने भगवान शिव के प्रकट होने पर जयकारा लगाया और पंडित जी के वारे-न्यारे हो गए। पैसे और चढ़ोत्तरी के बहुमूल्य सामान से घर भर गया; लेकिन उन्होंने मरते दम तक अपनी धूर्तता का यह राज नहीं खोला। मीडिया भी काले कारनामों के सबूत इकट्ठा करके घर भरता है; मगर राज नहीं खोलता। उसका उत्खनन और पत्थर दबाने का कार्य जारी है।

आजकल मीडिया अपना मूल मिशन छोड़कर सीधे बाज़ार में दुकान खोलकर बैठ गया है। वह विज्ञापनीकरण, कारपोरेट घरानों और सत्ता के गलियारों के इशारे पर नाचने के लिए पूँछ उठाए फिर रहा है। सत्ता से साठ-गाँठ उसका अंतिम आश्रय-स्थल है। हमारे सार्वजनिक जीवन में भ्रष्टाचार अट्टहास कर रहा है। दुनिया देख रही है; लेकिन सत्ता से जुड़े लोगों का भ्रष्टाचार मीडिया को दिखाई नहीं पड़ता। मीडियाकर्मी अपनी आँखों के सामने मर्यादाएँ तार-तार होते देखता है और नज़रें झुकाकर सत्ता की तरफ़दारी करता है। वह भूल चला है कि उसका मिशन निष्पक्षता के साथ जनता के अधिकारों की हिफ़ाजत करना था। शायद उसी के लिए कहा गया था- "न छिपते हैं न छिपकर बोलते हैं, हम आईना हैं मुँह पर बोलते हैं।"

सच है कि पत्रकारिता और मीडिया की जनहितैषी-छवि ऐसे ही नहीं बन गई थी; आज भी जो थोड़े ईमानदार लोग हैं, उन्हें प्रतिपक्ष का आदमी मान लिया गया है। सत्ता पागल हाथी की तरह उनके पीछे पड़ी है और हर हाल में पैरों के नीचे कुचल देना चाहती है। लेकिन कुछ ऐसे विश्लेषण-वीर पैदा हो गए हैं; जिन्हें शाखामृग होने में सुविधा होती है। वे कब किसकी आरती उतारने लगेंगे, कहा नहीं जा सकता। वे न तो वाम में हैं, न मध्य में, न दक्षिण में। जब तक उन्हें लाभ मिल रहा है, तब तक वे सबके हैं। उनका विश्लेषण सरकार और उसके संपूर्ण जुगाड़ पर टिका है। धन की हवस ने उन्हें अपने लपेटे में ले लिया है। उनका मुख्य मुद्दा है- उन्हें लाभ कहाँ है? इसीलिए मीडिया की दुनिया में स्वार्थों के अखाड़े लोटते तथाकथित मीडियावीर हरसू नज़र आ रहे हैं। रुख़ हवाओं का जिधर होता है, वे उधर के लिए चल पड़ते हैं। निदा फ़ाज़ली ने शायद इन्हीं के लिए लिखा है- "अपनी मर्ज़ी से कहाँ अपने सफ़र के हम हैं/रुख़ हवाओं का जिधर का है उधर के हम हैं।"

भारतीय, ख़ास तौर पर भारतीय हिंदी-पत्रकारिता के लिए यह काफ़ी कठिन और जटिल समय है। जटिल इसलिए भी कि जो दिख रहा है, वह वह नहीं है। उसमें कई तरह के मामले एक साथ फिट हैं। क्या मूल्यों की पत्रकारिता बनाम अवमूल्यन की पत्रकारिता का दौर शुरू नहीं हो गया? क्या अब नफ़रत और धोखाधड़ी की पत्रकारिता सतह पर नहीं आ गई? क्या टीवी स्टूडियो अदालतों की तरह फैसले और मुल्लों की तरह फ़तवे नहीं सुनाने लगे? यह कटु यथार्थ है कि अब पत्रकारिता भी राजनीति की तरह

लोककल्याण की हिमायत से मुँह चुराती है। राजनीति की ही तरह पत्रकारिता आज दलित, आदिवासी, छोटी जातियों और ओबीसी वग़ैरह का खेल खेलती है; उनके बीच झगड़ा लगाने और नफ़रत फैलाने के ख़ास धंधे में फनफना रही है। उसके सामने कोई बड़ा टुकड़ा फेंक दे तो वह उसी के चरण चूमने लगती है। ऐसे में फ़िल्म 'गर्म हवा' का एक वाक्य बार-बार गूँजता है- "अपने यहाँ एक चीज़ मज़हब से भी बड़ी है और वह है रिश्वत।" इसीलिए क़ीमत केवल झूठे और लफ़्फ़ाज़ पत्रकार की है। कौन कितनी बड़ी लफ़्फ़ाज़ी कर सकता है, कितने झाँसे दे सकता है और किस-किस को भरमा सकता है, शायद यही पत्रकार और एंकर की योग्यता है। इनकी पत्रकारिता देख-देखकर जनता की मनोदशा बकौल ग़ालिब कुछ-कुछ यों हो चुकी है-

ख़ुशी जीने की क्या, मरने का ग़म क्या
हमारी ज़िंदगी क्या, और हम क्या?

राजनीति की तरह पत्रकारिता में सब जायज़ नहीं है। होना भी नहीं चाहिए; लेकिन अब न लज्जा है, न आँख का पानी! तिहाड़ी कुकर्म ऐसे कि पीढ़ियाँ याद रखें। बल्ली सिंह चीमा का शेर देखें-

बड़ा बेशर्म हमलावर है दुनिया हाँकने वाला
अमन की बात करता है खंजर बेचने वाला

और श्रीराम मेश्राम कहते हैं-

देखता जा कि तेरे सामने आता क्या है
मीडिया हमको लगातार दिखाता क्या है
रूह की, जिस्म की, अस्मत की नुमाईश नंगी
रोज़ बाज़ार के हर घर में सजाता क्या है

मीडिया ने सत्ता के गुणगान का समा पूर्व में भी बाँधा था, आज भी बाँध रहा है; लेकिन यह नहीं भूलना चाहिए कि मीडिया की पकड़ से बाहर का भारत बहुत बड़ा है। जनता वो रहपट देती है कि बड़े-बड़ों की लेंड़ी तर हो जाती है। जनता को मूर्ख न समझा जाए। वह सब देखती और समझती है। इसके बावजूद सत्य को हर तरफ़ से ढकने की कोशिश हो रही है। ग़रीब, असमर्थ और असहाय की चीख-पुकार सुनने की किसी पत्रकार को फ़ुरसत नहीं। अपराध धुआँधार हैं और अपराधी हर जगह पूजे जा रहे हैं; लेकिन संकट यह है कि मीडिया असत्य को अब सत्य बना कर दिखाने लगा है। लिखे और छपे शब्द की सत्ता बची हुई थी; लेकिन प्रिंट मीडिया को लगभग ध्वस्त कर दिया गया है। इलेक्ट्रॉनिक मीडिया में कहीं की ईंट, कहीं

का रोड़ा लेकर कुछ भी बनाया जा सकता है। इसमें झूठ, अफ़वाह और फ़ेक न्यूज़ को बड़ी आसानी से पुख़्ता करके पेश किए जा सकने की क्षमता है। शंभुनाथ अपने संपादकीय में लिखते हैं- "झूठ का शक्तिशाली प्रचार ही इस समय सत्ताचिह्न है। कौन कितने बड़े पैमाने पर झूठ फैला सकता है, इस पर राजनीति की सफलता निर्भर करती है।ख्र इलेक्ट्रॉनिक मीडिया की वजह से फ़र्क यह आया है कि फ़ेक न्यूज़ अब तेज़ी से फैलता है। सवाल है, कोई फ़ेक न्यूज़ पर विश्वास क्यों करता है? झूठ बार-बार दोहराया जाए और कई तरह से प्रचारित हो तो वह सच लगने लगता है। यह किसी दब चुके विवाद या भय को फिर से जगा देता है। ऐसी झूठी ख़बरों के प्रचार के तीन लक्ष्य हैं। एक लक्ष्य है, आधुनिक मन को फिर से पुरानी रूढ़ियों, अंधविश्वासों और संकीर्णताओं का वैचारिक कबाड़खाना बनाना। दूसरा लक्ष्य है, किसी ख़ास समुदाय को शत्रु की तरह पेश करना- उसके प्रति भय जगाना। तीसरा लक्ष्य है, किसी ख़ास नायक या ब्रांड के प्रति अबाध भरोसा बनाना।"

(वागर्थ, अप्रैल-2018, पृष्ठ-5-6)

इधर मीडिया अधिनायकों की मूर्ति बनाने-चमकाने में लगा है; उधर भारत का नागरिक निरंतर अनुभव कर रहा है कि उस पर हो रहे अत्याचारों का मीडिया ढंग से प्रतिरोध नहीं कर रहा रहा है। सत्ता के पास झूठ को, झाँसों को, वायदों को, समूची चीज़ों को लीपा-पोती करने के इतने तरीके आ गए हैं कि वे किसी भी सत्य को बड़े आराम से अपने झूठ से बहुत क़ायदे और सुव्यवस्थित तरीके से मीडिया की मदद लेकर ढँक देते हैं। सड़कों पर प्रतिरोध के डर से व्यापक पैमाने पर झूठी घोषणाओं के विज्ञापन देक्रर सभी आवाज़ें दबा दी जाती हैं। कभी डॉ. राममनोहर लोहिया ने कहा था- "जब सड़क मौन हो जाती है तो देश की संसद आवारा या बाँझ हो जाती है।" जनपत्रकारिता धीरे-धीरे ख़त्म होती जा रही है। अब जुगाड़ या प्रबंधन पत्रकारिता के जलवे हैं। अब तो वह शिगफ़ों के बल पर चल रही है। उसमें गिरोहबंदी भी बहुत सख़्ती से सक्रिय है। अनुराधा राय लिखती हैं- "ऐसा गिरोह जिसका फैलाव शायद किसी की पहुँच और दायरे से बाहर है। विश्वासों के साथ खेलने में इतना धूर्त गिरोह कि करोड़ों लोग उसके हर झूठ पर आँख मूँदकर यक़ीन कर लेते हैं। उस वक़्त आप क्या कर सकते हैं, जब आप अपने रक्षकों को ही अपने क़ातिलों में तब्दील होते देख रहे हैं।"

(रविवार डाइजेस्ट, मई-2018, पृष्ठ-17)

हम ऐसे अभिशापित दौर में हैं, जब हमारे यहाँ विधिवत निर्वाचित सरकारें स्वाधीनता, समानता और बंधुत्व की कामना न करके जनतंत्र को अपाहिज बनाती जा रही है। इन्हें प्रजातंत्र और आज़ादी के मूल्यों की वजह से देश की सत्ता में भागीदारी मिलती है; लेकिन उनकी जनता के प्रति संवेदनशीलता ख़त्म है। अपराध, आतंक तथा बलात्कार उनका असली चेहरा बनता जा रहा है। भ्रष्टाचार केवल धन का नहीं, राजनीतिक विरासत का भी है। घोषणाएँ अलग हैं; लेकिन कार्यवाहियाँ अलग। मीडिया इसकी पोल खोलने ही बजाय सत्ता की जनविरोधी नीतियों पर बड़ी बेहयाई और ढिठाई के साथ परदा डालने का काम कर रहा है। आम आदमी के आक्रोश से सत्ता को बचाए रखने में मीडिया की भूमिका उजागर है। मँहगाई बढ़ती है तो वे भूत-प्रेत के किस्से दिखाने लगते हैं; बेरोज़गारों का क्रोध बढ़ता है तो वे बाबाओं के प्रवचन सुनाने लगते हैं।

मैं टीवी चैनलों में रोज़ प्राइम टाइम में मीडियाकर्मियों की बहसें सुनता हूँ और पाता हूँ कि अधिकतर वे सत्तापक्ष की तरफ़ से विपक्ष के साथ-साथ जनता के साथ भी ज़ोर आजमाइश कर रहे हैं। उनकी भूमिका सत्ता के आलोचक के रूप में नहीं है। प्रशासन और सरकार की जद में आकर क्या पत्रकारिता कभी न्यायपूर्ण हो सकती है? वे बलात्कार में भी हिंदू और मुसलमान ले आते हैं। संसद और विधानसभाएँ स्पष्ट बहुमत के अभाव में अच्छी-ख़ासी ख़रीद-फरोख़्त करती हैं। मीडिया इसे भी नज़रअंदाज़ करता है और समूचे सत्य को खोखला करते हुए अजनतांत्रिक कार्यवाहियों को सम्पन्न कराने में अपनी भूमिका अदा करता है। निष्पक्षता से देखें तो यह मीडिया के लिए न तो अच्छा वक़्त है, न अच्छा संदेश है।

यह एक कटु सत्य है कि राजनीति पूर्व में भी बेहया थी; लेकिन तब भी उसके कुछ मूल्य हुआ करते थे। पत्रकारिता उसे आईना दिखाकर रास्ते पर लाती थी। आज पतन के मामले में पत्रकारिता स्वयं राजनीति से होड़ ले रही है; लेकिन अंतिम निर्णय तो आम जनता को करना है। मीडिया में या पत्रकारिता में पहले एक बेचैनी हुआ करती थी। झूठ के ख़िलाफ़ सच को सामने लाने की जद्दोजहद थरथराती थी। पहले वह गाँव-गाँव घूमती थी; अब महानगरों में महलों की रानी बनी बैठी है। वहाँ सत्ता के पिट्ठू या पेट चलाने वाले निरीह लोग मौजूद हैं। होशियार लोग कारपोरेट घरानों के साथ सीधे जुड़ गए हैं और उनके हित में अपनी पत्रकारिता संचालित करते हुए माल काट रहे हैं। लेकिन जब जनपक्षधरता स्थगित हो जाती है तो लोकतांत्रिकता

को रखैल बना दिया जाता है। तब क्या परिणाम सामने आएँगे? इच्छाओं, अकांक्षाओं और सपनों वाला देश भीष्म पितामह की तरह शरशैय्या में लेटा हुआ केवल और केवल इंतज़ार कर रहा है। पत्रकारिता की संभावनाएँ अभी चुकी नहीं हैं; लेकिन जनता के मन में पत्रकारों को लेकर नकारात्मकता और एक विशेष प्रकार की निराशा पसर गई है। लोग खुलेआम कहने लगे हैं कि पत्रकार तो नेता की तरह ही बिकाऊ माल है। इस छवि को बदलना आज के सच्चे और जनप्रतिबद्ध पत्रकारों के लिए बड़ी चुनौती है।

मीडिया की मौजूदा तासीर

मीडिया से हम अभी भी बड़ी आशाएँ सँजोए हुए हैं। उसके पंखों के सहारे अपनी उम्मीदों का आकाश पाना चाहते हैं। हम चाहते हैं कि मीडिया हमारी ज़िंदगी को बदलने में हमारी भरपूर मदद करे। यह उम्मीद कुछ वैसी ही सघन है, जैसे कि गजानन माधव मुक्तिबोध की इस कविता में नज़र आती है–

आसमान झाँकता है उन स्याह लकीरों के बीच-बीच
वाक्यों की पातों में आकाशगंगा-सी फैली
शब्दों के व्यूहों में झिलमिल नक्षत्र
और उन तारक दलों में तो खिलता है आँगन
जिसमें कि चंपा के फूल चमकते
और उन पुष्पों के अंतस्तल में
प्राण-समस्या का कोई हल (मुक्तिबोध)

मीडिया को लेकर हमारे संसार में अनेक प्रकार से बातचीत होती है। सत्ताएँ प्रायः मीडिया को ख़ुश रखने का प्रयत्न करती हैं। सरकारें उसे कई तरह से उपकृत करने का कार्य भी करती रही हैं; क्योंकि मीडिया इस दौर में अपार शक्तिशाली है। उसकी कार्रवाइयाँ और कार्यवाहियाँ विविधरूपी हैं। वह चाहे जिसे उठा दे, जिसे चाहे धूल में मिला दे। इसीलिए मीडिया पर अंकुश लगाने के प्रयास भी ख़ूब हुए हैं। अलग-अलग सरकारों के ऐसे अनंत किस्से हमारे पास हैं, जब मीडिया पर सवारी गाँठने की कोशिश की गई; लेकिन मीडिया आज भी सत्ता-निर्माण और संचालन की पृष्ठभूमि निर्मित करता है।

सच तो यह है कि मीडिया अब केवल समाचार-पत्र के काग़ज़ तक सीमित नहीं है। उसमें रेडियो भी शामिल है, टेलीविज़न भी, कंप्यूटर भी, अत्याधुनिक गजट भी और स्मार्टफ़ोन भी। इंटरनेट के जरिए इनकी सुदूर और सर्वसामान्य तक आसान पहुँच के चलते यदि मीडिया सरकार, कारपोरेट घरानों

और प्रभावशालियों को नचाता है तो यह बात भी सही है कि वह धन के लालच में उनके इशारों पर स्वयं भी नाचता फिरता है। इस संदर्भ में स्वतंत्रता-पूर्व की पत्रकारिता के शिखरपुरुष 'एक भारतीय आत्मा' माखनलाल चतुर्वेदी का वक्तव्य याद आता है- "यदि समाचार-पत्र संसार की एक बड़ी ताक़त है तो उनके सिर पर जोख़िम भी कम नहीं। पर्वत की जो शिखरें हिम से चमकती और राष्ट्रीय सुरक्षा की महान दीवार बनती हैं, उन्हें ऊँचा होना ही पड़ता है। जगत में समाचार-पत्र यदि बड़प्पन पाए हुए हैं, तो उनकी ज़िम्मेदारी भी भारी है। बिना ज़िम्मेदारी के बड़प्पन का मूल्य क्या है और वह बड़प्पन तो मिट्टी के मोल हो जाता है; जो अपनी ज़िम्मेदारी को सँभाल नहीं सकता। समाचार-पत्र अपनी ग़ैरज़िम्मेदारी से स्वयं ही मिट्टी का मोल नहीं हो जाता; अपितु वह देश के अनेक महान अनर्थों का उत्पादक और पोषक हो जाता है।"

एक़दम नए दौर में मीडिया का एक और स्वरूप उभरा है; जिसे डिज़िटल मीडिया कहा जा रहा है। उसका वर्चस्व शनैः-शनैः स्थापित हो रहा है। मार्शल मैक्लूहान ने कहा था- "माध्यम ही संदेश है, का अर्थ यही है कि नितांत नया वातावरण बन चुका है।" माना जाता है कि विकास-प्रक्रिया में माध्यम बदलते रहते हैं और सत्ताएँ अपने अनुकूल उसका उपयोग करती रहती हैं। मधुकर गंगाधर लिखते हैं- "संचार-साधनों द्वारा प्रचारित नई सूचनाओं से नई आशाएँ, नई आकांक्षाएँ उत्पन्न होती हैं; नई अभिरुचियों और समस्याओं के समाधान के नए बोध प्रकट होते हैं; प्रयोग और शुद्धिकरण की प्रवृत्ति जाग्रत होती है। आज के सामाजिक विकास का मुख्य अभियंता संचार ही कहला सकता है। मुझे लगता है इन वर्षों में कम्युनिकेटर (दुनिया का पहला चलता फिरता मोबाइल) हमें सुविधानुसार हर जगह भेज रहा है; हमारी पहुँच का विस्तार कर रहा है। इस दौर में भारत में ही नहीं, समूची दुनिया में इंटरनेट कनेक्शन और स्मार्टफ़ोन लेने वालों की संख्या अत्यंत द्रुत गति से बढ़ी है और बढ़ती ही जा रही है; जैसे पूर्व में टीवी सेंटर खोलने के लिए या मोबाइलों की सिम प्राप्त करने के लिए प्रदर्शन किए जाते थे।"

मीडिया को मास मीडिया भी कहा जाता है और एक व्यापक स्तर पर जनसंचार की रीढ़ भी। प्रसिद्ध अमेरिकी विद्वान पर्सिंग का मानना है कि "मानव-संचार को प्रतीकात्मक क्रिया द्वारा व अर्थों के कार्य-व्यापार की सर्पिल या कुंडलीदार प्रक्रिया के रूप में परिभाषित किया जा सकता है; जिसमें लिखित, मौखिक एवं शब्दरहित संदेशों को भेजने तथा प्राप्त करने से जुड़े सभी तत्त्व शामिल हैं।" आजकल मास मीडिया ये सारे लक्षण प्रकट करता है। इसका

आकर्षण ही है कि अनेक लोग कुछ पाने के लिए मीडिया की तरफ़ भागते हैं और विकर्षण यह है कि कुछ लोग सब कुछ ख़ो जाने के भय से मीडिया से बचने का उद्यम भी करते हैं। यह मीडिया एक लोकलुभावन, लेकिन दुधारी तलवार है। बंदर के हाथ लग जाए तो जाने क्या अनर्थ हो! वरिष्ठ मीडिया विश्लेषक सुधीश पचौरी मानते हैं कि "यह बहस व्यर्थ ही है कि मनुष्य टेलीविज़न की नक़ल करता है, सच यह है कि टेलीविज़न ने जिस मनुष्य की नक़ल की है, वह भारत का मनुष्य नहीं, भारत की मानुषी नहीं, वे तमाम यूरोपीय या अमेरिकी जीवन-शैली में जीने वाले या जीने की कामना करने वाले चेहरे हैं। चेहरे के ढाँचे, आँख, कान, चाल-ढाल, वेश-भूषा, खान-पान, रहन-सहन, बोल-चाल सबके भीतर एक तेज़ अमेरिकीकरण हो रहा रहा है।" (मीडिया और साहित्य, पृष्ठ-63)

सोशल मीडिया ने तो पूर्व के सभी रिकार्ड तोड़ दिए हैं। ट्विटर, फेसबुक, इंस्ट्राग्राम, लिंक्ड इन, ब्लॉग-लेखन और चैटिंग के काम में पूरी दुनिया मुब्तिला है। भारतीय युवक वॉट्सऐप की दुनिया में मस्त हैं। यूट्यूब पर साहित्यकारों, कलाकारों, पत्रकारों, ज्योतिषियों, राजनीतिज्ञों और फ़िल्मकारों ने अपने स्वयं के इंटरव्यू चढ़ा रखे हैं। इंस्टाग्राम पर हगनी-मुतनी की तस्वीरें अपलोड की जा रही हैं! तरह-तरह की कंपनियाँ अपने उत्पाद प्रोजेक्ट करने के लिए सोशल मीडिया पर ई-कॉमर्स का मज़ा ले रही हैं। यह मीडिया से जुड़ने का नया अभियान है। मीडिया और प्रौद्योगिकी में सूचनाओं का संग्रह भी है और प्रेषण भी। अत्याधुनिक मीडिया के युग में व्यक्ति कहीं भी और कभी भी सारे समाचार प्राप्त कर सकता है; अपना और दूसरों का मनोरंजन कर सकता है और साथ-ही-साथ पूरी दुनिया से संपर्क भी बनाए रख सकता है। मैं अक्सर देखता हूँ कि अधिसंख्य लोग आधुनिक गजटों पर चटर-पटर कर रहे हैं या टच स्क्रीन से भिड़े पड़े हैं। यह सूचना-संसार का एक पक्ष है। इसका दूसरा पक्ष भी है; जिसे लर्नर ने अपनी प्रसिद्ध पुस्तक 'टेक्नोलॉजी कम्युनिकेशन एंड चेंज' में लिखा है- "आधुनिक जनसंचार-माध्यम सामाजिक परिवर्तन के बड़े औज़ार हैं।"

गजटों की इस दुनिया से उकताकर कभी-कभी मैं रंगमंचीय माध्यम में हिस्सा लेता हूँ; जो हमारे जीवन की जीवंत और संजीदा कार्रवाई है। हम मोहन राकेश का 'आषाढ़ का एक दिन' या भारतेंदु हरिश्चंद्र का 'अंधेर नगरी' या जयशंकर प्रसाद का 'ध्रुवस्वामिनी' जब रंगमंच पर देखते हैं तो उसका प्रभाव अकूत होता है। टेलीविज़न या फ़िल्मी परदे पर किरदारों से वह जुड़ाव महसूस

नहीं हो पाता; क्योंकि वहाँ हाड़-मांस के मानव की मौजूदगी नहीं होती। रंगमंच में नाटक को मूर्त करने का एक व्यापक स्वरूप है। इसे हम अन्य प्रस्तुतियों के माध्यम से भी समझ सकते हैं; जैसे 'किसी एक फूल का नाम लो', 'औरंगजेब की आख़िरी रात', 'हानूश' या 'कबिरा खड़ा बजार में' अथवा हबीब तनवीर का 'आगरा बाज़ार' या 'चरनदास चोर।' भीष्म साहनी का उपन्यास 'तमस', जो आज़ादी के बाद की सांप्रदायिकता को मूर्त करता है, दर्शकों के मन में प्रभावी बदलाव कर जाता है।

मुझे यह कहने में कोई गुरेज नहीं है कि मीडिया बाज़ार में हैं, हमारी समूची संस्कृति बाज़ार में है, हमारी सरकारें बाज़ार में बैठी हुई हैं। हम बाज़ार न भी जाएँ तो बाज़ार हमारे पास आ ही जाएगा। यह बाज़ारशास्त्र का नियम है। दिखावा चाहे कोई कुछ भी करता रहे। अपनी छाती के अनुपात को चाहे जितना बढ़ाता और फुलाता रहे, अपनी नारेबाजी और तिलिस्मों से चाहे जितनी वाहवाही लूटता रहे, बाज़ार धीरे-धीरे उसे निगल रहा है और अंततोगत्वा वह उसी की गिरफ़्त में दम तोड़ देगा। इसी बाज़ार में टेक्नोलॉजी भी विस्तृत हो रही है। वह पहले के प्रारूपों को बाहर ठेलकर आई है। अब तो टेक्नोलॉजी भी स्वयं एक बाज़ार बन गई है। जो टेक्नोलॉजी नहीं जानता, उसे दूध में पड़ी मक्खी की तरह फेंक दिया जाता है। यह एक वास्तविकता है; क्योंकि टेक्नोलॉजी एक बहुत बड़े उद्योग के रूप में इधर विकसित हुई है। उसके भी अपने खेल हैं; जो मीडिया से सीधे जुड़े हुए हैं। आज जो टेक्नोलॉजी से अछूता है, वह मीडिया का आसान शिकार है। इस खेल में भावनाओं और मूल्यों की कोई वकत नहीं है।

भोले लोग मीडिया से आदर्श की तमन्ना पाले बैठे हैं। वे नहीं जानते कि अख़बारों और समाचार-चैनलों पर 'वसुधैव कुटुम्बकम्' और 'सर्वे भवन्तु सुखिनः' का उच्चार महज़ ज़बानी जमाख़र्च है। इधर जो मल्टीमीडिया ज़ोर पकड़ रहा है, वह इलेक्ट्रॉनिक उपकरणों का समूह ही तो है। उसने चीज़ें और उलझा दी हैं। साहित्यकार शंभुनाथ का कहना है कि "वर्तमान मानव-जाति के सामने दो ही प्रमुख समस्याएँ हैं; जिसमें से प्रथम है 'आधुनिकताविहीन संस्कृति' और दूसरी है 'संस्कृतिविहीन आधुनिकता।' भारतीय मीडिया ने इन ख़तरों से घिरे होने के बावजूद सब कुछ अपने आगोश में ले रखा है। एक तरफ़ वह स्वयं को नैतिक मूल्यों का संरक्षणकर्ता घोषित करता है तो दूसरी तरफ़ वह अपनी ही रौ में बहकर अपने ऊपर लागू की गई नैतिकताओं को उतार फेंकता है।

रामशरण जोशी ने कहा है कि "शुद्ध व्यावसायिकता से मेरा तात्पर्य मीडिया प्रतिष्ठान का हर स्तर पर आमूलचूल परिवर्तन है। इसे प्रगतिशील दृष्टि-दक्षता और विकासमान प्रौद्योगिकी से लैस करना है। दफ़्तर और मशीन के आधुनिकीकरण से अख़बार को निःसंदेह आकर्षक बनाया जा सकता है। उसकी प्रसार-संख्या बढ़ाई जा सकती है; लेकिन प्रेस-प्रतिष्ठान की भीतरी सड़ांध को दूर नहीं किया जा सकता।" इसका कारण है कि हमारे सांस्कृतिक मूल्य, जीवन-मूल्य और नैतिक मूल्य निरंतर बदल रहे हैं; जिससे भारतीयता की ठोस और वस्तुनिष्ठ भावनाओं और मूल्यों को सुरक्षित रखने में बहुत सारी दिक्कतें पैदा हो गई हैं। प्रश्न है कि हम भारतीयता चुनें या व्यावसायिकता? विडंबना यह है कि मीडिया अपने आपको किसी भी तरह न तो बाज़ार से अलहदा कर सकता और न करना चाहता है। प्रिंट और इलेक्ट्रॉनिक मीडिया चाहते हुए भी प्रलोभनों से नहीं बच सकता; क्योंकि उसके संचालन का ख़र्च विशाल है। संभवतः इसीलिए उसे भूमंडलीकरण की विज्ञापनी संस्कृति और पूँजीवादी सत्ता-प्रतिष्ठानों की जी-हुज़ूरी करनी पड़ती है।

इधर मीडिया में जो भाषा विकसित हो रही है उसमें लफ़्फ़ाज़ी, अहंकार और अपने को महान रूप में पेश करने की अनगिनत तरकीबें हैं। मीडिया सत्ताएँ ऐसे बोलती हैं जैसे पृथ्वी और मनुष्य की रचना उन्हीं ने की है। सच तो यह है कि भाषा, शिक्षा, प्रशासनतंत्र और सरकारें ये सभी मीडिया की चपेट में है; बल्कि यह कहें कि वे उसके शिकंजे में भी है। क्या यह सच नहीं है कि जिसके पास पैसा नहीं होगा वह मीडिया तक पहुँच ही नहीं पाएगा। आज नारी-अस्मिता, दलित-अस्मिता, आदिवासी-अस्मिता को मीडिया नेपथ्य में धकेलता जा रहा है; लेकिन बाज़ार की महत्ता दिनोंदिन बढ़ रही है तो मीडिया की भी बढ़ रही है। हमारी दुनिया में कारपोरेट-संसार और उसकी संस्कृति ने मीडिया पर जिस तरह कब्जा किया है, वह एक जानलेवा सच्चाई है। ये दोनों भुजंगों की तरह एक-दूसरे से लिपट गए हैं।

जब मीडिया में ऐसा घमासान होता है तो उसके रूप सर्वत्र बिखरे दिखाई पड़ते हैं- लोकतंत्र में, पक्ष में, विपक्ष में, सामाजिक-सांस्कृतिक मूल्यों में, प्रशासनिक हल्कों और सार्वजनिक जीवन में। ये वीभत्स रूप बढ़ते ही जा रहे हैं। कितने ही पत्रकार मौत के घाट उतार दिए गए! उधर सोशल मीडिया के विभिन्न मंचों और टीवी चैनलों पर कारपोरेट पूँजी पहले ही गदर मचाए हुए है। अपने-अपने आकाओं की ख़िदमत में मीडियाकर्मी एक-दूसरे के ख़ून के प्यासे हो रहे हैं। मीडिया-विश्लेषक ओमकार चौधरी ने रेखांकित किया है- "यह

दुर्भाग्यपूर्ण है कि भारत की पत्रकारिता इस समय कई खेमों में बँटी हुई नज़र आ रही है। दो खेमे तो साफ़-साफ़ दिखाई दे रहे हैं : एक वामपंथी-कांग्रेसी पत्रकारों का और दूसरा भाजपाई-संघी विचारधारा के पत्रकारों का। इलेक्ट्रॉनिक और प्रिंट, दोनों जगह यह संख्या प्रचुर है और ये सब बाँहें चढ़ाकर एक-दूसरे से गुत्थमगुत्था हैं। सोशल मीडिया पर और बुरा हाल है। वहाँ लोग लिहाज, शर्म और शिष्टाचार भूलकर बाक़ायदा गाली-गलौज पर उतर चुके हैं। जब से पत्रकारों, बुद्धिजीवियों, लेखकों, साहित्यकारों, फ़िल्मकारों, खिलाड़ियों और नेताओं से लेकर बाकी सभी क्षेत्रों की हस्तियों ने ट्विटर का इस्तेमाल शुरू किया है, तब से सारी सरहदें टूट चुकी हैं।" (प्रथम प्रवक्ता, 1 जून 2018, पृष्ठ-12)

मीडिया को अगर अपने मौलिक और नैतिक स्वरूप में लौटना है और राष्ट्रीय ज़िम्मेदारी निभानी है तो उसे स्वयं अपने गिरेबान में झाँककर देखना होगा; कोई दूसरा राह दिखाने नहीं आएगा। वैसे भी हालात कुछ-कुछ ऐसे बन चुके हैं; बकौल दुष्यंत कुमार-

"हाथों में अंगारे लिए मैं सोच रहा था,
कोई मुझे अंगारों की तासीर बता दे।"

लोकतंत्र की नई तर्ज़

भारत गुलामी से लगातार संघर्ष करते हुए, अंग्रेज़ों के ज़ुल्म-अत्याचार और उत्पीड़न सहते हुए सन् 1947 में आज़ाद हुआ था; लेकिन गोरे शासक अपने लगभग 200 वर्षों के राजकाज के दौरान देश में फूट की इतनी गहरी नींव डाल चुके थे कि आगे भी हमारी सामाजिक-सांस्कृतिक विविधता छिन्न-भिन्न होती चली गई। नई-नई अपनाई गई लोकतांत्रिक व्यवस्था के पावन लक्ष्य प्राप्त करने में यह एक विकट बाधा थी। आज़ादी मिलने के बाद जो भी सरकारें दिल्ली की कुर्सी पर आसीन हुईं, उन्हें सब कुछ 'आ बरा मोरे मुँह परा' की तर्ज़ पर हासिल नहीं हो गया था; जैसा कि इस दौर की काबिज़ सत्ताएँ समझा रही हैं। शुरुआती दौर में करोड़ों देशवासियों को दो जून की रोटी मयस्सर नहीं थी और सुई से लेकर तलवार तक के लिए विदेशों का मुँह ताकना पड़ता था। देश सोने की चिड़िया न तब था और न अब है। यह तो पूर्व में प्रचारित एक मिथक है। वह बँटवारे की यादों के आतंक का समय था; क्योंकि चंद दिनों पहले ही सीमा के दोनों तरफ़ ख़ून की वीभत्स होलियाँ खेली गई थीं। इसके बावजूद सत्ताधारियों के साथ-साथ नागरिकों के मन में भी भारत के नवनिर्माण का संकल्प, उत्साह, उमंग और गहरी दिलचस्पी बरकरार थी। गाना बजता था- ''छोड़ो कल की बातें कल की बात पुरानी/नए दौर में लिखेंगे हम मिलकर नई कहानी/हम हिंदुस्तानी।''

तब हमारे देश में बेहद दृढ़ इच्छाशक्ति मौजूद थी। हम अभावों में पल रहे थे; बढ़ रहे थे और लोकतंत्र को परवान चढ़ाने के लिए अपनी कार्रवाइयाँ कर रहे थे। विश्व भर के अनुभव ने हमें सिखाया था कि लोकतंत्र किसी भी देश में महज़ काग़ज़ों पर नहीं आ जाता। वह जनता के त्याग, तपस्या और संघर्ष की सच्ची परिणति होता है। उसमें जनता के मनोविज्ञान और साहस का अभूतपूर्व मिश्रण परिलक्षित होता है। उस दौर में सकारात्मक स्थिति यह थी कि

धर्मनिरपेक्षता, सांस्कृतिक विविधता, आपसी सौहार्द और भाईचारे से कमाई गई सदियों की विराट पूँजी हमारी पोटली में थी। सबने देखा है कि बँटवारे के बाद इस पूँजी का क्षरण होते ही ख़ुद पाकिस्तान आपसी खींचतान और दर्प के चलते दो टुकड़े हो गया- पश्चिम में पाकिस्तान और पूर्व में बांग्लादेश। दोनों खित्ते एक ही धर्म- इस्लाम के छाते तले होने के बावजूद वह विभाजन नहीं टाल सके! वजह साफ़ है, पाकिस्तान लोकतंत्र की जगह धार्मिक देश बनने और तानाशाही के रास्ते पर चल पड़ा था। इसके उलट भारत ने चुनौतियों के जंगल में सांप्रदायिकता, आर्थिक विषमता, सामाजिक ग़ैर-बराबरी, वर्ण-व्यवस्था, घनघोर ग़रीबी, आधारभूत संरचनाओं के अभाव, कृषि की बदहाली, चौपट हुए घरेलू उद्योग-धंधे और आंतरिक-बाह्य ख़तरों- जैसे अनेक हिंसक जानवरों के मौजूद होते हुए भी लोकतंत्र की डगर पकड़ी और पंचवर्षीय लक्ष्य अपने सामने रखकर समाजार्थिक तरक्की के पायदानों पर चढ़ता गया। दु:ख की बात यह है कि नए दौर के मदांध सत्ताधीश इस महायात्रा को खाला के घर का सफ़र समझ रहे हैं और पिछले वर्षों में जो भी कुछ हासिल किया गया है, उसे येन-केन-प्रकारेण ध्वस्त कर डालने की ज़ोरदार गतिविधियाँ संचालित कर रहे हैं। स्वयंभू राष्ट्रसेवियों को बहुत सारी हक़ीक़तों का अता-पता नहीं है। हमारे लोकतांत्रिक देश की भी तकलीफ़ें कई तरह की हैं। यहाँ ग़रीबी-उन्मूलन भी एक अमर मुद्दा है और विकास के घोड़े दौड़ाना भी।

सच तो यह है कि आज़ादी मिलने के बाद भी उस वस्तुगत संसार की प्राप्ति नहीं हुई; जिसे हम वाकई पाना चाहते थे; जो चंद्रशेखर आज़ाद और शहीद भगत सिंह का सपना भी था। स्वतंत्रता-संग्राम सेनानियों ने जिन उदार मूल्यों के लिए संघर्ष किया था, वह सर्वांगीण आज़ादी एक सपना बनकर ही रह गई। हाथ में आई आज़ादी की वास्तविकता महान व्यंग्यकार हरिशंकर परसाई ने कुछ यों बयान की है। (साम्राज्यवादियों ने) कहा- "इंडिया इज़ ए ब्यूटीफुल कंट्री और छुरी-काँटे से इंडिया को खाने लगे। जब आधा खा चुके, तब देशी खाने वालों ने कहा, 'अगर इंडिया इतना ख़ूबसूरत है, तो बाकी हमें खा लेने दो। तुमने 'इंडिया' खा लिया, बाकी बचा 'भारत' हमें खाने दो।" अंग्रेज़ ने कहा- "अच्छा, हमें दस्त लगने लगे हैं, हम तो जाते हैं, तुम खाते रहना।" यह बातचीत 1947 में हुई थी। हम लोगों ने कहा- "अहिंसक क्रांति हो गई।" बाहर वालों ने कहा- "यह ट्रांसफ़र ऑफ पॉवर है- सत्ता का हस्तांतरण।" मगर सच पूछो तो यह 'ट्रांसफ़र ऑफ डिश' हुआ- थाली उनके

सामने से इनके सामने आ गई वे देश को पश्चिमी सभ्यता के सलाद के साथ खाते थे, ये जनतंत्र के अचार के साथ खाते हैं।''

बहुसंख्यक हिंदू-मनोविज्ञान में भी संविधान को लेकर अपने ऐसे अटल पूर्वग्रह थे; जिन्होंने देश की सांस्कृतिक विरासत का परागण होने के विरुद्ध घर्षण बल का काम किया। तथाकथित नीची कही जाने वाली जातियों, अल्पसंख्यकों और आदिवासियों के उत्थान की बात उसे नहीं पोसाई। छुआछूत तब भी भयावह मुद्दा था और आज भी। इसकी वास्तविकताओं के अवशेष बचे हुए हैं। हिंदू धर्मध्वजाधारी अपनी संकीर्णताओं को अंतरराष्ट्रीय स्तर तक पहुँचाने में जुटे हुए हैं। वह इसे प्रमुख एजेंडा बनाकर लगातार काम कर रहे हैं। दरअसल ऊँची मानी जाने वाली जातियों ने अपनी प्रभुत्वशीलता आज भी क़ायम कर रखी है। उनके चरणों के सामने देश की अन्य जातियाँ और दीगर वर्ग समानता और न्याय के लिए संघर्षरत हैं। आज़ादी से पहले उनके संघर्ष का जो स्वरूप था, वह ज़रूर बदल गया है; लेकिन अब अंग्रेज़ों की जगह अपनों से हक़ की लड़ाई लड़ना उनकी नियति बन चुकी है। कहने को तो उनकी हर प्रकार की सुरक्षा की गारंटी के लिए संविधान है, सरकार है, प्रशासन है; लेकिन प्रत्यक्ष अनुभव तो यही बताता है कि यह मात्र ताम-झाम है; धरातल पर 'जिसकी लाठी, उसकी भैंस' वाला तंत्र हावी है। ऐसी राजनीति के बारे में किसी ने सच ही कहा है- ''समझने ही नहीं देती सियासत हमको सच्चाई/कभी चेहरा नहीं मिलता कभी दरपन नहीं मिलता।''

दलितों, दमितों, शोषितों के पक्ष में घोषणाएँ होने मात्र से क्या होता है? उनका पालन भी तो होना चाहिए! जज़्बे और ललक के बिना सब कुछ अधूरा ही रहता है। संविधान में लोकतंत्र को प्रमुखता देकर हमने इन लोगों के मन में बड़ी उम्मीदें जगाई थीं; लेकिन अस्पृश्य जातियों और शूद्र माने जाने वाले वर्णों के लिए सवर्ण जातियों ने जो घृणा पाल रखी थी, दैनंदिन व्यवहार में वह ज़लज़ला किसी-न-किसी रूप में अब भी क़ायम है। उसकी कुछ शृंखलाएँ टूटने तो लगी हैं; लेकिन इस दिशा में अभी बहुत लंबा रास्ता तय किया जाना है। विडंबना यह है कि मौजूदा निज़ाम इस मामले में उल्टी चक्की चला रहा है और मनमानी पर उतारू है। अपनी अवधारणाओं के सामंजस्य की हर लोकतांत्रिक प्रक्रिया से उसे खुंदक है और वह हर असहमत व्यक्ति को देशनिकाला देने की बात करता है। इस संबंध में महान फ़्रांसीसी दार्शनिक मिशेल फूको कह गया है- ''आधुनिक सत्ता समझ, प्रतिभा, सामान्य और असामान्य व्यवहार जैसी कोटियों का निर्माण करती है और जब कोई व्यक्ति इसके द्वारा

स्थापित कसौटियों या मानकों पर खरा नहीं उतरता तो व्यवस्था ऐसे व्यक्ति को कमतर या असामान्य घोषित करने का मौका नहीं चूकती।''

लोकतांत्रिक व्यवस्था में जातिगत और सामाजिक परिवर्तन कभी-कभी मज़बूरियों में भी नए रूप धारण करते हैं; जैसे काम करने के लिए लोगों की आवश्यकता पड़ती है तो हम किसी को भी बुला लेते हैं। यात्रा के दौरान खान-पान में ढील दे दी जाती है। होटल के रसोइए या सेवक से उसकी जाति नहीं पूछी जाती। सवर्ण लोगों को जूते की दुकानों और ऊपरी साफ़-सफ़ाई के कार्यों में रत देखा जा रहा है। पैसा कमाने की बात हो तो उसमें छुआछूत बाधक नहीं बनने दी जाती; लेकिन अंदर-अंदर घृणा और ऊपर-ऊपर दिखावा सर्वत्र पसरा होता है। कई लोग तो मज़दूरों के काम करके जाने के बाद गृहशुद्धि करते भी देखे गए हैं! स्पष्ट है कि हम कहीं नहीं पहुँचे हैं- कभी जाति की श्रेष्ठता पर, कभी अपनी भाषा पर, कभी पद की उच्चता पर, कभी रौबदाब जमाने के अंदाज़ पर 'नौ दिन चले अढ़ाई कोस' वाला दृश्य ही है। आज भी 'ठाकुर का कुँआ' मौजूद है।

यह दौर हिंदुत्ववादी उफ़ान का दौर है। इस उफ़ान में निहित श्रेष्ठता की छाया तले संवैधानिक मर्यादाएँ दम तोड़ रही हैं और उच्चता की गनगनाहट को बल मिला है। समूचे देश में हिंदुत्ववादी मनोविज्ञान हावी करने का दबंग अभियान चल रहा है; ताकि जनता के असली मुद्दों पर जनता का ध्यान ही न जाने पाए; आज़ादी मिलने के बाद से अब तक का विकास जनता को न दिखाई पड़े; बाँधों, सड़कों, रेलों, भवन-निर्माण, शिक्षण-संस्थानों, चिकित्सालयों, पर्यटन, कृषि, उद्योग-धंधों, परमाणु-कार्यक्रमों आदि का ज़मीनी विस्तार धुँधला पड़ जाए और केवल हिंदुत्व की भावनात्मक लपेट में पूरा देश आ जाए। यह लपेट व्यवस्थित तरीके से सृजित की जा चुकी है और इसे अमली जामा पहनाने के लिए हज़ारों सिर वाले मायावी लोग कार्य कर रहे हैं। संभवतः इसीलिए देश में चहुँ ओर अंधकार के रोशनदान खुल रहे हैं और जनता उन्हें ही प्रकाश के स्रोत समझ रही है और विकास के मायाजाल में विनाश की धुन पर क़दमताल कर रही है। सारी समस्याएँ और उनके समाधान हिंदुत्व की रोशनी में देखे जा रहे हैं। मंशा यह है कि संविधान में बराबरी की लिखा-पढ़ी के बावजूद हम ग़ैरबराबर बने रहें; एक-दूसरे से घृणा करें और जुल्म-ओ-सितम को लेकर उदासीन रहें। इसी अभियान के तहत दलितों, आदिवासियों को उपलब्ध कराए गए आरक्षण पर ऊँची जातियाँ नाक-भौं सिकोड़ती रहीं; आरक्षण का लाभ उठाने वालों को सरकारी दामाद की संज्ञा से अभिहित करती रहीं। सरकार

किसी की भी रही हो, आरक्षण की वैधता और सकारात्मक माहौल बनाने के लिए जातीय प्रतिनिधित्व के सिद्धांत, सामाजिक-सांस्कृतिक हालात और सदियों की प्रताड़ना को केंद्र में रखकर न कभी गंभीर विश्लेषण और मूल्यांकन होने दिया गया, न ही आरक्षण की ज़रूरत को खोलकर समझाया गया। इसके पीछे के बीमार मनोविज्ञान को भी समझा जाना चाहिए। इसके साथ-साथ मुनव्वर राणा का यह शेर भी ज़ेहन में रखना चाहिए- 'एक आँसू भी हुकूमत के लिए ख़तरा है/तुमने देखा नहीं आँखों का समुंदर होना।'

हमारे लोकतांत्रिक सफ़र के तथ्य तो अनेक हैं- जैसे कि राष्ट्रपिता महात्मा गाँधी की खुलेआम हत्या हुई और नफ़रत के धारे फूटे। उनके हत्यारों की बाक़ायदा मूर्तियाँ बनाई जा रही हैं और उन्हें मंदिरों में प्रतिष्ठित किया जा रहा है। सत्ता-प्रतिष्ठान से अलहदा राय रखने वाले बुद्धिजीवियों, विचारकों और पत्रकारों की हत्याएँ हुईं; लेकिन अब इस तरह की चिंता सरकार का सरदर्द नहीं बनती है। प्रसिद्ध कवि गिरिजाकुमार माथुर ने आज़ादी के दिन एक कविता लिखी थी- 'आज जीत की रात पहरुए सावधान रहना!' इस कविता के निहितार्थ व्यापक थे। उनकी चेतावनी को शायद ठीक से भाँपा नहीं गया। दुर्भाग्य यही है कि जो सत्ता पर काबिज़ होता है; वह अपनी मनमानी के लिए तरह-तरह के तर्क गढ़ता है; पहरुए के स्थान पर वह लुटेरे की भूमिका में आ जाता है। मतदाताओं की भलाई का दावा करने वाले राजनयिक झूठे वादों का घोषणापत्र प्रस्तुत करते हैं। जब इन पर अमल नहीं होता, तो लोग ख़ुद को ठगा हुआ महसूस करते हैं। इसी प्रक्रिया में आज़ादी के चंद वर्षों बाद ही चुनी हुई सरकारों से जनता के मोहभंग का पहिया घूमना शुरू हो गया था।

मोहभंग वाले उस दौर के विदग्ध और विलक्षण कवि सुदामा पांडेय 'धूमिल' ने अपनी प्रसिद्ध कविता 'पटकथा' में इसके अनेक संकेत दिए थे। अब तो लोकतंत्र क्षत-विक्षत होकर पूरे देश में लहूलुहान है। दोनों भुजाएँ उठाकर हर चुनाव में नेतागण घोषणाओं के गाजर लटकाते हैं और मतदाता इस या उस गठबंधन की पालकी उठाने को विवश हो जाते हैं। उनके हाथ में इसके अलावा और बचा ही क्या है? साँपनाथ को चुनें या नागनाथ को? यह एक दारुण प्रश्न है। एक लंबे अरसे से इसका कोई उत्तर नहीं मिल पा रहा है। जनता द्वारा चुने गए साँपनाथ और नागनाथ को बाहर बैठकर अपनी बीन की धुन पर नचाने वाले सँपेरे पूँजीपतियों का अपवित्र गठजोड़ बन चुका है। जनता उनका क्या करे, उनसे कैसे निबटे? सत्ता ने उनसे बहुत पहले ही हाथ मिला लिया था और अब तो खुल्ला खेल फर्रुख़ाबादी हो गया है। धूमिल की ही एक कविता

है- रोटी और संसद। जनता की तरफ़ से उन्होंने ऐसे नापाक इरादों की पहचान काफ़ी पहले ही कर ली थी। पंक्तियाँ द्रष्टव्य हैं- ''एक आदमी रोटी बेलता है/एक आदमी रोटी खाता है/एक तीसरा आदमी भी है/जो न रोटी बेलता है, न रोटी खाता है/वह सिर्फ़ रोटी से खेलता है/मैं पूछता हूँ- यह तीसरा आदमी कौन है?/मेरे देश की संसद मौन है।''

आज़ादी मिलने की तारीख़ से जैसे-जैसे हम आगे की ओर बढ़ते आए हैं, संवैधानिक संस्थाओं का क्रमशः पतन होता गया है; जबकि तय यह हुआ था कि लोकतंत्र की जड़ें दिन-ब-दिन सुदृढ़ बनाई जाएँगी। हम देख ही रहे हैं कि राज्यों में राष्ट्रपति के दूत बनाकर भेजे जाने वाले राज्यपाल कठपुतली बनकर प्रधानसेवकों के चाकर हो गए हैं। वे अब तटस्थता और निष्पक्षता का लबादा उतार पार्टी-कार्यकर्ताओं की भाँति आचरण कर रहे हैं। जनता द्वारा सीधे चुने गए विधायक और सांसद घोड़ामंडी में कब बिक जाएँगे, इसका कोई ठिकाना नहीं। प्रशासनिक अधिकारियों की करोड़ों रुपयों में ख़रीद-फ़रोख़्त हो रही है। न्याय के सर्वोच्च मंदिर पर उसके ही पुजारियों ने उँगली उठाना शुरू कर दिया है। सत्तानसीनों की पोल हर तरह से खुल चुकी है। उनके इरादे भी जगज़ाहिर हो चुके हैं। उन्हें लोकतांत्रिक मूल्यों की कोई चिंता नहीं है। केंद्र पर मँडरा रहे एकांगी हिंदुत्व के बवंडर में अपनी कुत्सित आकांक्षाओं की पूर्ति के लिए वे किसी भी सीमा तक गिर सकते हैं। सरकारी बाबुओं का तो यह हाल है कि वे बिगाड़ के डर से ईमान की बात ही नहीं करते।

लोकतंत्र केवल संख्याओं और आँकड़ों का शुष्क ढोल नहीं होता; जिसे मनमाने ढंग से बजाया जाए। उसकी पहचान और असली ज़मीन जनता के इरादों, उद्देश्यों और आकांक्षाओं से निर्मित होती है। इसमें लोककल्याण की भावना केंद्रीय भूमिका में होती है। दुर्भाग्य यह है कि लोकतंत्र और लोक की ग़लत समझ और असंवेदनशीलता के कारण हमारा प्रशासनिक एवं चुनावीतंत्र एक फूहड़ प्रहसन बनकर रह गया है। हर हाल में चुनाव जीतना और सत्तासुख भोगना राजनीतिक दलों का अंतिम लक्ष्य बन गया है। अब साध्य को साधने के लिए साधनों की शुचिता का विचार गौण हो चला है। चुनाव जीतने के लिए पहले मतदाताओं को डराया-धमकाया जाता था; धन-दारू-मुर्गा-कपड़े-लत्ते और नाना प्रकार के प्रलोभन दिए जाते थे; रास्ते में मतपेटियाँ लूट ली जाती थीं; बूथ केप्चरिंग होती थी। अब मतदान की तक़नीक बदल गई है, तो प्रौद्योगिकी के दम पर अंधेरगर्दी मचाई जा रही है। बड़े पैमाने पर शिकायतें आती हैं कि ईवीएम मशीनों में मतदान किसी और को किया गया था; लेकिन

चला किसी और के खाते में गया। अर्थात् जिसे आप चुनना चाहते हैं, उसे आपका मत नहीं मिला। यह ठगी है; लोकतंत्र का मज़ाक है। हर दल और प्रत्याशी को लेवल प्लेइंग फ़ील्ड उप्लब्ध कराने के संवैधानिक वादे से मुँह मोड़ना है; मतदाता की राय का निषेध है। इसीलिए दुनिया भर में इस चुनावी छल के चलते भारत की छीछालेदर हो रही है। सत्तालोलुपों को इसकी परवाह भी नहीं है। वे इस बदनामी में भी गौरव के सूत्र खोज ले रहे हैं। तात्कालिक ताक़तें सब कुछ देखते हुए भी जीवित मक्खी निगलने की कसम खा चुकी हैं। तुच्छ स्वार्थों के चलते धारण किए गए मुखौटों का तो कहना ही क्या! ये मुखौटे अब खुलेआम केंद्रीय भूमिका में आ चुके हैं। भगवत रावत ने इन्हें चिह्नित किया है- ''कहने की ज़रूरत नहीं कि इन दिनों/अपराधी और हत्यारे खुलेआम घूम रहे हैं/और हम देख रहे हैं/वे हमारे घरों में घुसे हुए हैं और हम उन्हें चाय पिला रहे हैं/वे सम्मानित किए जा रहे हैं और हम तालियाँ बजा रहे हैं.../धीरे-धीरे हम उनके साथ होते जा रहे हैं/धीरे-धीरे हम उनकी आँख-कान-नाक-पैर और हाथ होते जा रहे हैं।'' (ये कैसी नींद)

सरकारें मंगलमय कार्यों का मुखौटा लगाकर अमंगल की कार्रवाइयाँ करती हैं। मूल्यों और मनुष्यताओं के ध्वंसों में वे नागफनी के काँटे उगा रही हैं; अपने करिश्मों से लीपापोती वाला सच परोस रही हैं। जनता की बदहाली और घुटन भरी ज़िंदगी में उनकी वीभत्स हँसी का सरगम गूँजता है; दरिद्रता की चीत्कार को रूमान में बदलने वाली कोकिलाओं का कोरस करार दिया जा रहा है; छल, प्रपंच और पाखंड के उत्सव मनाए जा रहे हैं। समूचा देश तरह-तरह के तनावों के मवाद में डूबा है; बलात्कारों में लिथड़ा है; शिक्षा अय्याशी जुटाने का औज़ार समझ ली गई है। इसके बावजूद पागल प्रलापों के तंबू ताने जा रहे हैं; बरबादी का उत्सवी माहौल पैदा किया रहा है। यह अपने ही गुमान में मस्त जनतंत्र की आबोहवा का एक रूप है। एक ऐसे आभासी अहंकार और अमूर्तन का प्रारूप रचा जा रहा है; जिसमें विकास के खोखले नारों की साँय-साँय व्याप्त है। उस पर तुर्रा यह है कि जनता के सच्चे हितैषी वही हैं। अकबर इलाहाबादी ने अपने इस तंजिया शेर के जारिए इनका मुखौटा नोचने की कोशिश की थी- ''क़ौम के ग़म में डिनर खाते हैं हुक्काम के साथ/रंज लीडर को बहुत है मगर आराम के साथ।''

अब लोकतंत्र उस मोड़ पर जा खड़ा हुआ है; जहाँ अदालत, क़ानून और संविधान की जगह भीड़ खुद फैसले ले रही है। कहीं गोरक्षा के नाम पर, कहीं बच्चों के अपहरण के नाम पर भीड़ पीट-पीट कर हत्याएँ कर देती है और

किसी को सजा नहीं होती! मॉब लिंचिंग के इस अभयदान के पीछे सत्ता, वोट और सांप्रदायिकता की राजनीति का वरदहस्त है। कभी दलितों की पिटाई, उनके घर जलाना, तो कभी मुसलमानों को मात्र शक के आधार पर ज़िंदा जला देना, कभी बच्चियों के बलात्कार में धर्म खोजना- ये घटनाएँ आख़िर किस तरह का संदेश देती हैं? वीभत्सतम घटनाओं को दबाने के लिए पाखंडी लोग मेंढकों की तरह विकास-विकास टर्राने लगते हैं। अरबों का भ्रष्टाचार हो जाता है और किसी को मुँह खोलने नहीं दिया जाता। जनता द्वारा चुकाए गए करों का पैसा लगुओं-भगुओं को भाट और चारण बनाने में बहा दिया जाता है। सबके लिए संदेश स्पष्ट है- चाहे जितना खाना है खाओ, हमारे विरोध में मत जाओ।

मौजूदा लोकतंत्र में दुःस्वप्नों के अनेक रूपाकार हैं। इनमें खप चुका पश्चात्ताप अनगिनत ग़लतियों के बावजूद कहीं से झाँकता ही नहीं। बंजर पड़े समय में रोना और गाना एक साथ हो रहा है। सच्चाई पर चलने वालों, अपने अधिकारों हेतु लड़ने वालों के लिए देश को यातना-गृह बना दिया गया है। उन्हें आपदाओं के अंधलोक में पटक दिया गया है। एक नए तरह के फासिज़्म के साए में रोज़ निराशा का धुँआ फैलता है; जिसे इलेक्टोरेल फासिज़्म कहा जा सकता है और यह सब लोकतंत्र का चोला ओढ़कर धड़ल्ले से किया जा रहा है। मीडिया और कारपोरेट घराने इस भयावह खेल में साझीदार हैं। लोकतंत्र इतिहास की चीज़ बनाया जा रहा है। यह एक नई धज है। कीथजेन किंग ने सच ही कहा था- "हम शायद ऐसे उत्तर आधुनिक क्षण में आ गए हैं, जहाँ इतिहास को हम पूरी तरह भुला सकते हैं।"

नई धज वाले लोकतंत्र में संचार-संसाधनों और सूचना-तक़नीकों की बमबारी है। इसके दम पर झूठ, ठगी, झाँसे, वादाख़िलाफ़ी और मार्केटिंग के नए-नए रास्ते खोले जा रहे हैं। अपने-अपने ब्रांड स्थापित किए जाने के अभिनव तरीके ईजाद कर लिए गए हैं। लोगों को झूठ की मार्केटिंग और ब्रांड का आदी बनाया जा रहा है। राजनीतिक सेल्समैन नाजायज़ को जायज़ ठहराने, हत्यारों को शुभचिंतक साबित करने के लिए उड़नदस्तों के रूप में गली-गली छापामारी कर रहे हैं। इन्फ़ॉर्मेशन टेक्नोलॉजी का उपयोग फर्जीवाड़े के युद्ध जीतने में हो रहा है। सत्य की चिंता किसे है? उसे तो पहले ही ठिकाने लगा दिया गया है। जनपक्षधर साहित्यिक-सांस्कृतिक गतिविधियों को आश्चर्यजनक ढंग से सत्ताओं ने निषिद्ध कर दिया है। लेकिन क्या साहित्य और संस्कृति के हाथ झाड़कर आगे बढ़ने वाले प्रचंड वेग को अवरुद्ध किया जा सकता है? क्या उसके प्रतिरोध का माद्दा उसे किसी भी तानाशाह के सामने चुप्पी लगाने की

इजाज़त देता है? यह भी एक प्रकार से लोकतंत्र की परीक्षा ही है। हमारे समय के समर्थ कवि उदय प्रकाश ने इस घनघोर समय में अकेले पड़ते जा रहे सत्यकामी योद्धाओं की स्थिति का वर्णन करते हुए अपनी एक कविता में लिखा है- "जो बोलेगा सच/अफ़वाहों से घेर दिया जाएगा उसे/जो होगा सबसे कमज़ोर और वध्य/उसे बना दिया जाएगा संदिग्ध और डरावना/जो चाहेगा स्वतंत्रता/दिया जाएगा उसे आजीवन कारावास/एक दिन लगेगा हर किसी को/नहीं है कोई अपना, कहीं आसपास।" (पहल 108-पृष्ठ-85, 86)

लोकतंत्र की उदारता का दुरुपयोग करने वालों ने हमारी चुनौतियाँ बढ़ा दी हैं। नए माहौल में तक़नीकी पद्धतियों ने हमारी जीवन-प्रणाली को जहाँ एक ओर विकसित किया है, तो दूसरी ओर उसे मूल्यों के संदर्भ में खोखला भी कर दिया है। विभिन्न प्रकार के आँकड़े फुलाए और उड़ाए जा रहे हैं; क्योंकि आँकड़ों से भी ब्रांडिंग होती है। मतदाताओं के सामने आँकड़ों के पहाड़ खड़े कर दिए जाते हैं और हर नाकामयाबी को ढँक दिया जाता है। वहीं मँहगाई, बेरोज़गारी, हत्या-बलात्कार और भ्रष्टाचार के आँकड़े छिपा लिए जाते हैं। जीडीपी तय करने के पैमाने ही अपने हक़ में बदल दिए जाते हैं। एक ऐसी झूठी दुनिया को रचने का उद्यम किया जा रहा है; जिसमें सर्वत्र भ्रम का राज हो। लोग जुमलों के जेट पर बैठकर विकास की मंज़िल पर पहुँचना चाहते हैं। आबोहवा और प्राकृतिक संसाधनों की जैसे किसी को फ़िक्र ही नहीं है। अगर उद्योगपति अपने पाले का है तो पर्यावरण या संरक्षित क्षेत्रों की सरकार परवाह नहीं करती और तमाम दिशा-निर्देश बला-ए-ताक रख देती है। ऐसे में भला कौन-सा टिकाऊ विकास मिलेगा; जिसे हम राष्ट्र और अगली पीढ़ी को सौंपना चाहेंगे?

हमारे चारों ओर अन्याय, अत्याचार और असमानता का मलबा बिखरा हुआ है। असहमति, असहिष्णुता, उल्लंघन, चरित्रहीनता, अनैतिकता हिंसा, धर्म की ठेकेदारी, दुर्विचार और राष्ट्रवाद का धूम-धड़ाका मचा हुआ है। भ्रष्टाचार गर्रा रहा है। अंधविश्वासों की आँधी चल रही है। ऐसे माहौल को हवा देकर सत्ताधारियों को लोकतांत्रिक पद्धति का जनाज़ा निकालने में ज़्यादा सुभीता होता है। लोकतंत्र के आवरण में तानाशाहियाँ दहाड़ रही हैं। लोकतंत्र के जितने भी आवरण हैं, उसकी जो धातु है, उसे तिल-तिलकर गलाया जा रहा है। इसी लोकतंत्र में लगे आपातकाल का त्रास अभी तक हम भूले नहीं थे कि इस दौर की ललकारवादी स्टाइल सभी सकारात्मक मूल्यों और संवैधानिक संस्थाओं को ढहाते हुए अट्टहास कर रही है। उसकी अकड़ को रघुवीर सहाय ने कुछ यों

पकड़ा था– ''हमने बहुत किया है/जनता ने नहीं किया है/हमने बहुत किया है/हम फिर से बहुत करेंगे/हमने बहुत किया है/पर हम नहीं कहेंगे/कि हम अब क्या और करेंगे/और हमसे अगर लोग कहेंगे कुछ करने को/तो वह तो कभी नहीं करेंगे।'' (हँसो हँसो जल्दी हँसो)

जनतंत्र को धोबीपछाड़ लगाए जाने वाले समय की नज़ाकत लोग महसूस कर रहे हैं। वास्तविकताओं को एक आवरण में ढँक दिया गया है; ताकि सब कुछ ठीक-ठाक लगे। भारत की सुदीर्घ सामूहिकता और सांस्कृतिक बहुलता का मिजाज़ लगभग बदल दिया गया है। जनतंत्र में हमेशा विपक्ष की पूछ-परख होती आई है। उसकी आवाज़ को बहुत ध्यान और गंभीरता से सुना जाता रहा है और यदि उसमें सच्चाई है तो कार्रवाई भी होती रही है; लेकिन वर्तमान सत्ता विपक्ष का अस्तित्व ही नकार चुकी है। सदन के पटल पर विपक्ष की तरफ़ से जो सवाल और समस्याएँ रखी जाती हैं, अहंकारी सत्तापक्ष उनका मज़ाक उड़ाता है; विपक्षी नेताओं की खिल्ली उड़ाई जाती है। लड़ाकू विमानों के सौदों की बात हो, दलितों-अल्पसंख्यकों के उत्पीड़न का मसला हो, किसानों की बढ़ती आत्महत्या की समस्याएँ हों, स्त्रियों के साथ किए जा रहे कुकर्म हों, बेरोज़गारी के प्रश्न हों, देश में असहिष्णुता का बढ़ता हुआ ज्वार हो या अविश्वसनीयता का संकट, समूचे मसलों का कोई तर्कसंगत उत्तर न होने के बावजूद उन्हें हवा में उड़ा दिया जाता है। क्या हमारी सेना के जवानों के सिर काटने और मारने की घटनाओं को भुला दिया जाए? आख़िर क्या-क्या भुला दिया जाए? सत्ताधारियों को बखूबी समझ लेना चाहिए कि किसी की हठधर्मी से मुद्दे रफ़ा-दफ़ा नहीं होते।

लोकतंत्र में सामाजिकता के लिए, गुत्थियों को सुलझाते हुए लोगों की तकलीफ़ों को ख़त्मकर उन्हें सुविधा प्रदान करने के लिए काम किया जाता है। जब से बाज़ारीकरण ने पूँजीवादी मनोविज्ञान और एकाधिकारवाद ने प्रौद्योगिकी के माध्यम से अपना आधिपत्य क़ायम किया है, काबिज़ सत्ता पूरे देश को एक ही डंडे से हाँकना चाहती है। हमारे विविधवर्णी अनेकता में एकता वाले प्राचीन सभ्यता वाले महान देश को एक जैसा खान-पान, एक जैसी वेश-भूषा, एक जैसा रहन-सहन, एक जैसी धार्मिक मान्यताओं में जीने को बाध्य किया जा रहा है; अपनी अस्मिताओं को भूलने के रास्ते पर ठेला जा रहा है। हाथी के पैर में सबका पैर आ रहा है और इसी के माध्यम से सबको फँसाया जा रहा है। संवैधानिक विचार-संपदा को तिलांजलि दी जा रही है। अब तक सैद्धांतिक एवं व्यावहारिक पद्धति से प्राप्त की गई उपलब्धियों को अनदेखा करते हुए अतीत

के महिमामंडन का खेल खेला जा रहा है। हम देश की विविधता और विभिन्न प्रकार की अस्मिताओं को भूलने, झुठलाने और उन्हें कुचलने की कोशिश कर रहे हैं। देश ने देखा है कि 1984 में किस तरह क़ौमी बदले की कार्रवाई के तहत सिखों का नरसंहार हुआ था। देश जानता है कि सत्ता की खुली मिलीभगत से 2002 के दौरान गुज़रात में क्या हुआ था? देश यह भी जानता है कि लोकतांत्रिक मर्यादाओं की तौहीन करते हुए बाबरी मस्जिद का ध्वंस कैसे किया गया था?

जहाँ तक साहित्य का सवाल है, वह वर्तमान परिस्थितियों पर जो प्रश्न उठाता है, उन्हें कोई भी सत्ता अनदेखा नहीं कर सकती; लेकिन तानाशाही का बाना धारण करते जा रहे लोकतंत्र में साहित्यकार की आवाज़ नक्कारखाने में तूती की तरह हो गई है। साहित्यकार देश ही नहीं, दुनिया की विभिन्न समस्याओं पर जलते हुए प्रश्नों के अंगारे हथेली पर रखता है। उन्हें नज़रअंदाज़ करना शुतुरमुर्ग की तरह रेत में सर गड़ाना है। मगर हम गाँव की समस्याओं, ग्रामीण भारत की दुर्दशा से आँखें फेरते हुए स्मार्ट सिटी पर ध्यान केंद्रित कर रहे हैं; फ्लाईओवर बना रहे हैं; बुलेट ट्रेन चलाने जा रहे हैं; स्काई वॉक बना रहे हैं; मोनो रेल चला रहे हैं। बनाइए, कोई विरोध नहीं है। लेकिन ज़रूरी क्षेत्रों की उपेक्षा करते हुए यह विकास की ऐसी सरपट लीला है; जिसमें भ्रष्टाचार हाईजंप-लांगजंप लगा रहा है। यथार्थ से रूबरू कराने वाले साहित्य को सत्ता हाशिए पर ही नहीं ठेल रही है; बल्कि उसे शत्रुभाव से भी देख रही है; जबकि साहित्य हमें संवेदनशीलता और मनुष्य की गरिमा को स्थापित करने की ओर ले जाता है; हमें स्वतंत्रता, समानता और न्याय के लिए प्रेरित करता है। किसी ने इक्कीसवीं सदी को 'एज ऑफ स्टूपिड' कहा था। आज धर्म, भारतीयता, राष्ट्रीयता और राष्ट्रधर्म को लेकर हो रहे दुराग्रहपूर्ण और कुतर्की विमर्श इसे सौ फीसदी सच साबित कर रहे हैं।

लोकतंत्र का वर्तमान हाल देखकर मैं अक्सर सोचा करता हूँ कि सामान्य आदमी को भारत में अपनी पूरी गरिमा के साथ जीने का अधिकार है भी या नहीं। क्या जो औसत किस्म का आदमी है, जो दंद-फंद नहीं करता, उसकी कोई क़ीमत नहीं? जबकि आज छोटी-मोटी मज़दूरी करने वाला व्यक्ति भी ज़रूरत का सामान ख़रीदकर सरकारी ख़जाने में अपना अप्रत्यक्ष योगदान करता है। जो तक़नीक से सराबोर नहीं, क्या उसका कोई गुज़ारा नहीं? जो किसी राजनीतिक दल से संबद्ध नहीं हैं या किसी विरोधी विचारधारा से आबद्ध हैं, उनकी कोई नागरिकता नहीं? क्या इसी लोकतंत्र की सीढ़ी चढ़कर सत्ता के

मंदिर में मत्था टेकने पहुँचे सूरमा आम आदमी को ध्वस्त कर देंगे और मात्र अपने एकांगी विचारों को पूरे देश में फैला देंगे? युवा कवि आशुतोष कहते हैं- "जब संसद के गलियारे में/ये सोच विचरने लगती है.../गाँधी के कपड़े पहना हुआ/ये बाहुबली या नेता है.../तब लोकतंत्र क्या सोता है?"

बिहार के मुज़फ्फरपुर और अन्य राज्यों के बालिका-शरणगृहों में जिस तरह महीनों से बिन माँ-बाप की सैकड़ों अनाथ बच्चियों की इज़्ज़त तार-तार की जाती रही और खुफ़ियातंत्र को इसकी भनक तक नहीं लगी या कहा जाए कि इस ओर से आँखें मूँद ली गईं, वह क्या दर्शाता है? यही न कि लोकतंत्र गहरी नींद में था और जनता के पैसों का दुरुपयोग इन शरण-गृहों में कल्याण के बहाने पापाचार के लिए किया जा रहा है। इस लोकतांत्रिक व्यवस्था का इससे बड़ा कोढ़ और क्या हो सकता है कि तेलंगाना की कई मासूम बच्चियों को वेश्यावृत्ति के दलदल में धकेलने के लिए लालची चिकित्सकों ने उन्हें हॉर्मोंस के इंजेक्शन लगाकर असमय जवान बना दिया! इसके पीछे एनजीओ-पत्रकार-राजनेताओं का गठजोड़ सामने आया है। क्या इनके कुकर्मों के लिए कोई भी सजा काफ़ी हो सकती है?

सच है कि काबिज़ सत्ताएँ मतदाताओं के मनोविज्ञान, उनकी उलझनों, रुझान, झुकाव और आकांक्षाओं पर बारीक नज़र रखती हैं और उन पर नियंत्रण भी रखती हैं; लेकिन इस क्रम में अगर यह क़वायद जनता के ख़िलाफ़ ही इस्तेमाल होने लगे तो उसे हम किस मुँह से सच्चे लोकतंत्र का नाम देंगे? दिक्कत यह भी है कि कोई भी शासक अपने पूर्ववर्तियों की ग़लतियों से कुछ सबक़ हासिल नहीं करना चाहता। उसका तर्क होता है कि धाँधली तो पहले भी होती थी, इसमें नया क्या है! हमने अंग्रेज़ों और राजों-रजवाड़ों के शासन से मुक्ति पाकर लोकतांत्रिक व्यवस्था अपनाई थी; लेकिन दुर्भाग्य यह है कि विकृत होते जा रहे लोकतांत्रिक स्वरूप में आज़ादी से पहले का क़दाचार पुनः पोषित होने लगा है। इस स्थिति को बदलने के लिए हमें लोकतंत्र के भीतर ही लोकतांत्रिक ढंग से नई लड़ाई लड़नी पड़ेगी, तभी लोकतांत्रिक व्यवस्था के जनहितकारी लक्ष्यों को प्राप्त किया जा सकेगा। हवा में उड़ते सत्ताधारियों को अल्लामा इक़बाल की यह सीख कभी नहीं भूलनी चाहिए-

"जम्हूरियत इक तर्ज़-ए-हुकूमत है कि जिसमें
बंदों को गिना करते हैं तौला नहीं करते।"

प्रजातंत्र की प्रतिरोधक शक्ति

प्रजातंत्र को विश्व की सर्वश्रेष्ठ शासन-प्रणाली माना जाता है। अमेरिकी राष्ट्रपति अब्राहम लिंकन ने प्रजातंत्र की परिभाषा इस प्रकार दी थी- ''प्रजातंत्र जनता के लिए, जनता द्वारा, जनता का शासन है।'' और नोबल पुरस्कार-विजेता ब्रिटिश नाटककार जार्ज बर्नार्ड शॉ के शब्दों में- ''प्रजातंत्र एक सामाजिक व्यवस्था है; जिसका लक्ष्य सभी लोगों का यथासंभव अधिक-से-अधिक कल्याण करना है।'' लोकतंत्रात्मक शासन-पद्धति में जनता द्वारा चुने गए प्रतिनिधि विधायिका में पहुँचकर जनहित का ध्यान रखते हुए शासन का संचालन करते हैं। भारत के लिए यह गर्व का विषय है कि यहाँ स्वतंत्रता-प्राप्ति के पश्चात् प्रजातांत्रिक शासन-व्यवस्था को अपनाया गया; लेकिन आज भारतवासी बारहा सोचने पर मजबूर हैं कि इतने वर्षों तक आज़ादी और प्रजातंत्र के वस्त्र धारण किए रहने के बावजूद हम इतने नग्न क्यों दिख रहे हैं?

इन दिनों लोकतांत्रिक ढंग से किसी दल के अधिक विधायक चुनकर आने पर भी सरकार नहीं बनने दी जाती। गोवा की घटना इसका हालिया उदाहरण है। किसी-किसी राज्य में तो तीन-चौथाई विधायक तोड़कर अपना झंडा पकड़ा दिया जाता है और सरकार बना ली जाती है। भजनलाल के जमाने में हरियाणा ने ऐसे दिन देखे थे और अभी हमारे सामने उत्तर-पूर्व में यही हुआ। विधानसभा-अध्यक्षों की मिलीभगत से किसी और का बहुमत साबित करा दिया जाता है या अल्पमत में डाल दिया जाता है। उत्तर प्रदेश में हम यह कारनामा देख चुके हैं। राज्यपाल दलीय राजनीति से ऊपर माना जाता है। वह सूबे में राष्ट्रपति का दूत और हरकारा होता है; लेकिन देखने में आ रहा है कि राज्यपाल चिड़ी के गुलाम की भाँति अधिक काम करने लगे हैं। डॉ. सुभाष खंडेलवाल की टिप्पणी है- ''राज्यपाल एक गौरवान्वित पद है; लेकिन इसका धीरे-धीरे पतन होता जा रहा है। आज स्थिति यह है कि हुज़ूर ने कहा कि बैठ जाओ तो

पहले तो बैठ जाते थे, आजकल बैठने को कहो तो लेट जाते हैं।''

उत्तराखंड की स्थिति के बारे में राज्यपाल की एकतरफ़ा रिपोर्ट देखकर केंद्र के सुझाव पर राष्ट्रपति ने सरकार बर्ख़ास्त करने के लिए झटपट दस्तख़त कर दिए थे; नतीजतन मुख्यमंत्री की गुहार पर सर्वोच्च न्यायालय को हस्तक्षेप करना पड़ गया। इस क़वायद से सरकार तो फौरी तौर पर बच गई, मगर यह हमारी शीर्ष संस्थाओं के बहुत बड़े विचलन और तेज़ फिसलपट्टी का प्रदर्शन भी कर गई। स्पष्ट है कि लोकतांत्रिक आज़ादी के तहख़ानों में 'हम कहें सो क़ायदा' वाला हिटलरशाही भाव व्याप्त हो गया है। कवि धूमिल ने सवाल उठाया था-

''क्या आज़ादी सिर्फ़ तीन थके हुए रंगों का नाम है
जिन्हें एक पहिया ढोता है
या इसका कोई ख़ास मतलब होता है?''

राजतंत्र, सामंतवाद, पूँजीवाद या तानाशाही के बरअक्स प्रजातंत्र की बड़ी ख़ासियत यह होती है कि वह अपनी आलोचना की अनुमति देता है। कई बार जब लोग प्रजातंत्र की नुक्ताचीनी करते हैं, तो भूल जाते हैं कि वे ऐसा करते हुए संविधान द्वारा दिए गए महान अधिकार 'अभिव्यक्ति की स्वतंत्रता' का ही प्रयोग ही कर रहे होते हैं; लेकिन प्रजातंत्र को अपनी पीठ पर ढोने वाले संविधान को तो लगभग मूल्यहीन ही बना दिया गया है। इसकी मूल भावना के उलट नागरिकों के भीतर भय, असुरक्षा और आपसी वैमनस्य का ज़हर भर दिया गया है। संविधान हर नागरिक को बराबरी का दर्ज़ा देता है; लेकिन बहुसंख्यक वर्ग अल्पसंख्यकों को कहीं भी पीट देता है; उनकी जान तक ले लेता है; लेकिन कहीं कोई सुनवाई नहीं। सबल लोग निर्बलों का दमन और बलात्कार करते हैं तो उन्हें न्याय दिलाने की बजाय उल्टे सत्ताधारी अन्याय का मूक समर्थन करते दिखाई देते हैं। दूसरों की हल्की-सी असहमति भी उन्हें हरगिज़ बर्दाश्त नहीं होती। इसीलिए उन्होंने लोकतांत्रिक मान, मूल्यों एवं मर्यादाओं को लगभग ध्वस्त कर दिया है।

प्रजातंत्र के साथ खिलवाड़ पूर्व में कभी-कभार होता था; लेकिन अब तो यह आम है। न तो कोई न्यायसंगतता का विचार करता है, न संविधान-संगतता का। देश की सभी संवैधानिक संस्थाओं में प्रश्नों के बेजा काँटे उग आए हैं। प्रजातंत्र के लबादे में तानाशाही का विराट तांडव जारी है। ऐसे में प्रसिद्ध पत्रकार कुमार प्रशांत की यह चिंता मुझे अपनी और हर भारतीय की चिंता लग रही है- ''ख़तरे की एक घंटी नज़दीक आती सुनाई दे रही है। प्रजातंत्र और

भीड़तंत्र के बीच संविधान नाम का जो अंपायर खड़ा होता है, यदि वह अनुपस्थित हुआ तो सड़क संसद की जगह ले लेती है। यह भी प्रजातंत्र का ही खेल है; लेकिन बेहद ख़तरनाक!"

सत्ताधीशों की शक्ति का डंका बज रहा है और नाम हो रहा है। कुछ-कुछ इस तर्ज़ पर कि बदनाम गर हुए तो क्या नाम न होगा और नाम होगा तो लोग डरकर सम्मान भी देंगे। ऐसे नामधारियों से जो दोस्ती करता है, वह मालामाल हो जाता है। प्रजातंत्र की आड़ में वह धर्म और राष्ट्रभक्ति का छल-छद्म दिखाकर देश के भीतर कोई भी कांड घटित कर और करवा सकता है। एकता में अनेकता का गाना गाकर देश में विघटन के बीज बो सकता है। कभी महापंडित राहुल सांकृत्यायन ने कहा था- "राष्ट्र की एकता मंचों पर लंबे-लंबे भाषणों से नहीं होगी। इसके लिए हमें ठोस काम करना होगा। वह ठोस काम यही है कि देश के भीतर धर्म और जातिभेद ने जितनी दीवारें खड़ी की हैं, उन्हें गिरा देना। हाँ, हिंदू-मुसलमान या लामज़हब होने से हमारे खान-पान, शादी-ब्याह में कोई रुकावट नहीं होनी चाहिए। ज़रूरत पड़ने पर इसके लिए हमें मज़हब से भी लोहा लेने के लिए तैयार रहना चाहिए" हमारे देश का हर नागरिक संजीदा इस मूल बात को समझता है और सत्ता की हनक को पहचानता है। भयावह भ्रष्टाचार ने गाँव-कस्बों से लेकर नगरों-महानगरों तक सत्ताधीशों के असली रूप को जनता के सामने उघाड़कर रख दिया है। इससे जनता का प्रजातंत्र में सहभाग और लगाव यकीनन घटा है।

इस दौर में प्रजातंत्र एक विराट खेल हो चुका है। इसको निरंतर गिराया और गरियाया जा रहा है। इतनी बेहयाई, इतनी टूटन कि कुछ कहते नहीं बनता। दुर्भाग्य यह है कि यह प्रजातंत्र से विश्वास एक साज़िश के तहत उठाया जा रहा है; ताकि तानाशाही का द्वार प्रशस्त किया जा सके। वे सारी संवैधानिक संस्थाएँ व व्यवस्थाएँ एक-एक कर ज़मींदोज की जा रही हैं; जिनकी रचना ही इसलिए की गई थी कि जब कभी राजनीतिक चालबाजियाँ और सत्ता की अजगरी भूख प्रजातंत्र का भक्षण करने लगे तो उसे रोकने व थामने वाली ताक़तें संविधान के भीतर से निकलकर आप ही सामने आ जाएँ। मगर आज हम एक ऐसे मुकाम पर पहुँच गए हैं या पहुँचा दिए गए हैं; जहाँ सत्ता पर काबिज़ व्यक्तियों के जो जी में आता है, करते हैं। अपने धतकरमों के लिए वे भाँति-भाँति के तर्क गढ़ लेते हैं। न संविधान उनके आड़े आता है, न मर्यादाएँ, न ही नैतिकताएँ। सत्ता के शीर्ष पर जो पहुँच गया, उसे न समाज से कोई लेना-देना है, न देश से, न मनुष्यता से। उसे तो केवल कुर्सी से लेना-देना है।

उसके लिए कोई वर्जना नहीं। इस वर्ग के लिए छल-छद्म और नाटक-नौटंकी ही मूल्यवान है।

लोगों को महज़ खान-पान के शक की बिना पर मौत के घाट उतार दिया जाता है। भीड़तंत्र के सूरमा कहीं भी आपको धमकाते हुए मिल जाएँगे। सत्ताधारियों की सहमति से कहीं बलात्कार, कहीं हत्या, कहीं समूचे तंत्र की खुलेआम नीलामी हो रही है। यह प्रजातंत्र की नई तर्ज़ है; जिसमें ऐसी ही रंगदारी चलती है। समानता और भाईचारा जैसे मूल्य ध्वस्त कर दिए गए हैं। टी. वी. चैनलों में जिस तरह बहसें होती हैं, उनमें सत्तापक्ष के प्रवक्ता बोलते नहीं, धमकाते हैं। कई बार वे जनता को ही हड़काते नज़र आते हैं। नौबत यहाँ तक आ गई है कि सत्ताधारियों के विमर्श में जनता कहीं है ही नहीं। महान जर्मन कवि ब्रेख़्त ने कबीर की तरह ही उलटबाँसी-शैली में कहा था- "इस जनता ने सरकार का विश्वास खो दिया है/सरकार को मेरी सलाह है कि वो इस जनता को भंगकर दे/और अपने लिए दूसरी जनता चुन ले।" सत्ताधारियों द्वारा विपक्षियों के लिए ऐसी तू-तड़ाक और निम्न स्तर की तर्कहीन भाषा का इस्तेमाल किया जाता है कि अपनी और उनकी सारी पढ़ाई-लिखाई व्यर्थ लगने लगती है। टीवी-स्क्रीन पर ही गाली-गलौज, हाथापाई और मारपीट के दृश्य उपस्थित हो जाते हैं। उन्हें यह भी लज्जा नहीं होती कि लाखों लोग उनका असली रूप देख रहे हैं। महसूस होता है कि प्रजातंत्र की मृत्यु होने ही वाली है।

ऐसा तूमार बाँधा जाता है कि सत्ताधीशों की हैसियत का भारत में कोई सानी नहीं। उनके मन की बात में सब समाहित है- समूचा ताम-झाम, रोबा-रेंहट, दिखावा और छलावा। घड़ियाली आँसुओं से जनता का मन भिगो दिया जाता है। लगने लगता है कि असली देशसेवा इससे पहले कभी किसी ने नहीं की। यह एहसास कराया जाता है कि जनता सत्ताधारियों की चेरी है; जो उनके प्रतिकूल हैं वे दुश्मन! पतन की कोई लक्ष्मण-रेखा नहीं हैं। संसदीय परंपराएँ स्वाहा कर दी गई हैं। उनके लिए प्रजातंत्र-प्रदत्त अभिव्यक्ति का व्यवहार-शास्त्र तो केवल दुहाई देने और विरोधियों का शिकार करने के लिए है। जो किसी भी दल या विचारधारा के आदरणीय-फादरणीय रहे, उन्हें किनारे लगा दिया गया, सब लादरणीय हो गए।

प्रजातंत्र को तहस-नहस करने के इरादे अब बहुत छिपे नहीं रह गए हैं। पूँजीवादी कारिंदों को अब मुखौटों की ज़रूरत ही नहीं रह गई है और उनका एजेंडा जनता की आँखों की सतह पर आ गया है। दरअसल पूँजीवाद प्रजातंत्र

को चुनावी राजनीति के दायरे से आगे विकसित ही नहीं होने देता; आर्थिक उत्पादन व वितरण की प्रणाली बदलने नहीं देता। प्रजातंत्र के अधूरेपन को समाजवाद ही दूर कर सकता है; मगर यह काम पुराने ढंग का नहीं; बल्कि लोकतांत्रिक रूप से विकसित समाजवाद कर सकेगा। आज पूँजीवादी प्रजातंत्र उदारवादी दौर से भी आगे जाकर नव उदारवादी दौर में दाखिल हो चुका है; जिसने आर्थिक नीतियों के मामले में प्रजातंत्र को महज़ एक औपचारिकता में बदलकर रख दिया है। इतिहासकार एरिक हॉब्सबाम ने कहा था- "प्रजातंत्र या सार्वभौमिक बालिग जनमत या मताधिकार के साथ पूँजीवाद कभी भी सहज नहीं रहा है। पूँजीवाद हमेशा से एक अल्पतांत्रिक शासन रहा है और ये पूँजी की सत्ता आम तौर पर प्रजातंत्र को ख़त्म करके आती है।"

यही कारण है कि भले ही चार दिन की चाँदनी हो; लेकिन घोषित आपातकाल की तर्ज़ पर अघोषित आपातकाल घटित हो रहा है। पूँजीवाद के दलाल जनता के साथ छल करके येन-केन-प्रकारेण सरकारें बना लेते हैं और उसके सामने देश के सम्मान से जुड़ी हर चीज़ बृहदाकार और विराट बनाकर पेश करने लगते हैं- विशाल मूर्तियाँ, गगनचुंबी स्मारक, पीपलाकार झंडे इत्यादि। इसके पीछे उनका उद्देश्य लंबे समय के लिए सत्ता-सूत्र हाथ में लेकर अपने माल को खपाने का बाज़ार तैयार करना होता है। वे अपनी हर चीज़ को इस अंदाज़ में पेश करते हैं कि भोले-भाले देशवासी झाँसे में आ जाते हैं। रघुवीर सहाय की ये पंक्तियाँ मर्म तक पहुँचती हैं- "राष्ट्रगीत में भला कौन वह भारत-भाग्य-विधाता है?/फटा सुथन्ना पहने जिसका गुन हरचरना गाता है।"

बड़े ही योजनाबद्ध तरीके से लोकतांत्रिक उदारता और इसके छिद्रों का इस्तेमाल करते हुए संवैधानिक स्वरूप को नष्ट किया जा रहा है। प्रश्न है कि जिस दल को भी जनता ने बहुमत दिया है- वह सरकार बनाए, इसमें हर्ज़ क्या है? लेकिन यदि आपके पास बहुमत ही नहीं है, फिर भी वैधानिक रूप से चुने गए लोगों की ख़रीद-फरोख़्त करके आप सरकार बनाना चाहते हैं, तो इसमें लोकतांत्रिक क्या बचा? क्या यह खुल्लमखुल्ला अलोकतांत्रिक प्रक्रिया नहीं हैं? तय है कि आप भ्रष्टाचार के रंगमंच पर प्रजातंत्र-प्रजातंत्र खेल रहे हैं। आख़िर एक विधायक या सांसद को अपने पाले में लाने के किसी दल के पास यह विराट धनराशि आती कहाँ से है? क्या ये साँड़-पूँजी के सींग नहीं हैं? इन्हीं अलोकतांत्रिकताओं के चलते हमारा देश भूख, भय, भ्रष्टाचार के बुखार में तप रहा है। बलात्कार के मामलों में भी हिंदू-मुसलमान वाला चश्मा लग जाता है।

धर्म जाँचकर बलात्कारी की आरती उतारी जाती है। मंत्री-संत्री उसे माला पहनाते हैं। आख़िर यह प्रजातंत्र की कौन-सी नई जीवनशैली है? क्या देश दोहरे-तिहरे-चौहरे मानदंडों से चलाया जा रहा है? नए दौर में लोकतांत्रिक संस्थाओं का जितनी तेज़ी से क्षरण हुआ है, वह अभूतपूर्व है। इतना अहंकार और गुमान कि शासन-सत्ता से संबद्ध लोग टिटिहरी की तरह आकाश में लात मार रहे हैं।

पुलिस व प्रशासन जैसी अनेक औपनिवेशिक संस्थाओं का हमारे यहाँ लोकतांत्रिकरण हो ही नहीं पाया और अब तो प्रजातंत्र के बलात्कारियों ने पुलिस व प्रशासन की भी इज़्ज़त उतार दी है; प्रशासनिक अधिकारियों को निरीह बाबू और असंवेदनशील नौकरशाही बना छोड़ा है; अँगूठा छाप अपराधी प्रजातंत्र का फ़ायदा उठाकर देश को उँगलियों पर नचा रहे हैं। वे किसी की नेक सलाह नहीं मानते। इक्कीसवीं में रहकर पहली सदी के वासी बने रहते हैं; जहाँ दूध की नदियाँ बहती थीं; सोने की चिड़ियाँ उड़ती थीं; परकाया प्रवेश होता था; कोसों दूर बैठे-बैठे इलाज हो जाता था। शायद इसी अपाहिज मनोविज्ञान पर श्रीलाल शुक्ल ने 'राग दरबारी' में लिखा था- "अगर कहीं तुम्हारी किस्मत ही फूटी हो और तुम्हें यहीं रहना पड़ जाए तो अलग से अपनी एक हवाई दुनिया बना लो, उस दुनिया में रहो; जिसमें बहुत से बुद्धिजीवी आँखें मूँदकर पड़े हैं। होटलों, क्लबों में, शराबखानों और कहवाघरों में, चंडीगढ़, भोपाल, बैंगलोर के नवनिर्मित घरों में, पहाड़ी आरामगाहों में; जहाँ कभी न ख़त्म होने वाले सेमीनार चल रहे हैं।ख़ख़ यह न कर सको तो अतीत में जाकर छिप जाओ- कणाद, पतंजलि, गौतम में, अजंता, एलोरा, एलीफेंटा में, कोणार्क और खजुराहों में, शालभंजिका, सुरा-सुंदरी में, अलस कन्या के स्तनों में, जप-तप-मंत्र में, संत-समागम, ज्योतिष, सामुद्रिक में; जहाँ भी जगह मिले जाकर छिपे रहो। भागो-भागो-भागो, यथार्थ तुम्हारा पीछा कर रहा है।" लेकिन ये भागते नहीं, प्रजातंत्र की छाती पर चढ़े दिन-रात मूँग दलते रहते हैं।

ये हम कहाँ आ गए! यह कौन-सी दुनिया है? प्रजातंत्र के स्थान पर अजायब-तंत्र लादा जा रहा है। क्या फ्लायओवर और शॉपिंग मॉल बना देना ही सच्चे विकास का मानक है? किसी व्यापक परिवर्तन के बरअक्स केवल जुमले पीटे जा रहे है या झाँसों, तबाहियों का कीर्तन हो रहा है। 'एक भयावह सन्नाटे में' कविता का यह अंश देखें- "अख़बारों में त्रिशूलें उग रहीं हैं या लाठियाँ/नए-नए हिसाब-क़िताब लग रहे हैं/आश्रमों में गाँजे की चिलिम चढ़ी है/कहीं कोई उजली लकीर है इस बुतखाने में/सनसनाती ख़बरों के दहकते

दहानों में/कब तक जुमले पीटे जाते रहेंगे/मंच में कुछ होगा और नेपथ्य में कुछ और।" सच है, आज मानवता और लोककल्याण के नाम पर लोकतांत्रिक मूल्यों के बरअक्स तानाशाही का खुला तांडव हो रहा है। विरोधियों पर तरह-तरह के मुक़दमें ठोंके जा रहे हैं। देश के पूँजीपति बैंक-घोटाला करके विदेश भाग गए और यहाँ आरोप-प्रत्यारोप ही जारी हैं।

यह दौर मनुष्यता और संवैधानिक स्वरूपों से परे हैं। हिंदुत्व और साफ़्ट हिंदुत्व का भी संघर्ष है। एक हिंदू-लहर चलाई जा रही है। पूरा भारत इस हिंदू-लहर से बींध दिया गया है; आम जनता को लगभग पागल बना दिया गया है। हालाँकि आश्वासनों के अलावा उनको कुछ मिलने वाला नहीं है। सत्तानशीन उन्हें अपने स्वार्थ के लिए वोटों में तब्दील करना चाहते हैं और ऐसा डंके की चोट पर कर भी रहे हैं। जनता की भावनाओं को आग बना दिया गया है और इसी के आधार पर थोक में वोट खींचे जा रहे हैं। हिंदुत्व के भीतर दलित, आदिवासी, वनवासी, अगड़ा और पिछड़ा के अनेक स्वर हैं। अनेक आपसी संघर्ष भी पैदा कर दिए गए हैं। हिंदुत्व तो राजपाट करने का एक मुखौटा है। यह खेल इसलिए कि गद्दी सलामत रहे। मँहगाई आसमान पर है। जी.एस.टी. ने सबकी खटिया खड़ी कर दी। नोटबंदी के कुछ माहों में जो हुआ तो वह तो भयावह था और अब भी है। काला धन का क्या हुआ? भ्रष्टाचार के रिकार्ड टूट रहे हैं; आर्थिक पैमाने ध्वस्त हो रहे हैं। भ्रष्टाचार के नए-नए घाट बन रहे हैं। प्रजातंत्र अब बहुमत से नहीं; बल्कि ख़रीद-फरोख़्त, कालाबाज़ारी और धौंस से चल रहा है। फार्मूला यही है कि हमारा साथ नहीं दोगे तो किसी तरह का विकास नहीं होने देंगे। आपको प्रार्थनाएँ करते हुए, मत्था टेकते हुए, शांति की खोज का नाटक करते हुए, उन्माद पैदा करने वाले और भीड़तंत्र द्वारा हत्याएँ करवाने वाले सूरमा गली-गली मिलेंगे। इनकी प्रार्थना के नए मानक हैं; शिल्प अलग है; परिणाम ख़ूनी हैं।

अब इस देश में भ्रष्टाचार कोई मुद्दा नहीं रहा। सबको पता है कि भ्रष्टाचार सर्वत्र व्याप्त है। उसकी सत्ता विराट है। विपक्ष भयावहता, अंधेरगर्दी को आवाज़ ही नहीं दे पा रहा; हत्यारों और बलात्कारियों के सरगना साफ़ चेहरे लिए घूमते हैं; लेकिन उनकी तरफ़ कोई उँगली तक नहीं उठा पाता। सच बार-बार बैठान ले लेता है, उस कमज़ोर पशु की तरह, जिसको पूँछ पकड़कर उठाने की कोशिश की जाती है; लेकिन वह बार-बार धरती पकड़ लेता है। मतदाता को एक़दम उदासीन हो जाने के लिए बाध्य कर दिया गया है। समर्थ कवि बोधिसत्व इसे कुछ इस प्रकार चिह्नित करते हैं- "न्यूट्रल

होने के लिए उसने बहुत कुछ सहा/कई पीढ़ियों के निरंतर घोर तप के बाद/उसके संस्कार और सोच में आ पाई थी यह बात/कि कैसे रहा जाता है हर हाल में न्यूट्रल।" प्रजातंत्र की कलंक-गाथाओं से सत्ता को कोई मतलब नहीं। लोग अपनी सुविधा और लोलुपता के मापों में बिकते हैं। हिंसाओं का लावा नित्य प्रति फूट रहा है। सत्ता को इस सबसे कोई फ़र्क नहीं पड़ता। उनका कुशल प्रबंधन उन्हें हमेशा आश्वस्त और विजयी कराता है। चुनाव कैसे जीता जा सकता है, कैसे जोड़-तोड़ किया जा सकता है, इसमें सब माहिर हैं। कृत्रिमताएँ, झूठ, पाखंड का बाज़ार तेज़ी से गर्माया गया है। अस्मिताओं को लेकर एक विशेष प्रकार की उच्चवर्गीय मानसिकता बघारी जा रही है। दोयम दर्ज़े के नागरिक तैयार किए जा रहे हैं; समानता के विचार को स्वाहा कर दिया गया है। यह सुविख्यात तथ्य है कि तानाशाही प्रवृत्तियाँ न तो संवाद चाहतीं और न करतीं। वे अपने मन का करती हैं। उन्हें अपने अलावा दूसरे की किसी भी तरह की दख़ल पसंद नहीं। तानाशाहियत अपनी हाँकने के अलावा कुछ नहीं करती- उसे सुनने से गुरेज है। अपनी सत्ता क़ायम रखने के लिए अफ़वाह उसका महान अस्त्र होता है। वह सभी शक्तियों को खारिज़ करती है। वह हमारी स्मृतियों को भी नेस्तनाबूद कर देना चाहती है।

इतिहास को विकृत करना तानाशाहों का पेशा होता है। हथकंडे अपनाकर स्वयं को सर्वश्रेष्ठ साबित करना उसका ध्येय होता है। वहाँ आत्मनिरीक्षण और आत्मपरीक्षण के लिए कोई स्थल नहीं होता। उसे सुविधा होगी, यदि देश के युवा और छात्र बेरोज़गार हों और सत्ता के पीछे लगकर उसका जयकारा लगाएँ। किसान अपने स्वत्व के संघर्ष में ख़त्म हो जाएँ; चारों ओर अराजकता फैल जाए; भय का एक स्थायी रूप विकसित हो जाए; आर्थिक परिवर्तनों का डंका बजता रहे; भले ही वास्तविक आर्थिक परिवर्तन का कहीं कोई नामोनिशान न हो। समूचे भविष्य की संभावनाएँ निरस्त कर दी जाएँ; सामाजिक विभाजन की रेखाएँ दिन दुगुनी रात चौगुनी बढ़ें; प्रेम करना पाप के समान हो; समाज में गुस्से और नफ़रत के लिए एक-दूसरे को ध्वस्त करने की विराट इच्छाएँ फलें-फूलें। इस दौर में ये चीज़ें निरंतर विकसित की जा रही हैं। जो सत्ता को आँख मूँदकर स्वीकार करे- वह राष्ट्रभक्त; जो मतांतर रखे, आलोचना करे, वह देशद्रोही! हमारा प्रजातंत्र अफ़रातफ़री की भयानक गर्जना में मस्त है। यह ऐसा दौर है; जिसमें धोखाधड़ी, मक्कारी और कपट का भयावह लावा दिन-ब-दिन फूट रहा है। रामकुमार कृषक ने यूँ ही नहीं कहा- "लोक पर जब भी कड़ा

पहरा हुआ/तंत्र से संबंध ही गहरा हुआ/हैं बहुत बेचैन घड़ियाँ तो यहाँ/आदमी ही कुछ अभी ठहरा हुआ/राष्ट्र तो फुटपाथ पर बेदम बिछा/और उनका राष्ट्रध्वज फहरा हुआ।''

प्रजातंत्र को निरंतर कमज़ोर बनाया जाता रहा और लोग टुकुर-टुकुर ताकते रहे। राजनीति में जोड़-तोड़ होती है; लेकिन वह मात्र जोड़-तोड़ नहीं है। अब तो लगता है, अनीति करना उसका स्थायी काम हो गया। चकमा देना, अपने काम से चौंकाना, कुछ भी अनाप-शनाप बोलना किसी भी तरह की राजनीति नहीं है। यह काम तो ठग-लुटेरे भी करते हैं। क्या प्रजातंत्र को तानाशाही के तंत्र में विकसित की जाने वाली योजनाएँ अबाध गति से चलती रह सकेंगीं? प्रजातंत्र ऐसी गाय नहीं है कि समूची अनैतिकताएँ उसे हाँकते हुए संविधान के दायरे से अलगाकर तानाशाही के विशाल खूँटे से बाँध दें। कभी-न-कभी तो हिसाब देना पड़ता है। विपक्ष प्रजातंत्र का अनिवार्य घटक है; लेकिन विपक्ष को धीरे-धीरे अवमूल्यित करते हुए और जनता को चकमा देते हुए क्या आप अपना रास्ता बना सकते हैं? विपक्ष की आवाज़ें सत्ता को सुननी पड़ती हैं; यदि उनमें दम है तो कार्रवाई करनी पड़ती है। प्रजातंत्र में उनको अनसुना करने का कोई रिवाज़ नहीं है। वह सत्तापक्ष को, उसके इरादों को बार-बार संकेतित करता है। कई बार वह राजनीति को राजनीति का खिलवाड़ और कबाड़खाना बनाकर ख़ुद भी दिशाहीन हो सकता है; लेकिन यदि विपक्ष अपनी भूमिका ठीक से नहीं निभाता तो जनता सत्ता की ख़ुद पहरेदारी कर लेगी; मूल्यांकन करेगी और इसमें दो राय नहीं है कि पाँसे पलट जाएँगे।

चलन कुछ यों हो गया है कि सत्तापक्ष अपने अतीत को भूलकर प्रतिपक्षी के अतीत को खंगालता रहता है; मूल मुद्दों से दूर हटकर देश की जनता की व्यथा को भी भूल जाता है। शीर्ष अदालतों को टेका लगा-लगाकर समय-समय पर प्रजातंत्र की लाज बचाने सामने आना पड़ता है; लेकिन आजकल न्याय-व्यवस्था के भी चीरहरण की हरसंभव कोशिश की जा रही है। सर्वोच्च न्यायालय के चार न्यायाधीशों ने भीष्म पितामह की परंपरा को नकारते हुए इस चीरहरण के ख़िलाफ़ आवाज़ उठाई थी। सत्तापक्ष इस समय जनतंत्र और आज़ादी की निरंतर गिरावट में लगा है। कभी-कभार वह प्रजातंत्र की छौंक लगाते हुए जनता को विश्वास में लेते हुए आगे बढ़ते दिखना चाहता है। सत्तापक्ष में रहते हुए यदि कोई भी दल प्रजातंत्र के ख़िलाफ़ निरंतर जा रहा है तो उसके बारे में लोग बोलेंगे ही। देवीप्रसाद मिश्र की एक कविता का यह अंश देखें- ''राजा ने आदेश दिया-बोलना बंद/क्योंकि लोग बोलते हैं तो राजा के विरुद्ध बोलते

हैं/राजा ने आदेश दिया- लिखना बंद/क्योंकि लोग लिखते हैं तो राजा के विरुद्ध लिखते हैं।''

स्वतंत्रता-आंदोलन के दौर में संघर्ष और बलिदान का मोल चुकाकर जिन्होंने लोकतांत्रिक प्रणाली का उपहार देश को दिया, उनके देश के प्रति समर्पण में कोई खोट नहीं था। इन्हीं नायकों को आज छोटा-बड़ा बताकर और उनके विचारों को आपस में भिड़ाकर वैमनस्य फैलाया जा रहा है। क्या हम आम जनमानस की भावनाओं को इतिहासविहीन बनाना चाहते हैं? प्रजातंत्र का बेजा फ़ायदा उठाकर राजा-रजवाड़ों का दौर लौटाना चाहते हैं। बहुत पहले मुंशी प्रेमचंद ने लिखा था- ''मुझे अब इस डेमोक्रेसी में भक्ति न रही।... जिसे हम डेमोक्रेसी कहते हैं, वह व्यवहार में बड़े-बड़े व्यापारियों और ज़मींदारों का राज है और कुछ नहीं। चुनाव में वही बाजी ले जाता है; जिसके पास रुपए हैं।ख़ बड़े-बड़े पंडित, बड़े-बड़े मौलवी, बड़े-बड़े लिखने और बोलने वाले जो जुबान और क़लम से पब्लिक को चाहे जिस तरफ़ फेर दें। सभी सोने के देवता के पैरों पर माथा रगड़ते हैं।'' (गोदान)

हमारे सामने कार्रवाइयों से, ख़तरनाक इरादों से, कथनी और करनी के अंतर से बार-बार प्रश्नवाचक बनते हैं। यह सही है कि हम लंबे अरसे से आज़ाद हैं। यह भी सच है कि यहाँ लोकतांत्रिक व्यवस्था है; लेकिन क्या वजह है कि इसी व्यवस्था में कोई प्रथम कोटि का नागरिक बन जाता है तो कोई दयनीय कोटि का। धार्मिक भेदभाव और असमानताएँ देश में दहाड़ती घूमती हैं। क्षेत्रवाद और दहशतवाद को बढ़ावा दिया जा रहा है; ताकि हिंसा का लावा फूटता रहे; भ्रष्टाचार एक ऐसे तंत्र के रूप में विकसित हो जाए कि उसके सामने सब निरीह हो जाएँ। हमारा प्रजातंत्र आँधियों और तूफानों के बीच घिर गया है। हम इसकी क़ीमत नहीं जान-पहचान रहे हैं। बहुत पहले हो ची मिन्ह ने अपनी एक कविता में लिखा था- ''पराधीनता से श्रेयस्कर है मृत्यु/गर्वोन्नत लहरा रहे हैं सर्वत्र मेरे देश में/जनविद्रोह के झंडे/उफ़ कितना दुःखद है ऐसे समय में बंदी होना/बेकल और मुक्त होने को/भागकर युद्ध में शामिल हो जाने के लिए।''

इस तड़प और पीड़ा को आज के दौर में समझने की ज़रूरत है और हर हाल में आज़ादी और प्रजातंत्र को बचाया जाना चाहिए। खुली हवाओं में साँस लेते रहने के लिए संवैधानिक संस्थाओं को लगातार विकसित किया जाना चाहिए; जबकि इसका उलटा हो रहा है। भारत में आधुनिक प्रजातंत्र का विचार यूरोप से ज़रूर आया था; मगर उसमें काफ़ी रद्दोबदल भी हुई। हमारा प्रजातंत्र

एक तरह से अंग्रेज़ी राज और उससे लड़ते स्वतंत्रता-आंदोलन की टक्कर से पैदा हुआ भारत में यूरोप की तरह विकसित पूँजीवाद, औद्योगिक समाज, मज़बूत धर्मनिरपेक्षता, साक्षरता और अख़बारों की व्यापक पैठ, उदारवादी राजनीतिक विचारों का बोलबाला आदि कारक मौजूद नहीं थे; जिन्होंने आधुनिक प्रजातंत्र को संभव किया और मज़बूत बनाया। भारतीय प्रजातंत्र के साथ गनीमत यह है कि जब से इसका जन्म हुआ है, संकट किसी-न-किसी रूप में इसके पीछे पड़े ही रहे हैं- क़बायली हमला, भारत-चीन व भारत-पाक युद्ध, आपातकाल, प्रधानमंत्रियों की हत्या, गठबंधन सरकारें, 84 के दंगे, गुज़रात-नरसंहार आदि। लेकिन प्रजातंत्र ने इनसे टकराकर अपनी जीवनी शक्ति की आजमाइश की। इसकी प्रतिरोधक शक्ति का राज भी यही है। इस प्रतिरोधक शक्ति को बढ़ाने के लिए चुनाव-सुधार, विकेंद्रीकरण, संवैधानिक संस्थाओं की स्वायत्तता, नागरिक अधिकारों के क़ानून, पुलिस-सुधार, आर्थिक सुधार और मानवाधिकारों के टीके लगाने ही पड़ेंगे। आम जनता के साथ-साथ हर क्षेत्र के बुद्धिजीवियों का इसमें विशेष दायित्व और भूमिका है। विश्व-प्रसिद्ध जर्मन कवि ब्रेख़्त कह भी गए हैं-

"कोई नहीं पूछेगा कि अखरोट का दरख़्त कब झूम उठा
पूछेंगे- सरकार ने कब मज़दूरों को कुचल कर रख दिया
कोई नहीं पूछेगा कब नन्हें हाथों ने
चिकने पत्थर से तालाब में ख़ूबसूरत लहरें उठाईं
पूछेंगे- जंग की तैयारी कब शुरू हुई
कोई नहीं पूछेगा कब हुस्न कमरे में दाख़िल हुआ
पूछेंगे आवाम के ख़िलाफ़ साज़िशें कब तैयार हुईं
नहीं कहेंगे कि वक़्त बुरा था
पूछेंगे- तुम्हारे फनकार क्यों ख़ामोश थे?"

काल से मुठभेड़

"समय के भीतर
और समय से परे
एक अनंत विस्तार
काल के इर्द-गिर्द
एक अनंत काल
उसी में कहीं हमारा बसेरा।"

समय को लेकर अनेक तरह के प्रश्नांकन होते रहे हैं। जो समय पर समझ जाए, ज्ञानी और जो समय से पहले समझ जाए, महान कहलाता है। समय की गणना के लिए हमारे इतिहास में कई प्रविधियाँ रही हैं, लघुत्तम भी और महत्तम भी- त्रुटि, वेद, लौ, निवेश, क्षण, काष्ठा, लघु, नाड़िका, भूर्त, प्रहर, शाम, दिन, पक्ष, मास, और वर्ष इत्यादि। मनुष्य के समय और देवलोकीय समय में भी अंतर रहा है। काल निर्णय के आधार पुख़्ता रहे हैं। गणित, आकाशमंडल के ग्रह, नक्षत्र और ऋतु-चक्र अंततोगत्वा समय-निर्धारण के नाप-जोख भी हैं। समय के शुभ-अशुभ होने की चर्चा, पूर्वानुमान के अनुसार घटनाओं पर नियंत्रण करने की प्रवृत्ति भी रही है। श्यामाचरण दुबे का मानना है कि- "इन प्रवृत्तियों की पृष्ठभूमि में जो विश्वास थे, उन्होंने समय को एक सक्रिय भूमिका देकर उसे भविष्य का नियंता बना दिया। समय होत बलवान या समय का फेर जैसी मान्यताएँ समय को एक स्वतंत्र कारक के रूप में देखती हैं।" (समय और संस्कृति, पृष्ठ-57)

समय नाना प्रकार के खेल खेलता है। परालौकिक और दिव्य, मिथक और धार्मिक विश्वास, वैज्ञानिक उपलब्धियाँ इसे नए-नए रूपों में सजाते हैं। समय एक ढाँचा बनाता है और आने वाला समय उसे छिन्न-भिन्न कर देता है। फिर नए ढाँचे बनते हैं और यह प्रक्रिया अबाध चलती रहती है। समय किसी को

नहला बना देता है तो किसी को दहला। कोई राजा से रंक बन जाता है और कोई रंक से राजा; कोई राई से पहाड़ और कोई पहाड़ से राई; लेकिन मुझे लगता है कि गुण और कर्म ही इसका नियमन करते हैं।

मेरी माँ एक उदाहरण दिया करती थी- 'राजा नल अबेरा परी, भूँजी मछरी दह में गिरी', अर्थात् जब राजा नल के सामने विपत्तियाँ आईं तो खाने के लिए जिस मछली को भूना गया था, वह नदी की दहार में कूद गई, अचानक जीवित होकर! न मानें तो भी समय-परिवर्तन की प्रक्रिया में इसे देखना ही चाहिए। हम ख़ुशनुमा मौसम में नहीं हैं। समय विकराल है। युद्ध, नफ़रत, तंगहाली, ग़ैर-बराबरी, भावभरी सनक, पागलपन, युद्ध-यंत्रणा, जहालत चरम पर हैं। वैभव और आत्मतुष्टि का खुला प्रदर्शन हो रहा है। एक कविता की कुछ पंक्तियों में इस यातना का जीता-जागता चित्र देखें- "ये किस तरह का समय है/जब पेड़ों के बारे में बात करना लगभग अपराध है/क्योंकि इसका मतलब/इतनी सारी दहशत के समक्ष एक ख़ामोशी है।"

समय-निर्धारण के हमारे और भी तरीके हैं। प्रागैतिहासिकता, प्राचीनता, मध्यकालीनता, अर्वाचीनता, आधुनिकता या उत्तर आधुनिकता- ये सब समय की माप को ही इंगित करते हैं। प्राचीनता के वे मूल्य, जो हमें उपयोगी लगते हैं, हम ग्रहण करते हैं और उत्तर आधुनिकता के मूल्य हमें यदि दुराग्रहपूर्ण लगते हैं, तो उन्हें हम छोड़ देते हैं या टाल देते हैं। ग्रहण और त्याग की यह परंपरा समय को ही बार-बार बदलती है। ग्रहण और त्याग की यह दुनिया हमें कई रूपों में सजी-सँवरी लगती है। समय की लीला हमेशा कभी ठीक लगती है, कभी हमें साँसत में डालती है। वि. अफ़नास्येव मानते हैं- "अपने चारों ओर की चीज़ों को गौर से देखने पर हम पाते हैं कि उनमें से प्रत्येक न सिर्फ़ गतिमान हैं, बल्कि प्रत्येक का देश में विस्तार है अथवा यदि सरल शब्दों में कहा जाए तो प्रत्येक के आयाम भी होते हैं। वस्तुएँ बड़ी हों या छोटी, पर सबमें लंबाई, चौड़ाई और ऊँचाई होती है। वे एक ख़ास स्थान घेरती हैं और उनका घनमान होता है। प्रकृति के अंदर वस्तुओं के आयाम ही नहीं होते; बल्कि वे एक-दूसरे की सापेक्षता में एक ख़ास ढंग पर अवस्थित होती हैं। उनमें से कुछ औरों की अपेक्षा हमसे दूर अथवा नज़दीक, उँची या नीची, दाएँ या बाएँ होती हैं।" (मार्क्सवादी दर्शन, पृष्ठ-6) अतः धारणाएँ चाहे समय की हों या काल की, सबमें कुछ-न-कुछ परिवर्तन घटित होता रहता है। काल की परिकल्पनाएँ भौतिक प्रक्रियाओं के एक निश्चित क्रम को और उनकी वैकासिक स्थिति को उजागर करती हैं। माना जाता है कि काल एक दिशा में विकास करता है-

अतीत से भविष्य की ओर- वह आगे की ओर गतिशील होता है; इसलिए कि काल उल्टा नहीं चल सकता। लेनिन ने कहा- "दुनिया में गतिमान पदार्थ के अलावा कुछ नहीं और गतिमान पदार्थ देश और काल के सिवा अन्य किसी ढंग से गतिमान नहीं हो सकता। (लेनिन, संग्रहीत रचनाएँ, खंड-14, पृष्ठ-175)

समय को हम जितनी गहराई से खोजने का प्रयास करते हैं, उसके अतीत और वर्तमान को लेकर उतने ही प्रश्नांकन होते चलते हैं। आने वाले समय के लिए हमारे सपनों, हमारी सोच-प्रणाली में भी अनेक तरह की कौंध काम करती रहती है। समय की प्रकिया एक सतत चलने वाली प्रक्रिया है। समय और मनुष्य परिस्थितियों के तमाम स्वरूपों को अपनी-अपनी तरह से देखते-सुनते हैं। प्रश्न है कि हम समय को किस ओर से देख रहे हैं और उसके साथ किस तरह का व्यवहार कर रहे हैं। हमारे साथ एक ही समय में स्वप्न भी चलते हैं और यथार्थ की पेचीदगियाँ भी। व्यक्ति का मनोसंसार समाजिक संरचनाओं, परिस्थितियों और भौतिक वास्तविकताओं के साथ संचालित होता है। प्रश्न है कि हम समय के सवालों से कैसे टकराते हैं?

समय और आदमी की मुठभेड़ तो निरतंर होती रहती है। समय के तमाम परिप्रेक्ष्यों में ज़िंदगी की सच्चाइयों के जो रूप दिख रहे हैं, वे कभी-कभी हमें बहुत भयानक रूपों में उजागर होते हुए मालूम होते हैं; क्योंकि यथार्थ भयावह भी होता है और मारक भी। समय के थपेड़ों को झेले बिना हम जीवन-यात्रा और विकास-यात्रा तय नहीं कर सकते। रूपरेखा वर्मा का मानना है- "बीता हुआ समय हमारे साथ कुछ ऐसे रहता है, जैसे कि गुज़र गया व्यक्ति। विगत समय अपने वर्तमान में कटु और कठोर होते हुए भी अपने विगत होने के यथार्थ से जुड़ते ही मोहक और क्षम्य हो जाता है। इसीलिए हम बहुत बार वर्तमान के प्रति अति आलोचनात्मक और विगत के प्रति उदार और भावुक हो जाते हैं। इस भावुकता से बचते हुए देखने की कोशिश करें तो मुझे लगता है कि इक्कीसवीं सदी के यथार्थ में जहाँ एक ओर अधिक उलझी ज़िंदगी और रिश्ते हैं, वहीं दूसरी ओर युवाओं के एक बड़े वर्ग में अपने प्रति अपेक्षाकृत अधिक सुलझी समझ और अवसरों की उपलब्धता है।" (संवाद, अंक 10, पृष्ठ-177)

समय किसी की प्रतीक्षा नहीं करता। उसकी प्रतीक्षा सबको करनी पड़ती है। हमें अपने कार्यों की सफलता के लिए समय के साथ चलना होता है, तभी समय हमारा साथ देता है और हमारी मनोभावनाओं को परवान चढ़ाता है। बेंजामिन फ्रेंकलिन ने कहा था- "आप रुक सकते हैं; लेकिन समय आपके

लिए नहीं रुकता। यह पहेली नहीं, एक जीवंत हक़ीक़त है। समय की आँख सबको देखती है; वह अपने तईं सभी के साथ समान व्यवहार करती है। उसके व्यवहार-शास्त्र में कोई दुराव-छिपाव नहीं होता। सबका समय एक जैसा नहीं होता। हाँ, समय सबको भासता है।'' प्रख्यात कवि विनोदकुमार शुक्ल ने कहा है- ''सबके हिस्से की हवा वही हवा नहीं है/अपने हिस्से की भूख के साथ/सब नहीं पाते हैं अपने हिस्से का भात/बाज़ार में जो दिख रहा है/तंदूर में बनती हुई रोटी/सबके हिस्से की बनती हुई रोटी नहीं है/जो सबकी घड़ी में बज रहा है/वह सबके हिस्से का समय नहीं है।'' ('अपने हिस्से में लोग आकाश देखते हैं' का कवितांश)

समय की अवधारणा के बारे में भारतीय चिंतन-परंपरा में गंभीर विमर्श हुआ है। हमने समय की निरंतरता के बारे में कई कोणों से मंथन किया है; अतीत, वर्तमान और भविष्य के बारे में विचार किया है। इन सबमें एक तरह का संतुलन है। जो अतीत पर टिके हैं, उनकी सोच-प्रणाली में पीछे की ओर लौटने के उपक्रम आपको नज़र आएँगे। जो वर्तमान को केंद्रित करके विचार करते हैं, उन्हें असंतोष के रास्ते गुज़रना पड़ता है और जिनकी दृष्टि भविष्य को देखती है, वे एक तरह के स्वप्नजीवी हैं। इसलिए वर्तमान, अतीत और भविष्य की ओर देखने का नज़रिया इन तीनों को समन्वित रूप से देखने-परखने का रहा है। हमारी निगाह यदि सभी आयामों पर है तभी हम समय को कुछ अंशों तक पकड़ सकते हैं।

समय की पड़ताल करना सहज नहीं है। समय के अंतर्विरोधों को मापने के रास्ते जटिल और पेचीदा हैं। इसलिए समय को तोलने में यदि संतुलन नहीं है तो तय है कि हम औंधे मुँह गिरेंगे और हमारा समूचा विश्लेषण चकनाचूर हो जाएगा। योग वशिष्ठ में समय के बारे में यह अवधारणा है- ''काल का रूप-आकार कुछ भी नहीं, पर काल भी तुझको एक पदार्थ की नाईं फुर आया है। चित्त में पदार्थ काल से भासते हैं और काल पदार्थ से भासता है।'' परिणामस्वरूप हम अपने जीवन में निरंतर खुशियों की तलाश करते हैं; संघर्षों और चुनौतियों से टकराते हैं। फिर भी चाहे जितना भुलाएँ, बीता हुआ समय हमारे जीवन में लगातार आता रहता है। यही नहीं, बीता हुआ समय कुछ खुशियाँ, कुछ पीड़ाएँ देकर चला गया और आने वाला समय अस्तित्व में जब आएगा, हमें यथार्थ से परिचित कराएगा और सच तो यह है कि हम जी रहे हैं वर्तमान में और कामना कर रहे हैं आने वाले भविष्य की।

महाकवि ब्रेख़्त उस समय को साक्षात करते हैं, जब ऊपर-ऊपर भी और नीचे की सतहों में हर कहीं त्रास और यंत्रणा है; लेकिन यह हमारा विश्वास ही है; जिसके बल पर हम जीवित और आशान्वित हैं- "यह सच है कि अँधेरे समयों में जीता हूँ/जब एक निष्कपट शब्द मूढ़ता है/एक सपाट मस्तक संवेदनहीनता का संकेत/उस तक अभी भयानक ख़बर नहीं पहुँची है।" समय के प्रवाह में उसकी गति और ऊष्मा में कभी भी एकरसता और एक़देशीयता नहीं होती। एक ही समय में कई तरह की धाराएँ, कई तरह के चिंतन और कई तरह की कार्यवाहियाँ जारी रहती हैं। समाज के तौर-तरीके भी एक-से नहीं होते। समय के प्रवाह को केवल दृष्टि, परिवेश और पारिस्थितिकी से हम थाह नहीं सकते; उसके लिए गहरी अंतर्दृष्टि और मानवीय मूल्यों से व्यापक सरोकारों की ज़रूरत होती है।

समय की मार से कौन बचा है? राजा नल को यह मार सहनी पड़ी। सत्यवादी हरिश्चंद्र, राम, कृष्ण कोई भी नहीं बचा। इसलिए समय के ऊपर कोई नहीं है। रहीम ने अनुभव साझा किया है- 'रहिमन चुप ह्वै बैठिए, देख दिनन के फेर।' यह समय का ही फेर है कि मानवीय मूल्यों की चिंता से रहित हम एक ऐसे रास्ते पर जा रहे हैं; जहाँ अँधेरे के अलावा कुछ भी नहीं है; लेकिन हमारी यात्रा जारी है। हमें यह नहीं भूलना चाहिए कि जिन अंग्रेज़ों के राज्य में कभी सूर्य डूबता ही नहीं था, वहीं सूर्य एक कोने में अपना-सा मुँह लिए खड़ा है। प्रतापी पांडवों के बारे में कौन नहीं जानता; लेकिन जब समय ने पलटी खाई तो उनकी हेकड़ी और बहादुरी चरमरा गई। कहा भी गया है-

पुरुष बली नहीं होत है, समय होत बलवान।
भिल्लन लूटी गोपिका, ओइ अर्जुन ओइ बान।।

समय का कोई एक कोण नहीं होता। उसमें वैज्ञानिकता भी होती है तथा परालौकिक और दिव्य तत्त्व भी आपस में क्रिया करते हैं। समय आशा, भ्रम जैसे दोनों तत्त्वों को हमारे सामने रखता है। समय के विस्तृत फलक पर नियति के कोई संबंध नहीं हैं। हम समय की शक्तियों के साथ हस्तक्षेप भी करते हैं; उनका अनुकूलन अपने लिए करना चाहते हैं; लेकिन यह हमेशा संभव नहीं होता। डॉ. श्यामाचरण दुबे ने एक संकेत दिया है- "समय और संस्कृति में निकट संबंध है- प्रत्यक्ष और अप्रत्यक्ष। अनुभव तथा स्थूल और सूक्ष्म गणना के आधार पर मनुष्य ने समय को मापना आरंभ किया है।ख्र समय की ओर अधिक विश्वसनीय जानकारी के लिए धीरे-धीरे अनेक प्रकार की घड़ियाँ विकसित की गईं- छाया घड़ी, जल घड़ी, रेत घड़ी। जलपोतों पर पहरे के

समय (वॉच) का निर्धारण करने के लिए घड़ियों का उपयोग किया गया।" (समय और संस्कृति, पृष्ठ-55)

आश्चर्य की कोई बात नहीं कि झूठ सिंहासन पर विराजमान है और सच्चाई की खुलेआम हत्या हो रही है। झूठ और सच्चाई के लंबे संघर्ष के हमारे पास अनंत रिकार्ड हैं। दूर जाने की ज़रूरत नहीं! बड़े-बड़े प्रतापी पिता उम्र के आख़िरी पायदान में किस तरह संतान के सामने पराश्रित जैसा जीवन व्यतीत करते हैं। बड़े-बड़े अधिकारी, राजनेता वर्षों से बिस्तर पर पड़े हैं या जो पहले प्रतापी थे अब कोई उन्हें खरी को नहीं पूछता? यह समय का सत्य नहीं है तो और क्या है? पद, अधिकार, दायित्व सब सपनों से ही बँधे हैं और समय के बियावान में अपने लिए अर्थ तलाशते हैं। समय क्या-क्या खेल दिखाए, कैसे-कैसे खेल खेल जाए, कुछ भी निश्चित नहीं है। आदमी सत्ता पाते ही किस गुमान में डूब जाता है, किस नशे में गाफ़िल हो जाता है कि उसे पता ही नहीं रहता कि वह कर क्या रहा है? किन ग़लत परंपराओं का शिलान्यास कर रहा है। जो दूसरों के लिए कांटे बोते हैं उन्हें उन्हीं कांटों से होकर गुज़रना पड़ता है। यह सही है कि हम संघर्ष करें, लेकिन समय के अनुसार कुछ चीज़ें स्वीकार करते हुए आगे बढ़ें, अन्यथा दुःखी होने के अलावा कोई दूसरा चारा नहीं है।

समय के बारे में स्टीफ़न हॉकिंग ने एक क़िताब लिखी थी- 'अ ब्रीफ़ हिस्ट्री ऑफ़ टाइम' (समय का संक्षिप्त इतिहास)। उसमें वह एक जगह लिखते हैं- "मैं अब भी यह मानता हूँ कि वास्तविक समय में ब्रह्मांड का प्रारंभ था, महाविस्फोट के रूप में; लेकिन एक दूसरी तरह का समय भी है, काल्पनिक समय- जो वास्तविक समय के समकोण पर अवस्थित है और जिसमें ब्रह्मांड का न प्रारंभ है न ही अंत। इसका अर्थ यह हुआ कि ब्रह्मांड की शुरुआत कैसे हुई, ये तय होगा भौतिकी के नियमों से। किसी को ये नहीं कहना पड़ेगा कि ईश्वर ने किसी ऐसे निरंकुश तरीके से ब्रह्मांड की रचना की; जो हमारी समझ से बाहर है।"

समय की माप हर किसी की अपनी होती है। जो सभा देखकर टोपी बदलता है, वह अपना विकास तो करता रहता है; लेकिन उसकी आत्मा मर जाती है; उसकी आत्मा में ग्रहण लग जाता है। इन मरी हुई आत्माओं का कोरस इक्कीसवीं शताब्दी के प्रारंभ में ही नहीं, पूरे समय आप सुभीते से सुन सकते हैं। प्रख्यात आलोचक और कवि अशोक वाजपेयी का मानना है कि "समय के साथ हमारी उलझन का एक और पहलू भी है। मनुष्य होने के नाते हमें समय

का गहरा और सजग बोध होता है। चिड़ियों, पत्तियों या चट्टानों का शायद समय नहीं होता। अगर होता भी हो तो वह मानवीय समय से काफ़ी अलग होता होगा। अधिकतर वह प्राकृतिक समय ही होता होगा। मनुष्य की तरह ऐतिहासिक, सामाजिक समय नहीं।'' (समय से बाहर, पृष्ठ-12)

हम समय को भिन्न-भिन्न रूपों में देखना और पाना चाहते हैं; उसे मात्र अपनी तरफ़ झुकाना चाहते हैं। समाज और राष्ट्र के लिए उसे खारिज़ कर देना चाहते हैं। हम जब अपनी पर आ जाते हैं तो हमारे पास किसी रिश्ते-नाते के लिए ज़रूरी-से-ज़रूरी बात के लिए भी समय नहीं होता। जैसे तानाशाह के पास अपने अलावा किसी के लिए समय नहीं होता। एक कविता में कहा गया है- ''बाज़ार की धमक/समूचे ब्रह्मांड में/रिश्ते-नाते, मूल्य और मूल्यों के पहरुए/ठेले जा रहे हैं/सत्ता, बाज़ार, धर्म के व्यापार/हिंसा और आतंक के भूमंडलीकरण में/नए ज्ञान-संसार की आँधी में/तलवार की धार जैसे समय में/जो भी हिम्मत करेगा, कट जाएगा/और जिसने कटने की नियति को/वरण किया, सहर्ष स्वीकारा/वही तो टेर लगाएगा/हम न मरब मरिहै संसारा।''

कहा जाता है कि कोई भी वक़्त का गुलाम नहीं बनना चाहता; लेकिन वक़्त की हैसियत और उसकी चाल को समझना पड़ता है। हम हमेशा वक़्त के थपेड़े सहते हैं। इसीलिए ज़्यादातर वर्तमान के आगोश में समाए रहते हैं। हम अक्सर खुशियों की चाहत रखते हैं; लेकिन हमेशा खुशियाँ नहीं मिलतीं। एक्हार्ड टाल्य ने अपनी क़िताब 'द पावर ऑफ़ नॉउ' में वर्तमान की वास्तविकता पर ध्यान केंद्रित किया है। वे मानते हैं- ''जिसे हम जीवन कहते हैं, दरअसल उसे हमारी जीवन-परिस्थिति कहना चाहिए। वह मानसिक समय है- भूत और भविष्य। बीते हुए कल में कई घटनाएँ वैसी नहीं हुईं, जैसी कि आप चाहते हैं।''

समय के बारे में सभी की अवधारणाओं में काफ़ी अंतर है। एक ही समय में बात करते हुए भी हम अक्सर अलग-अलग समयों को नाप-जोख रहे होते हैं। कभी हम आर्थिक, सामाजिक समय की बात करते हैं; कभी हम सांस्कृतिक समय की बात करते हैं और कभी हम तासीर जाँचते हुए उसे तलवार की धार-सा समय बताते हैं; कभी उसे लाठी-गोली का समय कहा जाता है; कभी उसे गुंडा समय कहा जाता है। ये तमाम सोच-विचार बताते हैं कि हम समय को कितने कोणों से देख-परख रहे हैं; कितने आयामों और माध्यमों से उसे तलाश रहे हैं। कुमार अंबुज अपनी एक कविता में लिखते हैं-

"और वक़्त की एक छोटी-सी लाठी, जिसके सहारे/अनिर्णयों का अरण्य पार करना था।" तो दूसरी ओर शायर निदा फ़ाज़ली कहते हैं-

वक़्त नदियों को उछाले कि उड़ाए पर्वत।
उम्र का काम गुज़रना है, गुज़र जाएगी।।

अशोक वाजपेयी यह मानते हैं कि समय हमारे अस्तित्व का वस्तुगत आयाम नहीं, विचारगत आयाम है और श्यामाचरण दुबे की सोच है- "समय की अवधारणाओं में वैज्ञानिक तथ्यों के अतिरिक्त परालौकिक और दिव्य तत्त्व घुल-मिल जाते हैं। वैज्ञानिक उपलब्धियाँ मिथकों और धार्मिक विश्वासों की छाया में फलती-फूलती हैं। समय कभी आशा का संचार करता है; कभी भय की भावना को जाग्रत करता है। बीसवीं सदी का अंत और इक्कीसवीं सदी का आगमन ऐसा ही प्रस्थान-बिंदु है- नाटकीय और रहस्यमय। उसे देखने-समझने में वैज्ञानिक और मिथकीय मानसिकताओं का संमिश्रण होता है। नई सदी में हम वह देखते हैं; जो देखना चाहते हैं। यह इच्छापूर्ति का अव्यक्त और अप्रत्यक्ष तरीका है।" (समय और संस्कृति, पृष्ठ-58)

हम जो भी जीवन जीते हैं, वह सहज नहीं होता। हमें निरंतर संघर्ष करना पड़ता है; अपनी जिजीविषा को सुरक्षित रखना पड़ता है। वर्तमान में भविष्य की यात्रा हम यूँ ही नहीं कर लेते। हम संवेदनात्मकता को हमेशा बचाए रखने की कोशिश करते हैं। हरेराम समीप के दो शेर ध्यान से देखें- "कटे हैं पंख तो भीतर उड़ान ज़िंदा है/मेरी ज़मीन मेरा आसमान ज़िंदा है/भले ही गाँव मेरा छिन गया शहर आकर/ज़हन में गाँव का अब भी मकान ज़िंदा है।" ज़ाहिर है कि समय के भीतर और समय से परे समय के बारे में हमारी अवधारणाएँ परिवेश, पारिस्थितिकी, संघर्षशीलता और लोक-व्यवहार के विभिन्न धरातलों के मार्फत पहचानी जाती हैं। सृजन का समय, विध्वंस का समय होने, रहने और परे जाने की चिंतनात्मक प्रक्रियाएँ आख़िर हमें कहाँ छोड़ती हैं? परिवर्तन और विकास की परिधि में भी हम समय को ही आँकते हैं।

हमारे सामाजिक परिवर्तन और विकास के सुफलों में भी समय की भूमिका है; कितनी है, क्यों है, कैसी है- यह भी हमारे दायरे में है और इससे ऊपर भी है। कॉलरिज ने कहा था- "कोई जो समय में नहीं, न ही वर्तमान, अतीत या भविष्य में; लेकिन समय के बगल में रहता है।" काल और समय सभी को एक जैसे नहीं भासते। सभी का अनुभव अलग-अलग होता है; लेकिन क्या कोई समय या काल से निरपेक्ष या तटस्थ रह सकता है? अल्बर्ट आइंस्टाइन ने सापेक्षवाद का सिद्धांत प्रतिपादित किया था; जो संभवतः देश और

काल का एक़दम आधुनिक सिद्धांत है। वि. अफ़नास्येव का मानना है– "सापेक्षवाद के सिद्धांत के अनुसार देश और काल स्वयमेव नहीं बदलते, वे अपने अभिन्न अंतस्संबंध को लेकर ही परिवर्तित होते हैं। यह अंतस्संबंध इतना दृढ़ है कि ये दोनों एक अटूट समष्टि बन जाते हैं और कालमानव एक चौथे आयाम की (त्रिआयामों के अतिरिक्त एक और आयाम की) भूमिका ग्रहण कर लेता है। सापेक्षवाद का सिद्धांत देश और काल के आंगिक संबंध को एक सर्वथा गणितीय अभिव्यक्ति भी प्रदान करता है।" (मार्क्सवादी दर्शन, पृष्ठ–72, 73)। काल और समय संबंधी अवधारणाएँ निरंतर प्रवहमान और गतिमान हैं। प्रश्न अनेक हैं, रहस्य अनेक हैं, जिज्ञासाएँ अनेक हैं; लेकिन खोज और निर्माण की प्रक्रिया अब भी जारी है।

यह कहना मुश्किल है कि समय का व्यवहार, उसकी प्राप्ति और उससे मुठभेड़ और उससे एकता के क्या सूत्र होंगे, इन सब पर विचार कर पाना आज भी और आगे भी कठिन होगा। जितना हम समय को जानते हैं उतना ही नहीं भी जानते हैं। दरअसल यही समय की पेचीदगी है; इसलिए हमें बार–बार समय के बारे में विचार और पुनर्विचार करने की ज़रूरत पड़ती है। समय का पहिया कभी थमता नहीं है। समय ने बड़ों–बड़ों को रुख़सत कर दिया है और छोटों–छोटों को ताज पहना दिया है। समय के सामने किसी की क्या औकात? वह कुछ भी दिखा सकता है, कुछ भी बना सकता है और कहीं भी ले जा सकता है। अजमल अजमली की निम्न पंक्तियाँ हमें सोचने के लिए विवश करती हैं–

"वक़्त-ए-सफ़र करीब है बिस्तर समेट लूँ
बिखरा हुआ हयात का दफ़्तर समेट लूँ
ग़ैरों ने जो शुरू किए उनका क्या गिला
फेंके हैं दोस्तों ने जो पत्थर समेट लूँ
अजमल भड़क रही है जमाने में जितनी आग
जी चाहता है, सीने के अंदर समेट लूँ।"

प्रश्नाकुल दिमाग़ एक नियामत है

हमारे आसपास जो घट रहा है, उससे हम अक्सर विचलित होते हैं। यह कोई आज की बात नहीं है। आदिम युगों में भी मानव अपने आस-पास हुए परिवर्तनों को लेकर अपनी तरह से प्रतिक्रिया व्यक्त करता ही रहा होगा। प्रागैतिहासिक काल से लेकर कांस्य और लौहयुग होते हुए आधुनिक समय तक अनेक प्रकार के प्रश्न उठते रहे हैं- कुछ सार्थक, कुछ निरर्थक। प्रश्न उठना और उठाना कोई ख़राब लक्षण नहीं है। यदि प्रश्न उठेंगे, तभी तो उनके उत्तर खोजे जाएँगे। इसके पश्चात् फिर प्रश्न उठेंगे, फिर उत्तरों की तलाश होगी। यह एक अनवरत प्रवाह और प्रक्रिया है। प्रश्न न उठते, तो लीक से हटकर सोचने वाले लोग नए-नए आविष्कार भी न कर पाते। पेड़ से सेब के फल का नीचे गिरना सनातन है; लेकिन एक प्रश्नाकुल दिमाग़ हमें गुरुत्वाकर्षण के सिद्धांत की ओर ले जाता है। भाप से किसी भी बर्तन का ढक्कन पहली बार तो उछला नहीं था; लेकिन एक कौतूहलभरी बारीक नज़र भाप की ताक़त पहचानकर रेल के इंजन का निर्माण करा देती है।

अनुसंधानकर्ताओं ने जिन आविष्कारों को हमारे सामने रखा, उनका अस्तित्व अचानक नहीं घटित हुआ है। प्रश्नों की एक लंबी श्रृंखला और उनके रहस्यों की खोज इसका कारक रही है। विज्ञान के प्रश्न, दर्शन के प्रश्न और मोटे तौर पर जीवन के प्रश्न गूढ़ होते हैं- मरने के बाद जीव का क्या होता है? ज़वाब मिला- जीव ऐसा आत्मा है; जो न गलता है, न जलता है, न बहता है, न रुकता है। संभवत: आत्मतत्त्व और परमतत्त्व का अन्वेषण इन्हीं सूत्रों से हुआ होगा। कितना सही है और कितना ग़लत- यह हमारे मानने की प्रणाली पर निर्भर है। प्रश्न उठता है कि आदमी के भीतर जो ताक़त और ऊर्जा होती है वह कैसे आती है? उसके अंदर कौन-सी मशीन लगी हुई है; जिससे पानी निकलता है, गंदगी निकलती है, पसीना बहता है,

सर्दी और गर्मी का आभास होता है। संभवतः इन तत्त्वों की खोज या इनका रहस्योद्घाटन एक नई दुनिया रचता है; वह हमारी जानने-समझने की इच्छा को बलवती बनाता है; हमें कुछ कर गुज़रने के लिए उकसाता है; हमारे कौतूहल को नए-नए पंख और आयाम देता है। अध्यात्म की दुनिया और पदार्थ की जीवंत दुनिया के भले ही अलग-अलग ध्रुव हों; लेकिन इन सभी का रिश्ता ठोस जीवन से है।

प्रश्नों का सामना तो गौतम बुद्ध को भी करना पड़ा था। जरा-मृत्यु, सुख-दुःख के उत्तरों की खोज करते हुए, आत्मपरीक्षण करते हुए उन्हें बुद्धत्व की प्राप्ति हुई थी; लेकिन क्या इन प्रश्नों के संतोषजनक उत्तर आज भी खोज लिए गए हैं? शायद नहीं! हमने देखा है कि छोटे बच्चों की मासूम जिज्ञासाएँ तक ऐसी जटिल और विकट होती हैं; जिनके उत्तर देने में बड़े-बड़ों की घिग्घी बँध जाती है- जैसे कि आकाशमंडल में तारे क्यों हैं, धरती के भीतर इतने जल स्रोत क्यों है, इतनी धातुएँ क्यों हैं? आदमी साँस क्यों लेता है, आदमी मर क्यों जाता है? आदमी धरती की बजाय आकाश में क्यों नहीं रहता, वह तितली या हवाई जहाज की तरह उड़ता क्यों नहीं? कंप्यूटर की स्क्रीन पर बैठी हुई मक्खी मेरे माउस के एरो से क्यों नहीं उड़ती? हम अपनी-अपनी समझ के अनुसार वैज्ञानिक, मिथकीय या लोक-प्रचलित अवधारणाओं के सहारे उन्हें संतुष्ट करने का प्रयास किया करते हैं।

आज हम अपने आस-पास नज़र डालते हैं तो प्रश्न उठता है कि ईमानदारी से जीने का कोई सिस्टम बचा भी है या नहीं? लगता है कि चोर-लबार, लुटेरे, और धूर्त हमें विकास के रास्ते पर ले आए हैं। हमारे चारों ओर उन्होंने झूठ का, भ्रष्टाचार का, आचरणहीनता एवं अराजकता का एक वितान बना डाला है; हमारा भ्रष्टाचार के लिए अनुकूलन कर दिया है। वे हमें सच्चाई की राह पर चलने ही नहीं दे रहे हैं; जबकि ऐसा है नहीं। विकास प्रकृति का एक अमूल्य और ज़रूरी नियम है। यह सच है कि सच्चाई एक ऐसा जीवन-मूल्य है; जिस पर चलना बहुत कठिन है। सबके सामने प्रलोभन और फ़रेब का दलदल है। दुष्यंत कुमार के शब्दों में- "हो गई हर घाट पर पूरी व्यवस्था/शौक से डूबे जिसे भी डूबना है।" लेकिन जब हम उत्तर खोजेंगे, तो वह अपने भीतर ही मिलेगा। कबीर जब कहते हैं- 'बुरा जो देखन मैं चला, बुरा न मिलिया कोय,' तो इसी तरफ़ इशारा करते हैं। मार्ग चुनने का निर्णय हमारा स्वयं का है; भले ही हमें कोई दल-दल में पटक देने के लिए मुस्तैद हो; लेकिन जब हम दलदल वाले घाट तक ले जाने वाले रास्ते पर पाँव ही नहीं धरेंगे, तो भला कौन डुबा

सकेगा? दरअसल हमारे भीतर एक फिसलपट्टी मौजूद है; जो लार टपकाने को मज़बूर करती है और इस पर काबू न पाकर हम दूसरों पर दोष मढ़ते हैं।

यह बात सही है कि अनुकूलन वह विशेष प्रक्रिया है; जो हमें एक मुद्रा या साँचे में ढाल देती है और उसी मुद्रा में हमें ख़ुशी मिलने लगती है। चीन के महान लेखक लू शुन की बोध-कथा में एक मनुष्य अपने पापों के दंडस्वरूप अगले जन्म में कीड़ा बन जाता है। लेकिन जब उसे पहचानकर नाली में से निकलने के लिए साधु पुकारता है तो वह बाहर आने से साफ़ मना कर देता है; क्योंकि वह वहीं परम सुखी है; गंदगी के लिए अनुकूलित हो गया है। इस सदी के शुरुआती वर्षों से ही अनुकूलन की इस कार्यवाही में नया तंत्र काम कर रहा है। यह तंत्र हर किसी को अपनी अराजकता के दायरे में ले लेता है। इस तंत्र के नियंता ऊँचे दर्ज़े के पारखी हैं। किसे, कैसे किस हाल में अनुकूलित रखना है, वे बखूबी जानते हैं। लेकिन प्रायः हर दौर में ऐसे महानुभाव होते हैं; जिन्हें अनुकूलित करने की जहमत ही नहीं उठानी पड़ती। वे स्वयं अनुकूलित होने के लिए झंडा-झोरी लिए घूमते रहते हैं।

ऐसे लोग मौका और दस्तूर के हिसाब से दस्तार बदल लेते हैं और समझाते हैं कि वे जो कर रहे हैं, वही सही है। वे बरगद हैं, बाकी सब भटकटैया। उनके गुमान देखेंगे तो आप हैरत में पड़ जाएँगे। वे छाती ठोंककर साहित्य से सच्चा प्यार करने की घोषणा करते रहेंगे और घोर असाहित्यिकों की विरुदावलियाँ गाकर अधिकतम लाभ उठाएँगे; अख़बार-मालिकों, संपादकों, मीडिया-विशेषज्ञों और उनके सिपहसालारों की जूतियाँ सीधी करेंगे और 'संतन को कहा सीकरी सों काम' वाली त्यागी मुद्रा में दिखाई देंगे। आप उन्हें प्रणम्य मानते रहेंगे और वे परदे के पीछे प्रसाद व पारितोषिक के रूप में अपनी इमेज चमकाने और यश-संपदा बढ़ाने की जुगतें भिड़ाते रहेंगे। राजनीतिक क्षेत्र में ऐसे लोगों की बहुतायत है; मगर अब साहित्य का क्षेत्र भी अनुकूलन के शिकार और शिकाारियों का अरण्य बनता जा रहा है। इस आधुनिक अरण्य-कांड में ऐसे-ऐसे किरदार मिल जाएँगे; जो आत्मालोचन का नाटक रचते हुए अपनी महानताओं की छतरियाँ फैलाते हैं और अपनी ही जैसी दूसरी महान आत्माओं से मित्रता निभाते हुए साहित्य के शॉपिंग मॉल चलाते हैं। वे क्रांतिकारी, अति-क्रांतिकारी, प्रति-क्रांतिकारी, पुनरुत्थानवादी, धर्मध्वजाधारी आदि की पंगत में समाजवादी भाव से जीमते हैं। उनकी आत्मा का अनुकूलन कुछ इस तरह हुआ है कि उन्हें फूल और काँटे समान एहसास दिलाते हैं। उज्ज्वल भविष्य के लिए उन्होंने सुविधाओं का समाजशास्त्र साध लिया है।

यह धतकरम देख–सुनकर हमारे सामने नए प्रश्न आकर खड़े हो जाते हैं; जो अराजकों की ओर इशारा करते हैं। उत्तर खोजने के लिए हम नज़र दौड़ाते हैं तो पाते हैं कि ये किसी नवोन्मेषी आंदोलन वाले अराजक नहीं; बल्कि इनका गोत्रनाम ही उच्छृंखलता है। इन अराजकों ने संस्थानों, प्रदेशों और देश भर में बवाल काट रखा है। आस–पड़ोस और पूरे परिवेश में इनकी लंबीशृंखला मौजूद है। इनके चलते असहिष्णुता और विद्वेष दिन–ब–दिन चौड़े और सघन हो रहे हैं। विख्यात तथ्य है कि भारतीय जीवन का विश्वास सातत्य और सामूहिकता में है। हमारे पास परंपराओं के विखंडन के अनेक आयाम आते रहते हैं; लेकिन दिक्कत यह है कि आधुनिक जीवन–प्रणाली में आधुनिकता का बेहतर मनोविज्ञान शायद निर्मित नहीं हो पाया। उसमें संशय के नाग फुफकार रहे हैं। अराजक तत्त्व इसी आपसी अविश्वास की फसल काटते हैं। हम आधुनिक जीवन–शैली का अमल नई पीढ़ी में, परिवार में, समाज में होते देखना तो चाहते हैं; लेकिन भारतीय संस्कृति का मीठा रस उनके संस्कारों में उड़ेलना भूल जाते हैं। इसके फलस्वरूप जो विद्रूपताएँ पैदा होती हैं, उन्हें देख–देख गुड़ में गड़ी मक्खी की तरह सिर धुनने के अलावा क्या चारा बचता है! अराजक और उच्छृंखल पीढ़ी यहीं से अपना खाद–पानी पाती है। उन्मुक्तता स्वस्थ विचार है; लेकिन उसका मर्यादित होना अनिवार्य है। नीलेश रघुवंशी की पंक्तियाँ हैं- "मैंने अपनी सारी जड़ें/धरती के भीतर से खींच लीं और/चिड़िया की तरह उड़ने लगी/मैं इस दुनिया को चिड़िया की आँख से देखना चाहती हूँ।" अगर हमारी दृष्टि इतनी व्यापक और सकारात्मक हो तो अराजकता भी रचनात्मक हो सकती है।

समाज के भूगोल पर विहंगम दृष्टि डालने पर हमें इसके समतल मैदानों, दुर्गम घाटियों, अगम्य कंदराओं, अलभ्य उपत्यकाओं, सदानीरा सरिताओं और रोमांचक जलडमरूमध्यों में तरह–तरह के प्रश्न पताकाओं की तरह लहराते मिलेंगे। हमारा समाज कोई सीधा–सादा समाज नहीं है। उसका विकास बताता है कि वह परस्पर विरोधी विचारों का एक अजायबघर है; जहाँ सत् और असत् के बीच अहर्निश संग्राम छिड़ा रहता है; अच्छा और बुरा, खाली और भरा, उठा और गिरा, हानि और लाभ, जीवन और मरण, पाप और पुण्य के चौखटे चक्कर काटते रहते हैं। हम अपने समाज के विकासक्रम को देखें तो दो तरह की शक्तियाँ वहाँ बरबस काम करती रही हैं- एक तरह की शक्तियाँ समाज में आतंक, अन्याय, असमानता, दुर्बुद्धि, वैमनस्य और तरह–तरह के छल की इबारतें लिखती हैं तो दूसरे स्वभाव की शक्तियाँ अभय, न्याय, समानता, सद्बुद्धि, भाईचारा और जीवन–पथ को सुखद बनाने के लिए संघर्षरत रहती हैं।

दुर्भाग्य से दूसरे स्वभाव वालों का आसमान वक्री है। वे अपनी-अपनी जगह रोशनी फैलाने की कोशिश करते हैं; जिन्हें हम जुगनुओं की तरह टिमटिमाता देखकर आश्वस्त होते हैं; लेकिन कारगर परिणाम नहीं निकलता। सच की भाषा, लगभग चुप की भाषा है। इसके बरअक्स आतंकियों, झूठों, फ़रेबियों, दोगलों और अराजकों का काम संगठित और ऐलानिया है; उनमें आपसी बिरादराना है। उनके लिए सभी तरह के विकल्प खुले हैं। वे हर जीवन-मूल्य पर डाका डाल सकते हैं। वे बुनियादी प्रश्नों को एक तरफ़ ठेलकर अन्याय, अत्याचार, शोषण और उत्पीड़न के नए-नए तरीके ईजाद करते हैं। उनकी ये वीभत्स कारगुजारियाँ और सफलताएँ देखकर हम दहल जाते हैं। धूमिल ने सही कहा है-

"जानवर बनने के लिए कितने सब्र की ज़रूरत होती है?
और बिना किसी उत्तर के चुपचाप
आगे बढ़ जाता हूँ
क्योंकि आजकल मौसम का मिजाज़ यों है
कि ख़ून से उड़ने वाली पत्तियों का पीछा करना
लगभग बेमानी है।"

ऐसे में प्रश्न यह भी उठता है कि गुलामी की बेड़ियाँ तोड़कर हमारे पुरखों ने क्या आज़ादी इसीलिए दिलाई थी और जनतंत्र अपनाया था? आज़ादी कोई हँसी-ठट्ठा नहीं है। यह हमारे लिए अमूल्य है। स्वतंत्रता का सूर्य अचानक नहीं उगता। उसके लिए अनेक उत्सर्ग करने पड़ते हैं। न जाने कितने लोगों ने लाठियाँ झेलीं, गोलियाँ खाईं, कालापानी काटा, फाँसी के फंदों पर झूले, नि:स्वार्थ भाव से तन-मन-धन न्योछावर कर दिया- तब कहीं जाकर अगली पीढ़ियों के आज़ादी की उन्मुक्त हवा में साँस लेने का बंदोबस्त हो सका। लेकिन कितनी शर्मनाक स्थिति है कि आज ख़ास विचारधारा के लोग आज़ादी को खिलौना समझ रहे हैं। अपने गलीज स्वार्थों के लिए स्वतंत्रता के महानायकों का आपस में संग्राम करा रहे हैं और ख़ुद नाख़ून कटाकर शहीद बनने का ऐलान करके इतिहास में अमर होने का जतन कर रहे हैं।

आज़ादी मिलने के बाद हमने अपने लिए एक शासन-व्यवस्था का चयन किया था; जिसे जनतंत्र के रूप में जाना जाता है; लेकिन इस जनतंत्र में जन एक तरफ़ खड़ा कर दिया गया है और तंत्र दूसरी तरफ़। आज़ादी के बाद से ही दोनों के बीच एक गहरी खाई खोदी जा रही है। दुर्बल जन को एक रस्साखींच प्रतियोगिता में जोत दिया गया है; जिसमें आए दिन महाबली तंत्र उसे

लहूलुहान करके रख देता है। अब इस तंत्र को धनपशु–तांत्रिकों के हाथों सौंपने के लिए भयंकर वातावरण निर्मित करने की कबड्डी खेली जा रही है। जन की शिक्षा, स्वास्थ्य, रोज़गार, सामाजिक सरोकार वग़ैरह गए तेल लेने! मैं कभी–कभी सोचता हूँ कि हमारी और हमसे पहले की पीढ़ी के देखते–देखते देश के राजनीतिक, सामाजिक, सांस्कृतिक मूल्यों का जिस तेज़ी से ह्रास हुआ है; भले–बुरे की समझ झीनी हुई है; नैतिक बोध और आत्मा की आवाज़ खोई है; उसमें क्या हमारी कोई भागेदारी नहीं हैं? क्या हमारी उदासीनता, निष्क्रियता, तटस्थता और मूढ़ता इसके लिए ज़िम्मेदार नहीं है? इसका उत्तर मैं काफ़ी हद तक हाँ में पाता हूँ। इसका कारण यह है कि हम कगार धँसने तक अपना सामान नदी की भीट से नहीं हटाते। आख़िरी वक़्त तक झेलते जाने की मनोवृत्ति ने इस भेड़ियाधसान को पाला–पोसा है; जो आज भस्मासुर बन गया है। असमानता, ग़रीबी, भुखमरी, कुपोषण और क्षुद्रताएँ हर जगह व्याप्त होती रहीं और हम मूकदर्शक बने रहे; हमारे लोकतांत्रिक मूल्यों को तिलांजलि दी जाती रही और हम टुकुर–टुकुर ताकते रहे; सांप्रदायिकता नंगा नाच करती रही और हम तटस्थ बने रहे। कुपोषण, बदहाली और मँहगाई सुरसा के बदन की तरह बढ़ती रही; हम प्रभावित होने तक अप्रभावित रहे। इसलिए हमेशा दूसरों के सर ठीकरा फोड़ने की जगह हमें थोड़ा अपनी नीयत पर शक करके भी देख लेना चाहिए।

हमारा दुर्भाग्य यह है कि जो हो रहा है, उसे होने दिया जाए की तर्ज़ हमारी जीवन–शैली में ढल गई है। एक तरह का अज्ञात डर हमारे ज़ेहन में है। हम जितना शिक्षित हो रहे हैं, उतना ही ज़्यादा अपने को डरा हुआ पा रहे हैं। ऐसा कैसे हो गया? कहा जाता है कि शिक्षा हमें भयमुक्त करती है; लेकिन अब दिखता यह है कि शिक्षा ग्रहण करने वालों ने स्वयं को एक बाड़े में बँध जाने दिया है और शिक्षित करने वाला स्वयं अँधेरे में हाथ–पाँव मारने के लिए मजबूर है। ऐसे में अँधेरे से कौन लड़ेगा; अज्ञान से कौन मुकाबला करेगा और हमें मुक्ति के पथ पर कौन चलाएगा? ये महाप्रश्न हमारा पीछा नहीं छोड़ते।

प्रश्न उठाना आदिम प्रवृत्ति है; लेकिन आज मुझे लगता है कि चारों तरफ़ जो अँधेरे का, अज्ञान का सन्नाटा पसरा है, वह उत्तर नज़र नहीं आने देता। इस सन्नाटे का मूल भय में हैं। भय और असुरक्षा ने आदमी को कहाँ से कहाँ पहुँचा दिया! वह अन्याय, जुल्म और ग़ैरबराबरी का मुकाबला करने के लिए ताक़तवर और ऊर्जावान कैसे बन पाएगा? इन प्रश्नों का उत्तर इस प्रश्न में ही निहित है कि हमें वर्तमान अंधकार से प्रकाश की ओर जाने से कौन रोक रहा है? उसे

चिह्नित करके जय-पराजय की परवाह किए बिना 'चरैवेति चरैवेति', और 'प्रचलाम: निरन्तरम्' की भावना हृदय में भरकर आगे बढ़ जाना चाहिए। मार्ग में समय, समाज, सत्ता और समस्याएँ कई प्रश्न खड़े करेंगे। उनका उत्तर ढूँढ़ने के आपके महाभिनिष्क्रमण में साथी रमेश रंजक की पंक्तियाँ- "बंधु देख भाल कर चलो/पैंतरे सँभाल कर चलो।"- आपका पाथेय बनेंगी।

नई शताब्दी की झूठी सच्चाई

समय बदलता है तो चीज़ें भी बदलती हैं। इक्कीसवीं शताब्दी पूर्व की शताब्दियों से भिन्न है। तब चिंताएँ दूसरी थीं, अब भिन्न हो गई हैं। समय बदला, समाज बदला, स्थितियाँ बदलीं, संचार के तमाम तरीके बदले; आदमी भी धीरे-धीरे बदल रहा है; मूल्य बदल रहे हैं। अब कोई भी सत्य की आन-बान के लिए शायद ही अपने प्राण उत्सर्ग करे। सच्चाई और उसके तमाम रूप भी धीरे-धीरे बदल रहे हैं। आन-बान में फ़र्क आया है। अब प्रतिज्ञाएँ ली तो जा रही हैं, पर उनका रूप काग़ज़ी होता जा रहा है; उनके आदर्श थोथे होते जा रहे हैं। जो गुरुजन बच्चों को सच्चाई सिखाने पर ज़्यादा ज़ोर डालते थे, अब उनकी आवाज़ भी दबती जा रही है। लोकतंत्र धीरे-धीरे अपाहिज और बौना होता जा रहा है। उसमें तानाशाहियों के पहरे ज़्यादा हावी हो रहे हैं। बच्चे असमंजस में हैं। युवा असमंजस में हैं कि क्या करें और कहाँ जाएँ! उनके पास कोई ठीक-ठाक आदर्श नहीं बचे। ऐसी परिस्थितियों में क्या सच्चाई का वही रूप होगा; जो पूर्व के समयों में हुआ करता था? यह एक यक्ष-प्रश्न है।

सच्चाई की तुलना आग में तपकर और कसौटी में कसकर आए हुए सोने से होती है। व्यक्ति का खरापन सच्चाई के बल पर ही सिद्ध होता है। सत्य बोलना यूँ तो सब पर भारी पड़ता है। कहा जाता है कि सत्य बोलने वाले का मुँह कुदाल की तरह होता है। इधर एक तथ्य यह भी सामने आ रहा है कि सच्चाई के बल पर जीवन वास्तविक विकास के क़दम भले ही रख ले, झूठ की लीला व्यक्ति के तथाकथित चर्तुदिक् विकास के रास्ते खोलती है। लोग उस पर सरपट भाग रहे हैं। प्रशासनतंत्र, सत्तातंत्र उसी झूठ के सहारे सब कुछ पाना चाहता है और सबको अपना लगुआ बनाना चाहता है। बहरहाल झूठ हमेशा नहीं चलता और न ही कारगर होता। यह कोई आप्त वाक्य नहीं, वास्तविकता है।

'सत्यं ब्रूयात् प्रियं ब्रूयात्, न ब्रूयात् सत्यमप्रियम्,' अर्थात् सत्य बोलो और प्रिय बोलो, अप्रिय सत्य कभी मत बोलो। वैसे भी सत्य बोलना सहज नहीं। हालाँकि हमारी परंपरा में सत्य अमूल्य है और उसी में वास्तविक सौंदर्य देखा जाता रहा है। एक सूत्र है- सत्यम् शिवम् सुन्दरम्। सत्य जो है वही शिव है यानी कल्याणकारी है और जो कल्याणकारी है वही सुंदर है। यह अवधारणा बड़े लंबे कालखंड तक हमारे मूल्यों में स्थापित रही है; लेकिन धीरे-धीरे समय के साथ उसने भी पाला बदल लिया है। सत्य आत्म-सम्मान का प्रतीक भी है; इससे स्वाभिमान का नैरंतर्य बना रहता है। कहा गया कि- 'साँच बराबर तप नहीं, झूठ बराबर पाप, जाके हिरदे साँच है, ताके हिरदे आप।' जब हम सत्य-असत्य के मर्म को समझने का प्रयत्न करते हैं, तो ज्ञात होता है कि ये दोनों पद व्यापक अर्थ वाले हैं। सत्य की व्याप्ति भी व्यापक है और असत्य की दुनिया भी व्यापक है। दोनों पदों के प्रभाव भी अकूत हैं। हमारी संस्कृति में 'सत्यमेव जयते' का सूत्र भी है और यह सूत्र हिंदुस्तान के हर कार्यालय और प्रशासनिक स्थलों पर आपको लिखा हुआ मिलेगा। विडंबना यह है कि हर जगह ढोल सत्य का बजाया जाता है; लेकिन महिमामंडन झूठ का किया जाता है। शेक्सपियर ने कभी कहा था- 'प्रत्येक मनुष्य को सत्य बोलना चाहिए और असत्य बोलने वाले को लज्जित करना चाहिए।' लेकिन मुझे ऐसा लगता है कि यह ऐसा दौर है, जिसमें सत्य बोलने वाले को लज्जा आती है और झूठ बोलने वाला घमंड से अकड़ता हुआ घूमता है। झूठ सत्य को चपतिया रहा है।

आज़ादी के बाद यह हमारी सबसे बड़ी उपलब्धि है कि हमने सच्चाई, ईमानदारी और मानव-मूल्यों पर मर मिटने वालों को खदेड़कर परिदृश्य से बाहर कर दिया है। अब मूल्यों के नाम पर भ्रष्टाचार का बोलबाला है; अनैतिकता की बहार है; झूठ आदमक़द है। वह शख़्स बड़ा है; जो मानवीय मूल्यों की धज्जियाँ उड़ाने में समर्थ है। सच्चाई और मूल्यों पर काम करने वालों को लगातार बौना किया जा रहा है। उन्हें खोज-खोजकर नेस्तनाबूद किया जा रहा है; ताकि असुविधाजनक प्रश्न उठाने वाले ही शेष न रहें। चतुर और चंट-चालाक तत्त्वों ने कुछ ऐसे करतब रच दिए हैं कि समूचा वातावरण उनकी छायाओं तले लहूलुहान है। माया-तंत्र के साधकों को अपनी विकास-यात्रा के लिए, अपने दबदबे को क़ायम रखने के लिए किसी चीज़ से कोई परहेज नहीं। इनकी देश-सेवा, समाज-सेवा मात्र दिखावा है। वर्ष 1883 में भारतेंदु हरिश्चंद्र ने एक प्रहसन लिखा था- 'अंधेर नगरी चौपट राजा, टके सेर भाजी टके सेर खाजा' जो कालांतर में 'अंधेर नगरी' नाम से विख्यात हुआ। यह अंधेर नगरी आज़ादी

के बाद से बस्ती-बस्ती देखी जा सकती है। कोई देखने-सुनने वाला नहीं, जिसके मन में जो आता है, वह करता है। उसे कोई भय नहीं; कोई लज्जा नहीं।

निर्दोष लोग भीड़ द्वारा मौत के घाट उतार दिए जाते हैं; लेकिन इससे संबंधित सच्चाई छपने नहीं दी जाती; छिपा ली जाती है। जो ख़बरें आती हैं, वे केवल सनसनी फैलाने और पत्रकारिता का बाज़ार साधने के लिए आती हैं; अन्यथा समाचारपत्र-पत्रिकाएँ तो राजनीतिज्ञों के खाँसने-छींकने के समाचारों से ही पटी रहती हैं। प्रभावशाली और ताक़तवर लोगों में से किसी का घुटना, किसी का कूल्हा और किसी की मोच के समाचार निरंतर आते रहते हैं। यही हाल टेलीविज़न और अन्य माध्यमों का भी हैं। संस्थानों में, प्रशासनतंत्र में उल्टी खोपड़ियाँ नाच रही हैं। यूँ तो सही काम वैसे ही बहुत कम होते हैं और जो होते भी हैं, उन्हें शक्तिशालियों द्वारा उलट-पलट दिया जाता है और तंत्र में बैठे कौए और गिद्ध मनमाने ढंग से मांस के लोथड़े स्वाहा करते हैं। मानवीय संवेदना का कहीं अता-पता नहीं। झूठी संवेदनाओं के सहारे तंत्र चल रहा है। स्वार्थ का बाज़ार फैला है और हर तरह की ख़रीद-फरोख़्त जारी है। प्रजातंत्र न ओढ़ते बनता, न बिछाते। प्रजातंत्र में सुव्यवस्था तथा लोककल्याण के नाम पर अफ़रा-तफ़री, लूट-पाट, नोच-खसोट का अखंड सिलसिला क़ायम है। न किसी को देखने की फुरसत है और न किसी को कहने-सुनने की। सब अपने-अपने स्वार्थों में चगन-मगन नाक की सीध चले जा रहे हैं- असंख्य नरकों को रचने के लिए।

पिछली शताब्दी में एक ऐसा आदमी भी हुआ था; जिसने जो कहा वही किया और जो किया वही कहा। अर्थात् उसके पास कथनी और करनी का अंतर नहीं था। उस आदमी ने हिंसा के बरअक्स अहिंसा का मूल्य रखा। यह भी उसके द्वारा किया गया प्रयोग ही था। ये सही है कि उसने सत्य और अहिंसा ईज़ाद नहीं किया था; बल्कि उन्हें अपने आचरण के द्वारा प्रामाणिक बनाया। यह आदमी कोई और नहीं, डेढ़ पसली वाला मोहनदास करमचंद गाँधी था; जो महात्मा गाँधी के नाम से समूची दुनिया में जाना-पहचाना गया। उन्होंने कहा था- 'बुरा मत देखो, बुरा मत बोलो, बुरा मत सुनो।' लेकिन लोगों ने इसका अर्थ लगाया- आँख मूँद लीजिए, कान ढाँप लीजिए और जीभ पर ताला लगा लीजिए। यह है समय की नज़ाकत। इसीलिए लोग मूल्यों का चैतन्य-कीर्तन बंदकर अन्याय, अत्याचार और झूठ-फरेब का कंजड़िया-नाच देख रहे हैं। ये तब्दीलियाँ हमारी सामाजिक संरचना में भी बहुत व्यापक तरीके से हो रही हैं।

आज़ादी के बाद लगा था कि सरकार अपनी है; इसकी ज़मीन अपनी है; लेकिन बहुत जल्दी ही इससे मोह भंग हो गया। धूमिल ने इसी गहन दु:ख की वजह से कहा था कि मुझे अपनी कविताओं के लिए दूसरे प्रजातंत्र की तलाश है और मैं याद करता हूँ ब्रेख़्त की ये पंक्तियाँ- "अख़बार का हॉकर सड़क पर चिल्ला रहा था कि जनता ने/सरकार का विश्वास खो दिया है/इसलिए अब सरकार को चाहिए/कि इस जनता को छोड़कर/अपने लिए कोई दूसरी जनता चुन ले।" यह व्यंग्य हमारे समक्ष कैसे-कैसे साक्ष्य प्रस्तुत करता है! क्या इसकी अंदरूनी हक़ीक़त को जानने-पहचानने की ज़रूरत नहीं है? मीडिया और जनसंचार-माध्यमों के द्वारा आई हुई जानकारियाँ भारतीय संस्कृति और उसके मूल्यों को निरंतर खारिज़ करते हुए अपसंस्कृति, आतंक और भयावहता को पेश कर रही हैं। बाज़ार और विज्ञापन जिस तरीके से विस्तार पा रहे हैं, उसी अनुपात में हमारी संवेदनाएँ भोथरी हो रही हैं और हम एक अदृश्य डर, एक अदृश्य खौफ़ और एक अलग दुनिया में जाने और जीने के लिए मज़बूर होते जा रहे हैं। अमिताभ बच्चन द्वारा प्रस्तुत 'कौन बनेगा करोड़पति' जिस लालची दुनिया का सृजन करता रहा है, उससे भला कौन बचा है? इस दौर से पूर्व राजकपूर ने कहा था- 'मेरा जूता है जापानी/ये पतलून इंग्लिशतानी/सर पर लाल टोपी रूसी/फिर भी दिल है हिंदुस्तानी'; लेकिन उसी माध्यम के वारिस ने समूचे भारत को बिना मेहनत किए करोड़पति बनने का नशा चढ़ाने में मदद की है। यहाँ मुझे भगवत रावत की एक कविता बार-बार याद आ रही है- "सौ करोड़ के देश में/अधिक से अधिक हो सकते हैं कितने करोड़पति/और अगर उतने भी हो गए/तो कितनों करोड़ों को ज़मीन पे/और कितने नीचे जाना होगा/क्या तब आप भी सुरक्षित रह पाएँगे? जी हाँ, यही है उदारतावाद का अर्थशास्त्र/कौन-सा साँप सूँघ गया है आपको/हाथ बाँधे टकटकी लगाए देख रहे हैं सब/कि ख़ुद न पाएँ तो कम-से-कम देख ही लें आँखों के सामने/कैसे बनते हैं मिनटों में/मुफ़्त में करोड़पति।"

यह नई स्थिति है कि समाज से विरोध-भाव समाप्त हो रहा है। आंदोलन लस्टम-पस्टम तरीके से होते हैं। न्याय के साथ, सच के साथ खड़े होने का हौसला लगातार चुकता जा रहा है। अब लोगों को अन्याय के साथ खड़े होने में अपने बेहतर भविष्य का ज़्यादा विश्वास है। हमारे नेताओं ने यह रास्ता बनाया है। वे स्वयं चल रहे हैं और अपने अनुयायियों को भी इसी रास्ते पर चला रहे हैं। क्या वजह है कि एक अपराधी सरेआम भरी सड़क में हत्या कर

देता है और कोई आवाज़ नहीं उठती? क्या वजह है कि अपराध होने पर पुलिस-रिपोर्ट लिखने को तैयार नहीं है और क्या वजह है कि नेताओं के एक इशारे पर कोई बड़ा-से-बड़ा कांड, कोई बड़ी-से-बड़ी त्रासदी रच दी जाती है?

प्रश्न बार-बार हमारा पीछा कर रहे हैं। नक़ल को सामाजिक स्वीकृति मिली; भर्रेशाही को भरपूर मौका मिला; धंधे की धाँधलेबाजियाँ कई-कई रूप धरकर मंच पर अवतरित हो रही हैं। हमारा जीवन चौखटों में है। एक अदृश्य चुप्पी व्याप्त है। अत्याचार सहन करना हमने अपना धर्म बना लिया है। प्रतिरोध करने की क्षमता शनैः-शनैः घटी है। 1980 के बाद हमारे देश में जन-आंदोलन मुकम्मल तौर पर नहीं हो रहे। केवल सुंदरलाल बहुगुणा का 'चिपको आंदोलन' और मेधा पाटेकर का 'नर्मदा बचाओ आंदोलन' इसके अपवाद हैं। जन-आंदोलन जनता की बेचैनी और प्रतिरोध की आवाज़ होते हैं। जन-आंदोलन ही बताते हैं कि जनता के भीतर सच्चाई की आग धधक रही है। जन-आंदोलन क्रांतियाँ, विरोध-प्रदर्शन और मानवाधिकारों की चिंता जताते हैं और मेरी समझ में सरकार को क़ाबू में रखते हैं। अन्ना हज़ारे का आंदोलन हुआ था, लगता है बाद में उन्हें भी मैनेज कर लिया गया। बाबा रामदेव बहुत उछल-कूद मचा रहे थे, अब सत्ता की करताल बजा रहे हैं!

आलम यह है कि हम उठाईगीरों, नक़लचियों, लफंगों, चोट्टों को साध रहे हैं। वे ही त्राता और भाग्यविधाता हैं; वे ही हमारी सुरक्षा, सम्पन्नता और ख़ुशहाली के बैरोमीटर हैं। मंच पर कुछ हो रहा है और नेपथ्य में कुछ और। जनकल्याण, लोककल्याण और विकास के नाम पर त्रासदियों का अंतहीन सिलसिला पाँव तोड़कर बैठ गया है। तरह-तरह के प्रयोग और तरह-तरह के नुस्ख़े आजमाए जा रहे हैं। किसी ईमानदार आदमी में हिम्मत नहीं है कि वह प्रजातंत्र की रंगशाला में चुनाव के नाम पर उतरने का साहस कर सके। अपराधी, तस्कर, गुंडे और तिकड़मबाज प्रजातंत्र के असली हक़दार बनते जा रहे हैं। सच्चे और ईमानदार, जनता और आवाम के हितैषी लात-घूँसे खा रहे हैं। मैथिलीशरण गुप्त ने पिछली सदी के प्रारंभ में एक सवाल उठाया था-'हम कौन थे क्या हो गए और क्या होंगे अभी/आओ सभी मिलकर विचारें ये समस्याएँ सभी।' और निर्णय यह हुआ कि भ्रष्टाचार, अनैतिकता, आचरणहीनता और मानवीय मूल्यों को ख़त्म कर हमें देश और समाज का विकास और उत्थान करना है; लेकिन वर्तमान तमाम संकेत क्या से क्या हो जाने की सूचना देते हैं, इसका अंदाज़ा सहज ही लगाया जा सकता है।

सच्चाई, ईमानदारी और कर्तव्यनिष्ठा अब कूड़ेदान की चीज़ें हो गई हैं। जो अपना सही नाम नहीं लिख सकते, वे मेरिट लिस्टों में रिकार्ड तोड़ रहे हैं। ज़हन से गूँगे, बहरे, कोढ़ी, संवेदनाहीन और कंगाल पूरे तंत्र में विराजमान हैं और अपने-अपने तरीके से समाज, देश और व्यवस्थाओं को चर रहे हैं; लीद कर रहे हैं और खूँद रहे हैं; सिद्धांतों की छौंक लगाते हुए लोगों को भरम की नौटंकी दिखाते हुए सफलता के रिकार्ड बना रहे हैं। ये बदली हुई परिस्थितियों के नए समीकरण और नए अंदाज़ हैं। सच्चाई हमेशा एक मूल्य की तरह रही है; यद्यपि यह अपने आप में कोई यूटोपिया नहीं है। सच्चाई भी समय-सापेक्ष, परिवेश-सापेक्ष और स्थिति-सापेक्ष होती है। मनुष्य सच्चाई का उपयोग अपनी स्थितियों के अनुरूप करता है; लेकिन इस शताब्दी में सच्चाई का नया पाठ झूठ-मक्कारी को ही सच्चाई का विकल्प बताकर उसका उपयोग कर रहा है। स्थिति यह आ गई है कि जो सचमुच सच्चाई के रास्ते पर चलना चाहते हैं, उन्हें परेशानी ही उठानी पड़ेगी। लीलाधर मंडलोई ने अपनी कविता 'रोज़नामचा' में इस वास्तविकता को कुछ इस अंदाज़ में रखा है-

> ''जो देखते नहीं सिवा सच के
> खड़े होंगे कटघरे में,
> और साबित नहीं कर पाएँगे
> काली पट्टी में बंद आँखें देखती हैं जो
> शामिल नहीं उसमें सच की हत्या।'' (मगर एक आवाज़)

हमारे चारों ओर निरंतर सच की हत्या हो रही है और खुलेआम हो रही है। सत्य की हत्या में शामिल सभी पक्षों ने ऐसा मायाजाल खड़ा कर दिया है कि सत्य झूठ जैसा लगने लगा और झूठ सत्य की नाईं भासने लगा है। कभी-कभी ऐसा लगता है कि आँखों ने सत्य देखना छोड़ दिया है। क्या ऐसा इसलिए हो रहा है कि इसके राजनैतिक, सामाजिक, सांस्कृतिक और धार्मिक स्वरूप हैं? कोई मुगालता या भ्रम नहीं होना चाहिए; क्योंकि सत्य, सत्य होता है और झूठ, झूठ। मान्यता है कि झूठ तो पहले फूलता-फलता दिखाई पड़ता है; लेकिन अंततोगत्वा वह नाश को प्राप्त होता है। होता होगा, फिलहाल तो सही चीज़ों के अपने खाँचे में नहीं रह जाने का शोककाल चल रहा है। रमेश रंजक अपनी एक कविता में कहते हैं-

> ''भेद बोया गया है महल की चालाकियों से
> और फैलाया गया है कुछ फालतू बैसाखियों से
> इसलिए ईमान की असहाय आँखों में नमी है।''

हम देखें कि यह ईमान, यह सत्य असहाय क्यों है? और इस सत्य को देखने वाली आँखें क्यों आँसुओं में डूबी हुई हैं? मैं समझता हूँ कि यह खाली गिलास को भरा हुआ दिखाने की कोशिश का परिणाम है। इस झूठी सच्चाई को उघाड़कर रख देना समय की माँग है और ज़रूरत भी।

बंद दरवाज़े नहीं होते नौजवान

"चमक सूरज की नहीं मेरे किरदार की है, ख़बर ये आसमाँ के अख़बार की है
मैं चलूँ तो संग-संग कारवाँ चले, बात किसी गुरूर की नहीं ऐतबार की है।"

जिस देश का युवा ख़ुद पर ऐसा पुख़्ता ऐतबार, क़दमों तले ज़मीन और हौसलों में उड़ान रखता हो, उस देश को तरक्की करने से भला कौन रोक सकता है! वैसे भी किसी देश का नवनिर्माण करने में उसके युवा सबसे अगली पंक्ति में रहते हैं। देश की असली पहचान देश के युवाओं में संचरित चारित्रिक ऊर्जा और उनके नैतिक मूल्यों के अनुगामी बने रहने से होती है। युवाओं की कार्यदक्षता भी उनके मानसिक विकास और आध्यात्मिक शक्तियों की बुलंदी से आँकी जाती है। भारत के युवाओं ने हर युग में अपना मानसिक एवं आध्यात्मिक विकास किया है। आर्थिक विश्व में भी उनकी हमेशा धाक रही है। उन्होंने अपनी चतुराई, सहनशीलता और ताक़त के बल पर देश तथा जनजीवन के चतुर्दिक् विकास में अपना अभूतपूर्व योगदान दिया है।

लेकिन आज हमारे युवक संतुष्ट नहीं है; क्योंकि उनकी शक्ति की लगातार अवहेलना की जा रही है। संभवतः इसीलिए उनके मन में कुंठा, निराशा और हताशा व्याप्त होती जाती है। बेरोज़गारी, राजनैतिक एवं सामाजिक क्षेत्र में बढ़ रहा भ्रष्टाचार, विभिन्न क्षेत्रों में आगे बढ़ने के घटते अवसर युवाओं को चिंता में डाले हुए हैं। यहाँ अच्छी तरह समझ लेना चाहिए कि हमारा देश सफलता के नए-नए सोपान तभी तय कर सकता है जब वह अपनी युवाशक्ति को निरंतर प्रोत्साहित करे। दरअसल युवाओं की आशाएँ अकूत होती हैं और उनका आत्मविश्वास उन्हें हमेशा नई-नई ऊँचाइयाँ छूने का दुस्साहस प्रदान करता है। जिस गूढ़ और अबूझ मार्ग पर पहले कोई न चला हो, उस पर सरपट दौड़ने का रोमांच उनके मन-मस्तिष्क में उफान मारता रहता है।

यूँ ही नहीं कहा जाता कि देश का युवा-वर्ग एक महाविस्फोटक शक्ति होता है। वह दत्तचित्त होकर अपनी समस्याओं का स्वयं निदान कर सकता है, बशर्ते उसे राष्ट्र की ओर से थोड़ा-सा प्रोत्साहन एवं सहयोग प्राप्त हो जाए; मगर हो इसका उल्टा रहा है। हमारे युवक दूसरों का मुखापेक्षी बना दिए जाने के लिए निरंतर अनुकूलित किए जा रहे हैं। जंगल जैसा हाँका पड़ा हुआ है। पूँजीवादी सत्ता नवयुवकों के साथ-साथ बाज़ार, मीडिया, शिक्षा, स्वास्थ्य, चरित्र और नैतिकताओं को अपनी जेब के हवाले कर रही है। यह काम बड़े व्यवस्थित और सिलसिलेवार ढंग से हो रहा है। हरसू प्रायोजित कार्यक्रमों का अंबार लगा हुआ है। ऐसे में चिंता इस बात की करनी पड़ती है कि कहीं इस बदगुमान माहौल के असर में हमारा युवा पथभ्रष्ट न हो जाए; समाज का कंटक न बन बैठे! ज़हीर कुरैशी के दो अश्आर मुलाहिज़ा फ़रमाएँ-

"कुछ लड़ाके लोग संघर्षों की गाथा बन गए
लोक-जीवन में वो जन-मानस के वक्ता बन गए
खूब पढ़-लिखकर भी जिनको काम मिल पाया नहीं
सबसे पहले वे युवा घर में समस्या बन गए।"

हर युग में विद्रोही, कर्मठ, असंभव को संभव बनाने वाले, सच्चाई की राह पर कुछ भी कर गुज़रने वाले, स्वप्नजीवी एवं क्रांतिकारी युवक होते रहे हैं। तभी तो कहा जाता है कि युवकों का रास्ता प्रायः मखमली और नमनीय नहीं होता। परंपरा-भंजन करने में उन्हें एक अजीब किस्म का सुख मिलता है। उन्हें पसंद नहीं है कि जो जैसा है, उसे उसी तरह स्वीकार कर लिया जाए। वे इतिहास और वर्तमान को पछाड़कर भविष्य उगाना चाहते हैं। वे एक वायवीय आदर्श और एक काल्पनिक दुनिया से भी संचालित होते हैं और नए-नए शिखरों को छू लेना चाहते हैं। वे सब कुछ बदलकर रख देने की चाहत से भरे होते हैं। युवाओं के मन में उपजे ये आदर्श प्रायः यथार्थ की अनदेखी और अवहेलना भी करते रहे हैं; क्योंकि वे जोख़िम वाले रास्तों को अख़्तियार करने के पक्षधर होते हैं। युवाओं पर निम्न पंक्तियाँ सटीक बैठती हैं- "तुम चाह लो तारे गगन के तोड़ सकते हो/तुम चाह लो तूफान का पथ मोड़ सकते हो।"

हम यह भी मानते हैं कि युवाओं को आधुनिक और विदेशी संस्कृतियाँ बेहद आकर्षित करती हैं। इनके असर में वे फ़ैशन और खान-पान से लेकर सोचने-विचारने तक में तरह-तरह के प्रयोग करते रहते हैं, भले ही वे कितने ही अटपटे और दुनिया की आँख में खटकने वाले क्यों न हों! आप साबुत जींस पहनेंगे तो वे उसे फाड़कर पहनेंगे! आप सीधी टोपी लगाएँगे तो उसे उल्टा कर

लेंगे! आप बाल कटवाने को कहेंगे तो वे टापू कटिंग करा लेंगे! आप सोचते हैं कि रात तो सोने के लिए है और दिन जागने के लिए; लेकिन वे रात जागकर बिता देंगे और दिन भर सोकर दिखा देंगे! वस्तुतः प्रयोगधर्मिता युवाओं की आत्मा में बसती है। इस प्रयोगधर्मिता का नाता किसी-न-किसी संस्कृति से जुड़ता है; क्योंकि मूल रूप से संस्कृति नैतिकता, विचार-दर्शन और जीने की कला का ही एक संष्लिष्ट रूप होती है। समाजशास्त्री कहते हैं कि बिना वर्जना और निषेध के कोई संस्कृति हो ही नहीं सकती। इसीलिए संस्कृति कोई ढोंगाचार नहीं होती। वह एक मनोगत आत्मिक परिष्कार की सूक्ष्म एवं जटिल मनोरचना भी होती है। इसमें बहुत सारी प्रवंचनाएँ भी शामिल हो सकती हैं; जिन्हें हमारे बुजुर्ग भारतीय परंपराओं की झाँकी प्रस्तुत करके समय रहते छान और साफ़ कर सकते हैं; लेकिन पुरानी पीढ़ी गुण-दोष विवेचन करने वाले मार्गदर्शक के स्थान पर अक्सर प्रतिस्पर्धी और द्वेषी की भूमिका में नज़र आती है।

हर दौर के बुजुर्गों की जुबान में यह जुमला बसा चला आया है कि युवा पीढ़ी में तो भयंकर भटकाव है; यह किसी के नियंत्रण में नहीं हैं; किसी का कहना नहीं मानती; मनमानी करती है। आख़िर बुजुर्गों की नज़र में नए ख़ून का जोश भटकाव क्यों बन जाता है? इसका उत्तर शायद यही होगा कि उनकी समझ में उनकी पीढ़ी वाकई सदाचारी थी; एक़दम दूध की धुली हुई थी; जबकि युवा पीढ़ी नाकारा, कुलक्षणी और पूरी तरह बरबाद है। दिक्कत यह है कि बुजुर्ग पीढ़ी यह भूल जाती है कि अपनी युवावस्था में वह कैसे-कैसे कारनामे कर चुकी है। अब पेट में आँत नहीं है और मुँह में दाँत नहीं है तो युवकों की प्रत्येक हरकत उन्हें आतंकवाद का विस्तार नज़र आती है। उधर युवकों का उनकी तरफ़ रवैया यही होता है कि यूँ ही झींकते रहो, झींकते-झींकते तुम्हारा एक दिन ताकधिनाधिन हो जाएगा और परलोक के लिए टिकट भी कट जाएगा; लेकिन हम तो वो दरिया हैं, जो अपना रास्ता ख़ुद बनाते हैं। पुरानी पीढ़ी यह मानने को तैयार नहीं कि उसकी उम्र ढल गई है और युवक ये समझते हैं कि अब वे इतने बड़े हो गए हैं कि समाज-संचालन कर सकते हैं। दोनों के बीच समस्या की जड़ ही यही है कि पुराने लोग समाज पर अपना कब्जा छूटने की फ़िक्र में घुले जा रहे हैं और नए लोग उसे अपना हक़ समझ कर आगे बढ़े आ रहे हैं।

सद्गुरु जग्गी वासुदेव इसे एक दृष्टांत के माध्यम से समझाते हैं- ''हाथियों में कभी अचानक आप देखेंगे कि एक जवान भरा-पूरा हाथी हर

तरफ़ भाग रहा है, नाराज़ होकर वह हर चीज़ खींच रहा है, गिरा रहा है; क्योंकि उसकी लड़ाई अपने झुंड के किसी बड़े और शक्तिशाली नर हाथी से हो गई है। चूँकि वह बड़ा हाथी अपनी जगह नहीं छोड़ रहा होता, इसलिए यह युवा हाथी उससे लडने-भिड़ने की कोशिश करता है। नौजवान हाथी टिक नहीं पाता; क्योंकि उसमें उस बड़े नर हाथी को पछाड़ने की ताक़त नहीं होती, इसलिए वह जोश में आकर अपने तेवर दिखाता है।'' इस दृष्टांत को देखते हुए मुझे लगता है कि बुजुर्ग और युवा पीढ़ी के खयालात के बीच संतुलन बनना बेहद ज़रूरी है। यह हस्तांतरण बेहद सुगम और सम्मानजनक तरीके से होना चाहिए। दोनों पीढ़ियों का पूरब-पश्चिम बने रहना देश के लिए पथ्यकर नहीं कहा जा सकता। बुजुर्गों को देशहित में अपने आचरण से भी युवाओं को सन्मार्ग पर चलने के लिए प्रेरित करना चाहिए। ब्राज़ील के जगतप्रसिद्ध शिक्षाशास्त्री पाओलो फ़्रियरेरे ने 'सेक्टर ऑफ कल्चर' अवधारणा के अंतर्गत लिखा है कि संस्कृति का यह क्षेत्र युवा को प्रेरित करता है कि वह आदर्शवादिता और वास्तविकता के मध्य तुलना स्थापित करे। युवा इस आधार पर प्रौढ़ एवं वृद्ध पीढ़ी की क्रियाओं, निर्णयों, विचार-प्रक्रियाओं का अपने विचारों व दृष्टिकोणों के आधार पर मूल्यांकन करता है।

लेकिन हम देखते क्या हैं कि बुजुर्ग स्वयं मूल्य-स्खलित, अनियंत्रित एवं भटकावग्रस्त हैं। ज़्यादा-से ज़्यादा-पैसा बटोरने की धुन और झूठे प्रदर्शन में बुजुर्गो ने अहंकार के समूचे रिकार्ड तोड़ दिए हैं। वे स्वयं दिशाहीन होकर मनमाना व्यवहार करते हैं और उम्मीद करते हैं कि युवा पीढ़ी ज़िम्मेदार बने। पच्चीस से पैंतीस की उम्र सपनों की उड़ान की उम्र होती है। जिस उम्र में युवा के भीतर कुछ करने का हौसला होता है; ऊर्जा होती है, तब वह बेरोज़गारी में सड़कें नापने को मज़बूर रहता है। विभिन्न प्रकार के स्वत्वखोजी उनका इस्तेमाल अपने स्वार्थों को अंजाम देने के लिए कर लेते हैं। तथाकथित नेता उन्हें प्रलोभनों में फँसाने का प्रयास करते हैं और अपने नियंत्रण में रखकर उन्हें जुर्म की अंधी गुफाओं में धकेल देते हैं। ऐसे नेताओं से उसी भाषा में बात करने की ज़रूरत है; जैसी कि नज़ीर बनारसी ने की है-

''देश के कड़ियल जवाँ हम पूर्वजों की शान हम
कल के वह बलवान थे और आज के बलवान हम।''

युवा पीढ़ी का समकालीन परिदृश्य भयावह है। वह अव्यवस्थित, अनियंत्रित और बेहद उलझा हुआ भी है और त्रासद भी। युवा पीढ़ी की तुलना सुधीजनों एवं विचारकों ने हमेशा नदी और पहाड़ से की है। उनका मानना रहा है कि

युवकों ने हमेशा इतिहास की धाराएँ मोड़ी हैं। स्वतंत्रता-आंदोलन में युवाओं की भूमिका चिर अविस्मरणीय रही है। राष्ट्र के निर्माण की जो प्रक्रिया है, उसमें युवकों की ज़िम्मेदारी और हिस्सेदारी बहुत बड़ी है। शहीद-ए-आज़म भगत सिंह, चंद्रशेखर आज़ाद, मंगल पांडेय और अनगिनत युवा क्रांतिकारियों ने स्वाधीनता के लिए शीर्षतम बलिदान दिए हैं; लेकिन खेद के साथ कहना पड़ रहा है कि आज की युवाशक्ति ग़लत हाथों का औज़ार बन रही है। इसे दिशा-निर्देश देने वाले नेता स्वयं अवमूल्यन और पतन के शिकंजे में हैं। उनकी जीवनी पर नज़र डालिए तो लगता है जैसे भ्रष्टाचार का काला चिट्ठा पढ़ रहे हों। इन्होंने युवकों के मन में यह बात दृढ़ कर दी है कि कोई उच्चकोटि का व्यभिचारी ही राजनीति के अखाड़े का मल्ल बन सकता है; सदाचार की राह पर चलने वाला कोई युवक देश नहीं बदल सकता।

पिछले चंद वर्षों में ही पूरा देश बर्बर मध्ययुग की ओर लौटने का उपक्रम करने लगा है। इसका कारण है युवाओं को प्राचीन भारत की सामासिक, सहिष्णु और धर्मनिरपेक्ष संस्कृति से अनभिज्ञ रखा जाना। उनकी आँखों के सामने फैलाए जा रहे धर्म के पाखंड ने सांप्रदायिकता के ज़हर की कुछ ऐसी क्यारियाँ उगा दी हैं; जिससे उनके मतिभ्रम का ख़तरा पैदा हो गया है। वे विषाक्त हवा के साए में जी रहे हैं। उनके सामने एक नए तरह का उन्मादी सांस्कृतिक राष्ट्रवाद पनप रहा है। प्रेरणा लेने के लिए उन्हें बाबरी विध्वंस, मुंबई-दंगे, गुज़रात-दंगे, मुजफ़्फ़रपुर-हिंसा, आदिवासी-विस्थापन, दलितों-अल्पसंख्यकों की हत्याएँ, निर्भया और कठुआ जैसे घृणित सामूहिक बलात्कार-कांड परोसे जा रहे हैं। उनकी शिक्षा के सांप्रदायीकरण और इतिहास से छेड़छाड़ का कोहराम तो मचा ही है।

आख़िर क्या वजह है कि जेपी के संपूर्ण क्रांति-आंदोलन के बाद से हमारे देश में कोई विराट छात्र-आंदोलन खड़ा नहीं हुआ। जेएनयू और जादवपुर जैसे अंतरराष्ट्रीय ख्याति के विश्वविद्यालयों की पठन-पाठन संस्कृति के साथ छेड़छाड़ की गई; हैदराबाद विश्वविद्यालय के दलित छात्र रोहित वेमुला को लगातार मानसिक प्रताड़ना से तंग आकर आत्महत्या करनी पड़ी; छात्रनेता कन्हैया कुमार पर राष्ट्रद्रोह का झूठा मुक़दमा क़ायम किया गया; ग़ायब हुए अल्पसंख्यक छात्र नजीब अहमद का आज तक अता-पता नहीं चला; कारगिल के शहीद सैन्य अधिकारी की बेटी दिल्ली विश्वविद्यालय की छात्रा गुरमेहर कौर का घिनौना चरित्रहनन किया गया; जेएनयू की ही छात्रनेत्री शेहला राशिद को जान से मारने की धमकिया दी गईं और आज भी सत्ता से इख़्तिलाफ़ रखने

वाले छात्र-छात्राओं को चैन से जीने नहीं दिया जा रहा है; लेकिन कोई देशव्यापी छात्र-आंदोलन नहीं उभर सका। छोटे-मोटे स्वतः स्फूर्त आंदोलनों को भी तहस-नहस कर देने के षड्यंत्र हुए और छात्रों एवं युवाओं का कोई बड़ा अस्वीकार नहीं उभरा। लगता है कि सच बोलने और अभिव्यक्ति के ख़तरे उठाने की आग पर राख डाली जा चुकी है। मगर चुप रहना देश पर घुमड़ रही त्रासदियों का समाधान नहीं है। किसान-मज़दूरों, कलाकारों और संस्कृतिकर्मियों के साथ-साथ अब विद्यार्थियों को भी प्रतिरोध का परचम लहराने के लिए तैयार होना चाहिए। हाथ पर हाथ धरे बैठे रहने वाले युवकों को आने वाला समय माफ़ नहीं करेगा और वे स्वयं बुज़ुर्ग होने पर किस तरह अपनी आँख से आँख मिला सकेंगे! युवावस्था में उन्हें दुष्यंत कुमार की यह हिदायत याद रखने की सख़्त ज़रूरत है-

> "रहनुमाओं की अदाओं पे फ़िदा है दुनिया,
> इस बहकती हुई दुनिया को सँभालो यारो।
> कैसे आकाश में सूराख़ हो नहीं सकता,
> एक पत्थर तो तबीयत से उछालो यारो।"

पीढ़ियों का टकराव तो हमेशा से होता आ रहा है। कोई इसे प्रगति में बाधक समझता है और कोई इसकी अनिवार्यता को स्वीकार करता है। यह टकराव भी समय, समाज और परिवेश के अनुरूप होता है। कभी यह सामाजिक प्रगति का कारक बनता है तो कभी बाधक भी बन जाता है। युवकों में जो गतिशीलता होती है, नए-नए आइडिया होते हैं, उनको जानने-पहचानने और अपनाने का प्रयत्न हमारे देश में लगभग नहीं होता; उल्टे उन्हें लांछित करने के प्रयत्न किए जाते हैं। कोई उन्हें भारतीय संस्कृति से कटा हुआ बताता है तो कोई उन्हें केरियरिस्ट मानकर चलता है; कोई उन्हें चौतरफ़ा असफल कहकर उपहास करता है तो कोई आलसी बताकर उनकी उपेक्षा करता है। लोग मान कर चलते हैं कि युवाओं के सामने कोई लक्ष्य ही नहीं है और उन्हें सिर्फ़ और सिर्फ़ अपनी सुख-सुविधा का ही ख़याल है; घर-परिवार और माता-पिता की कोई चिंता नहीं। हालाँकि यह भी देखा गया है कि युवा क्षणिक आवेश में आकर बहुत कुछ कर बैठते हैं; लेकिन हमें समझ लेना चाहिए कि यह उनके भीतर खौलती ऊर्जा ही है; जो किसी भी दिशा में प्रवाहित होने के लिए बेचैन रहती है। युवा मन कोई बंद खिड़की-दरवाज़े वाला मकान नहीं होता। उसने जिसे एक बार अपना मान लिया, उस पर सर्वस्व लुटा देता है। उसे उसकी इच्छा के विरुद्ध कुछ भी करने के लिए मज़बूर नहीं किया जा सकता। ख़ुशी

की बात है कि आज के नवयुवक दूसरों के धक्के खाकर धावक नहीं बनना चाहते और समझते हैं कि-

"अपने मंसूबों को नाकाम नहीं करना है,
हमको इस उम्र मे आराम नहीं करना है।
हाथों में लकीरों को बनाकर चले हैं हम
कंधों पे आसमाँ को उठाकर चले हैं हम
कह दे कोई जाकर घनी रातों के तमस को
सूरज हथेलियों में उगाकर चले हैं हम।
हम उबलते हैं तो भूचाल उबल जाते हैं
हम मचलते हैं तो तूफान मचल जाते हैं
हमें बदलने की कोशिश करनी है ऐ दोस्तो
क्योंकि हम बदलते हैं तो इतिहास बदल जाते हैं।"

ऐसे जोशीले युवकों और उनके पाक इरादों के लिए हमें रास्ता हमवार बनाना चाहिए।

उम्र का दंश झेलते वृद्ध

चर्चित और सितारा हिंदी-कवि राजेश जोशी की अग्रलिखित पंक्तियाँ हमें बेहद बेचैन करती हैं- "एक बूढ़ा मुझे अक्सर रास्ते में मिल जाता है/कहता है उसके लड़कों ने उसे घर से निकाल दिया है/कि उसने पिछले तीन दिन से कुछ नहीं खाया है/लड़कों के बारे में बताते हुए वह अक्सर रुँआसा हो जाता है/और अपनी फटी हुई कमीज़ को उघाड़कर मार के निशान दिखाने लगता है/कहता है उसने बचपन में भी अपने बच्चों पर कभी हाथ नहीं उठाया/लेकिन उसके बच्चे उसे हर दिन पीटते हैं/कहता है कि वह अब कभी लौटकर अपने घर नहीं जाएगा/लेकिन थोड़ी देर बाद उसे लगता है कि उसने यूँ ही गुस्से में बोल दिया है यह वाक्य/अपमान पर हावी होने लगती है एक अनिश्चितता/एक भय अचानक घिरने लगता है मन में/थोड़ी देर बाद वह अपने आप से ही हार जाता है/दूसरे ही पल वह कहता है कि अब इस उम्र में वह कहाँ जा सकता है!" इस कविता में तिरस्कार में जलते हमारे वृद्धजनों का लाचारी-बोध भी है और इस दशा में पहुँच जाने का क्षोभ भी।

आयु-प्रत्याशा बढ़ जाने से वृद्धों (महिला-पुरुष) की संख्या में निरंतर वृद्धि होते जाने और व्यक्तिगत व पारिवारिक स्तर पर उनकी उपेक्षा होने से न सिर्फ़ समाजशास्त्री और मनोवैज्ञानिक, बल्कि सरकारें भी चिंतित हो उठी हैं। एक सर्वे बताता है कि भारत में सन् 2001 में 60 वर्ष से अधिक उम्र के लोगों की संख्या 7 करोड़ 50 लाख थी; जिसके सन् 2026 तक बढ़कर 11 करोड़ 20 लाख हो जाने की संभावना है। 'सामाजिक सहयोग' त्रैमासिक शोध-पत्रिका में समाजशास्त्री सुनील गोयल लिखते हैं- "वृद्धावस्था कोई बीमारी नहीं; बल्कि मानव के जीवन-चक्र की अंतिम दशा है, एक स्वाभाविक और अनिवार्य जैविक प्रक्रिया है। इसमें भाँति-भाँति की समस्याएँ- शारीरिक, मानसिक, पारिवारिक, आर्थिक- पेश आती हैं।" उन्होंने यह भी लिखा था कि

"देश हर के हर पाँचवें वरिष्ठ नागरिक को दिन में सिर्फ़ एक वक़्त का भोजन ही मिलता है।"

मनोवैज्ञानिकों का आकलन है कि वर्तमान संदर्भ में परिवार की सत्ता एवं प्रभाव वृद्धों के हाथ से छिनकर नई पीढ़ियों के हाथों में जाने से वृद्धों की अपने ही घर में आश्रितों एवं विस्थापितों जैसी मनोदशा हो गई है। समाजविज्ञानी जेपी पचौरी ने अपने लेख 'वृद्धावस्था : एक सामाजिक विवेचन' में लिखा- "समाजशास्त्रीय दृष्टिकोण से वृद्धावस्था की एक प्रमुख समस्या समाज के साथ उनके सही समायोजन न कर पाने की है। अधिकतर वृद्ध स्वास्थ्य गिरने, नौकरी से हट जाने, आमदनी घट जाने आदि के कारण मानसिक तनाव महसूस करने लगते हैं; जिसके कारण उनमें नकारात्मक व्यवहार तथा उत्तेजना आदि की भावनाएँ पनप जाती हैं; जो समाज तथा परिवार से उचित समायोजन करने में बाधक होती हैं।" (समाज कल्याण, फरवरी-1992, पृष्ठ-20)। आधुनिक तीव्र परिवर्तनों के वर्तमान दौर में परिवार की संरचना एवं प्रकार्यों में आई तब्दीली के कारण भारतीय परिवार स्वयं वृद्धों को पूर्व की भाँति सुरक्षा देने में असमर्थ हो चले हैं।

कहाँ तो भारतीय समाज पेड़ों, पत्थरों से लेकर पशुओं और सरीसृपों तक को पूजता था, कहाँ माता-पिता को देवतातुल्य मानने वाले बेटे उन्हें बोझ समझने लगे हैं। पूरे संसार में शायद भारत ही एक ऐसा देश है, जहाँ तीन-चार पीढ़ियाँ एक ही घर में सप्रेम और सकुशल रहती थीं। आज संतति माता-पिता और दादा-दादी के साथ चंद सेकेंड बिताना भी मुनासिब नहीं समझती। जानकारी के अभाव और बदनामी के डर से बुजुर्ग क़ानून का सहारा लेने से भी हिचकते हैं। कई मामलों में बुजुर्ग अपने बच्चों को इस क़दर प्यार करते हैं कि उनकी प्रताड़ना भी ख़ामोशी से सहते रहते हैं। जो माता-पिता अपनी औलाद के आगमन की ख़ुशी में मोहल्ले में मिठाइयाँ बाँटते फिरते थे और उसकी एक हँसी से दुनिया की पूरी ख़ुशियाँ प्राप्त कर लेने की अनुभूति करते थे, वही औलाद माता-पिता की एक छोटी-सी इच्छापूर्ति करने में आनाकानी कर रही है। इस तरह की सोच सिर्फ़ किसी वर्ग या जाति तक महदूद नहीं है। यह प्रारूप देश के मध्यम और निम्नवर्गीय परिवारों से लेकर मिरक्षर और पढ़े-लिखे, धनहीन और धनवान, तथाकथित सभ्य और असभ्य समाज दोनों में देखने को मिल रहा है। देश के वृद्धाश्रमों में वानप्रस्थ जीवन बिताने वालों की संख्या जेलों में बंद क़ैदियों से अधिक है। कुछ बुजुर्गों को तो उनकी औलादें घर में ही क़ैद कर देती हैं; जिनका कोई पुरसाहाल नहीं होता। पिछले दिनों

मुंबई से हृदयविदारक ख़बर आई थी कि एक वृद्ध महिला विदेश में जा बसे बेटे की बेरुख़ी के चलते अपने ही फ़्लैट से कंकाल रूप में बरामद की गई। अगर इसे आज के भारतीय समाज का कंकाल कहा जाए तो अतिशयोक्ति नहीं होगी।

भारतीय समाज असंवेदनशील समाज के रूप में चिह्नित होता जा रहा है। जब तक परिवार संयुक्त थे, वृद्धजन परिवार के मुखिया होते थे। अपवादों के बावजूद वे 'मुखिया मुख सों चाहिए खान-पान को एक, पालै-पोसै सकल अंग तुलसी सहित विवेक' की सीख के प्रतिमान होते थे; अक्सर बिना किसी भेदभाव के पारिवारिक उत्तरदायित्वों का निर्वहन करते थे। कुटुंब के उनसे छोटे सदस्य उनका आदर-सम्मान और देखभाल करते थे; लेकिन बदली हुई अर्थ-संस्कृति के दबाव में अधिकतर परिवार एकल हो गए हैं। ऐसे में वृद्ध पीछे छूटकर एकाकी रह जाने को अभिशप्त हैं। उनके स्वास्थ्य, भरण-पोषण की समस्या विकराल है। आर्थिक आँकड़ों के खेल में न उलझें तो भी वृद्धों के शरीर में होने वाले कोशिकीय परिवर्तनों से उनके मस्तिष्क में रिसते अवसाद का गंभीर रिश्ता होता है और इसे सामाजिक दायित्व के रूप में इसे देखें तो पाएँगे कि हमारी धर्मादा और सेवाभावी संस्थाएँ भी धीरे-धीरे कारोबारी होती जा रही हैं। वे वृद्धाश्रमों के नाम पर अनुदान और चंदा उगाही तो करती हैं; लेकिन उसका सदुपयोग वृद्धों को आश्रय देने, उनका इलाज करने या उन्हें पौष्टिक आहार देने में नहीं करतीं।

संयुक्त परिवारों के विघटन, छद्म आधुनिकता की अंधी दौड़ और कामकाजी आपाधापी की वजह से उपजी विडंबनाओं ने वृद्धों के लिए घर के कोने तंग कर दिए हैं, या कहें कि उनके लिए कोई कोना बचा ही नहीं; जबकि वृद्धजन संपत्ति की सुरक्षा और वृद्धि की चिंता में अपनी चिता पर पहुँचने से पहले तक घुलते रहते हैं। उत्तराधिकारी तो उन्हें स्वामियों वाले उपयोगितावादी दृष्टिकोण से आँकते हैं। बाज़ारवाद की माया और निरंतर विकराल होते उपभोक्तावादी संसार में हर चीज़ की क़ीमत निर्धारित होती है- सगे-संबंधों की भी। शहरीकरण और परिवारों के भीतर बढ़ते आर्थिक दबावों ने वृद्धों को संकट में डाल दिया है। ग़ैर पढ़े-लिखे समाजों और अभावों के दायरे में जीने वाले परिवारों की मजबूरियाँ तो समझ में आती हैं; जहाँ पाई-पाई का संघर्ष है। लेकिन हमारे सामने सम्पन्न और ख़ानदानी कुनबों से भी मामले निक़लकर आते हैं कि वहाँ घर के बड़े-बूढ़ों के साथ बेहद रूखा और अमानवीय व्यवहार होता है। वे मनाते हैं कि इन्हें जल्द ही मौत आ जाए तो छुटकारा मिले। कई

घरों में वृद्धों से इस उम्र में भी कमाकर लाने की अपेक्षा की जाती है और अपना काम न कर पाने पर उन्हें घसीट-घसीटकर पीटा भी जाता है। थोथे विकास के गणित ने परिजनों को बिना सींग-पूँछ का पशु बना दिया है। यहाँ हमें भीष्म साहनी की कालजयी कहानी 'चीफ़ की दावत' भी याद आ रही है; जिसमें बॉस को घर पर शानदार दावत से ख़ुश करके तरक्की पाने के चक्कर में बेटा अपनी सगी माँ के साथ सौतेला व्यवहार करता है। ऐसे ही करमजलों पर अकबर इलाहाबादी ने व्यंग्य कसा है-

"बूढ़ों के साथ लोग कहाँ तक वफ़ा करें
बूढ़ों को भी जो मौत न आए तो क्या करें!"

आख़िरकार वृद्धजन कहाँ जाए, क्या करें! तभी तो साहित्यकार जैसे को तैसा वाला रास्ता दिखा देता है। चित्रा मुद्गल का एक उपन्यास है 'गिलिगडु'; जिसका अर्थ होता है चिड़िया। इसमें बुढ़ापे का दर्द, घर में उपेक्षित व्यवहार तथा दर-दर की ठोकरें खाते घर से बाहर निकाले गए वृद्धों के जीवन की व्यथा को चित्रित किया गया है। उपन्यास के मुख्य पात्र बाबू जसवंत सिंह सेवानिवृत्ति के बाद कानपुर से दिल्ली आकर बेटे के साथ उपेक्षित-से रह रहे हैं। वे स्वयं की तुलना घर के कुत्ते से करते हुए कहते हैं- "इस घर में एक नहीं दो कुत्ते हैं- एक टॉमी, दूसरा अवकाशप्राप्त सिविल इंजीनियर जसवंत सिंह!" उनकी संतानें उनका घर और बची-खुची संपत्ति हड़पकर और बेच-भाँजकर उन्हें वृद्धाश्रम भेजने की योजना बनाती हैं। एक अन्य बुज़ुर्ग सेवानिवृत्त कर्नल स्वामी से प्रेरणा लेकर वह निश्चय करते हैं कि अपनी वसीयत ही बदल देंगे और अपनी पुरानी महरी सुनगुनिया के बच्चों को लिखाएँ-पढ़ाएँगे। जब कर्नल उनसे कहते हैं- "जीवन मुठभेड़ों से ही जिया जाता है मिस्टर सिंह!" तो वह अपने पुत्र को मुखाग्नि देने के अधिकार से वंचित करने का संकल्प भी कर लेते हैं।

हालाँकि यह कोई आदर्श स्थिति नहीं है; लेकिन समाज में वृद्धों की यह स्थिति हमें सोचने पर बाध्य कर देती है कि हम संवेदनहीनता और रिश्तों की टूट-फूट के किस मुकाम पर आ खड़े हुए हैं! क्या हो गया है हमारे समय को? हम सभ्यता के किस अँधेरे में आ गए हैं? हम स्वार्थों के किस भँवरजाल में आ फँसे हैं? स्वार्थपरताओं के कारण हममें न लज्जा बची है न समाज का भय, न हममें दीन बचा है न ईमान। इतना गिरने के बावजूद यदि हम पश्चात्ताप की आग में नहीं झुलस रहे हैं तो आख़िर हम किस तरह के इंसान हैं! और क्या वाकई इंसान रह गए हैं? जबकि हमारी चिंता और कोशिश यह होनी चाहिए

कि सभी वृद्धों को सम्मान मिले। वर्तमान में बुजुर्गों की स्थिति के संदर्भ में लेखिका क्षमा शर्मा लिखती है– "अपनों द्वारा ठुकराए जाने का जो मलाल होता है, उसका क्या कोई इलाज है? उस अकेलेपन और अपमान के एहसास का क्या, जो उनके करीबी जन उन्हें कराते हैं? वे बार–बार यह एहसास दिलाते हैं कि उनकी ज़रूरत अब घर में तो क्या, इस धरती पर ही नहीं रही। जिनके लिए उन्होंने अपनी उम्र और सारे संसाधन लगा दिए, वे ही दो जून की रोटी के लिए दुत्कारते हैं।" (स्तंभ, अपनों की अनदेखी का दर्द, दैनिक जागरण, 11 जून 2017)

वृद्ध हमारी कृपा के पात्र नहीं है। यह उनका सामाजिक अधिकार है कि वे भी सामान्य ज़िंदगी जिएँ; बल्कि उनकी अवस्था देखते हुए उन्हें अपेक्षाकृत अधिक सहयोग और अपनापन की ज़रूरत होती है। हमें उन्हें अपना मोहताज नहीं बनाना चाहिए; क्योंकि इस दुनिया में आने और दुनियादारी सीखने के लिए हम उनके मोहताज होते हैं। हम उनसे हैं, उन्हीं से हमारा अस्तित्व निर्मित है। उनसे हमने बहुत कुछ सीखा है, बहुत कुछ समझा है और बहुत कुछ पाया है। उनके प्रति हमारे आदतों को पसंद नहीं करते या उनकी बार–बार की टोकाटाकी से तंग आकर चिढ़ने लगते हैं। प्रख्यात निबंधकार पदुमलाल पुन्नालाल बख्शी ने लिखा है, "जो वृद्ध हो गए हैं, जो अपनी बाल्यावस्था और तरुणावस्था से दूर हट आए हैं, उन्हें अपने अतीतकाल की स्मृति बड़ी सुखद लगती है। वे अतीत का ही स्वप्न देखते हैं।... वृद्ध अतीत को खींचकर वर्तमान में देखना चाहते हैं।" इस स्वप्न के वशीभूत होकर वृद्धजन जब युवा पीढ़ी के रहन–सहन और तौर–तरीकों के बारे में बिना पूछे ही राय देने लगते हैं या नुक्ताचीनी करने लगते हैं तो युवा उनकी अनदेखी करने लगते हैं या उन्हें उपेक्षा–भाव से सुनते हैं... और यह उपेक्षा वृद्ध व्यक्ति सहन नहीं कर पाता। वह अपमानित महसूस करके अक्सर उत्तेजना में आकर आँय–बाँय–साँय बकने लगता है। इससे परिवार में उसकी स्थिति और कमज़ोर होती जाती है। फिर उसे सनकी और खब्ती समझकर अपने हाल पर छोड़ दिया जाता है। परिवार के बच्चे भी उसको तिनगाने लगते हैं। शक्तिहीनता के कारण वह बच्चों का कुछ बिगाड़ तो नहीं सकता, हाँ अपना मुँह ख़राब करके अपने बहू–बेटों की नाराज़गी और मोल ले लेता है। इससे उसके अंदर एकाकीपन की भावना घर करने लगती है। वह अलगाव महसूस करने लगता है; अपने ही बच्चों से अपनत्व की कमी महसूस करने लगता है। अगर उसका जीवन–साथी बिछड़ गया है, तो उसे याद कर–करके कलेजा जलाने लगता है; सामाजिक गतिविधियों से दूरी बनाने लगता

है। वह स्वीकार करने लगता है कि अब उसका घर-बाहर की सत्ता पर कोई प्रभाव नहीं रहा। वह अपनी मौत की दुआएँ माँगने लगता है। यह बदली हुई परिस्थितियों से तालमेल न बिठा पाने का परिणाम है।

वृद्ध हमेशा अपने आभासी सुखद अतीत को याद करते रहते हैं; जिसे अतीतजीविता कहा जा सकता है। यह स्वप्नजीविता की विपरीत दिशा है। इस मानसिकता में वे पीढ़ियों के द्वंद्व एवं टकराव से बिखरकर कभी-कभी इतने असहनशील हो जाते हैं, कई बार इतने स्वार्थी भी हो जाते हैं या यूँ कहें कि अपनी इच्छाओं और चाहतों के इतने गुलाम हो जाते हैं कि अपनी ही औलाद की मज़बूरियों और सीमित संसाधनों को अनदेखा करते हुए अपनी माँगों की ज़िद पर अड़े रहते हैं। अपने मन का न होने पर उन्हें उपालंभ देते हैं, कोसते हैं, उन्हें स्वच्छंद और अनुशासनहीन बताते हैं। आख़िर कितने वृद्ध ऐसे होते हैं; जो वास्तविकताओं से आँख मिलाते हुए अपना आगा-पीछा सोचते हैं और तदनुरूप व्यवहार करते हैं? उनकी कामनाओं का अतृप्त रह जाना और अपेक्षाओं का मूर्त रूप न ले पाना मानसिक विकार को ही जन्म देता है और उन्हें आत्मगत बना डालता है।

लेकिन वृद्धों पर दोष मढ़कर हम अपनी जिम्मेदारियों से छुटकारा नहीं पा सकते, ठीक उसी तरह जैसे कि छोटे बच्चों को दोषी साबित करके हम निश्चिंत नहीं बैठ जाते। कहा भी गया है कि बुढ़ापा बहुधा बचपन का पुनरागमन है। बूढ़ों में भी हम बालकों की तरह वृद्धहठ, चटोरापन, विस्मृति और नाक पर गुस्सा जैसे लक्षण पाते हैं। इसीलिए उनकी देखभाल और परवाह बच्चों की भाँति ही की जानी चाहिए। हमारे भारतीय जीवन-विधान में माता-पिता एवं बड़े-बूढ़ों का अतुलनीय महत्त्व रहा है। 'मातृदेवो भव, पितृदेवो भव' की अवधारणाएँ कोई एक दिन में ही नहीं पुष्ट हो गईं। इनकी बनावट और बुनावट में सदियों की सरणियाँ बही हैं। बच्चों के विकास, भरण-पोषण और उन्हें संस्कारित करने में माता-पिता और बड़े-बूढ़ों की क्या भूमिका होती है, इसे सब जानते हैं। उनके वृद्ध हो जाने पर दूध में पड़ी मक्खी की तरह निकाल फेंकना भारतीय संस्कृति का हिस्सा कभी नहीं रहा है। हमारे यहाँ तो निःसंतान, परित्यक्त और जीर्ण-शीर्ण देह वाले वृद्धों को भी सहारा देने की परंपरा रही है; लेकिन आज व्यक्तिवादी सोच के चलते घर के वृद्ध ही पृथक, असहाय, उपेक्षित और असुरक्षित महसूस कर रहे हैं।

मोटे तौर पर वृद्ध निम्न समस्याओं से घिरे होते हैं- आर्थिक समस्याएँ, स्वास्थ्य एवं शारीरिक समस्याएँ, सामाजिक सामंजस्य से संबंधित समस्याएँ,

मनोसामाजिक एवं पर्यावरणीय समस्याएँ, सत्ता, प्रभाव और अंत:क्रियाओं से जुड़ी समस्याएँ तथा समय व्यतीत करने और मनोरंजन से जुड़ी समस्याएँ। वृद्धावस्था में उन्हें नेत्ररोग, हृदय, श्वसन, त्वचा एवं मूत्र संबंधी विकारों को भी झेलना पड़ता है। अध्ययनों में पाया गया है कि 60 से 70 वर्ष के वृद्धों में मानसिक अस्वस्थता 71.5 प्रतिशत तक होती है। ऊपर उल्लिखित पर्यावरणीय समस्याओं से आशय यह है कि देह शिथिल होने के बाद उन्हें वह परिवेश नहीं मिल पाता; जिसके वह आदी रहे हैं। उनका पर्यटन, भ्रमण, कार्यस्थल का आनंद उठाना आदि भी बंद हो जाता है।

इसी के मद्देनज़र सरकार ने वृद्धों के कल्याण के लिए अनेक योजनाएँ बनाई हैं; ताकि वृद्धों की सही ढंग से देखभाल हो सके। क़ानून में बूढ़े माता-पिता, दादा-दादी की समुचित देखभाल को लेकर परिवार वालों को ज़िम्मेदार बनाए जाने की वक़ालत भी की गई है। कई शहरों में नाना-नानी पार्क बनाए गए; बुजुर्ग सेवासंघ स्थापित किए गए; आश्रम-केंद्र खोले गए। शहर-शहर में खुले वृद्धाश्रम आवासीय विकल्प के तौर पर तो हैं ही, कई ग़ैरसरकारी संगठन (एन.जी.ओ.) और स्वयंसेवी संगठन भी इस दिशा में कार्य कर रहे हैं। ज़ाहिर है कि शासन और ग़ैरसरकारी संगठन अपने-अपने ढंग और अपने-अपने स्तर पर वृद्धों को सुरक्षा देने के लिए प्रतिबद्ध हैं; लेकिन भावात्मक सुरक्षा देना परिवार और समाज के बूते की ही बात है। उन्हें अनुत्पादक मानकर किसी बंद पड़े कारखाने या समुद्र के लाइटहाउस की तरह परित्यक्त कर देना हमारे समाज के लिए कलंक से कम नहीं है। निशा माथुर की अग्रलिखित कविता हमें बुजुर्गों की अहमियत बताती है- "अपने दिल की दुआओं में सँभाला करते हैं हमें हमारे बुजुर्ग/जब अंतर्मन से होते हम खाली/फिर भी हमारी कोई राह नहीं/हमारा जुनून, हमारी ख़्वाहिश, ताक़त बन जाते हैं हमारे बुजुर्ग/... जिनकी दुआओं से ही हमें हासिल होते हैं/ये शोहरत और ये मुकाम/काँपता हाथ सर पर रखते ही राह के पत्थर हटा देते हैं हमारे बुजुर्ग/बनके सरपरस्त जब हमें/लपेट लेते है अपने बाहुपाश में प्यार से/घर-आँगन में चाँदनी लेकर, चाँद बनकर उतर आते हैं हमारे बुजुर्ग।"

इतना बड़ा संबल देने वाले बड़े-बूढ़ों को घर से खदेड़कर वृद्धाश्रम के हवाले कर देना पैरों में कुल्हाड़ी मारने जैसा काम है। पश्चिमी सभ्यता में भले ही वृद्धों की जीवन-प्रणाली घर-परिवार से दूर समंजित हो जाती हो, भारत में इसकी कल्पना भी भयावह है। कई देशों में अपने नागरिकों की ज़िम्मेदारी बचपन से ही राज्य उठाने लगता है; लेकिन हमारे यहाँ बचपन से लेकर

वृद्धावस्था तक देख-सँभाल की ज़िम्मेदारी परिवार की होती है। यह सिलसिला पीढ़ी-दर-पीढ़ी चला आता है। कल्याणकारी राज्य का अर्थ हमारे यहाँ दूर से ही कल्याण करने का है और अब तो नई सत्ताएँ इस अवधारणा से ही मुँह मोड़ चुकी हैं। इसीलिए भारत में वृद्धों की अंतिम और स्वाभाविक शरणस्थली उनका परिवार ही है; जिसे समाज आगे बढ़कर मान्यता देता है। मानवाधिकार आयोग के अध्यक्ष रहे जस्टिस धर्माधिकारी ने कहा था कि "भारतीय सामाजिक परिवेश में वृद्धाश्रमों को बढ़ावा देना उचित नहीं है। वृद्धजनों को बोझ न समझते हुए उनकी देखभाल करना हर नागरिक का नैतिक दायित्व है।" न्यायमूर्ति के इस कथन में वृद्धों को उनके ही रचे वैभव से बेदख़ल कर दिए जाने की चिंता छिपी है।

वृद्धों की स्थिति उस दीये के समान है; जिसने जीवन भर दूसरों को प्रकाश दिया है और आज उसकी बुझती बाती को कोई तेल देने वाला नहीं है। मुझे लगता है कि हमारी नमनीयता और सुश्रूषा वृद्धों को घर रूपी मंदिर में स्थापित और प्रज्वलित किए रख सकती है; उनके हृदय में अपरिमित आशीष का आयतन बढ़ा सकती है। उन्हें हमारी सहानुभूति के रंचमात्र मरहम की आवश्यकता है और हमें उनके अनुभव के विपुल ख़ज़ाने की। सौदा फ़ायदे का है। वृद्धों का क्या है, वे तो पके हुए फल हैं।

आधी आबादी का धुँधुआता सच

प्रसिद्ध विचारक फ्रेडरिक एंगेल्स ने बहुत पहले लिखा था– "जब तक स्त्रियाँ सामाजिक उत्पादन के कार्यों से बाहर रहकर घर के निजी कार्यों तक ही सीमित रहेंगी, तब तक उनकी मुक्ति तथा पुरुष के साथ उनकी समानता असंभव है। स्त्रियों की मुक्ति तभी संभव है, जब वे सामाजिक स्तर पर उत्पादन के कार्यों में बड़े पैमाने पर भागीदारी करेंगी और जब घरेलू कर्तव्य उनके ध्यान के केंद्र में बहुत गौण हो जाएँगे।" उनके इस सूक्ष्म अवलोकन में स्त्री-मुक्ति की कुंजी छिपी हुई है। एंगेल्स के जमाने से लेकर आज तक स्त्रियों की उत्पादन-प्रक्रिया में भागेदारी को लेकर काफ़ी सामाजिक बदलाव आए हैं; लेकिन आज भी प्रबल सामाजिक-संरचनाएँ स्त्री की तरफ़ पीठ देकर खड़ी हैं और पितृसत्ता पुरुष-समानता की ओर बढ़ते उसके क़दमों की बेड़ी बनी हुई है। कभी छायावाद की प्रमुख स्तंभ महादेवी वर्मा ने भी स्त्रियों का दुःखड़ा गाया था–

"मैं नीर भरी दुःख की बदली/विस्तृत नभ का कोई कोना/मेरा न कभी अपना होना/परिचय इतना इतिहास यही/उमड़ी कल थी मिट आज चली/मैं नीर भरी दुःख की बदली।"

आज भी सर्वत्र आहत स्त्री की पुकार और गुहार सुनाई पड़ रही है। वह छली जा रही है, लहूलुहान है, परतंत्र है। उसकी कोई सामाजिक-आर्थिक आज़ादी नहीं है। वह अब भी अपने जीवन के विभिन्न चरणों में पिता, भाई अथवा पति के अधीन है...और सैकड़ों वर्ष पहले गोस्वामी तुलसीदास लिख ही गए हैं कि 'पराधीन सपनेहुँ सुख नाहीं' तथा हमारे दौर के समर्थ कवि बद्रीनारायण भी यही लिख रहे हैं– "मुझे लगता है दुनिया की सारी नदियाँ स्त्रियों के रोने से बनी हैं।" ज़ाहिर है, तमाम दावों के बावजूद स्त्री का सच आज भी यही है कि वह नीर भरी दुःख की बदली है। इस विस्तृत आकाश में अब भी उसका न तो कोई निश्चित कोना है और न ही उसकी अस्मिता के कोई

निर्णायक बिंदु हैं। भारतीय संदर्भों में उसकी कामना इस श्लोक में निहित भाव से की जाती है- "कार्येषु मन्त्री करणेषु दासी भोज्येषु माता शयनेषु रम्भा। धर्मानुकूला क्षमया धरित्री भार्या च षाड्गुण्यवतीह दुर्लभा।।" (कार्यप्रसंग में मंत्री, गृहकार्य में दासी, भोजन कराते वक्त माता, रतिप्रसंग में रंभा, धर्म में सानुकूल और क्षमा करने में धरित्री। इन छह् गुणों से युक्त पत्नी मिलना दुर्लभ है।)

स्त्री-स्वातंत्र्य की उद्घोषणाएँ एक लंबे अरसे से होती आ रही हैं। उसके गौरवगान से पुराण और संहिताएँ अटी पड़ी हैं- "यत्र नार्यस्तु पूज्यन्ते रमन्ते तत्र देवताः। यत्रैतास्तु न पूज्यन्ते सर्वास्तत्राफलाः क्रियाः।।" (मनुस्मृति) अर्थात् जिस कुल में नारियों की पूजा होती है, सत्कार और सम्मान होता है, उस कुल में दिव्यगुण, दिव्य भोग और उत्तम संतान होती है और जिस कुल में स्त्रियों की पूजा नहीं होती, वहाँ जानो कि उनकी सब क्रियाएँ निष्फल हैं। इतने ऊँचे आचार-विचारों वाली हमारी संस्कृति के बावजूद कितनी ही निर्मलाएँ आए दिन दूषित की जा रही हैं।

बाहर की दुनिया तो जाने दीजिए, वे अपने घर के भीतर अपने नितांत आत्मीय रिश्तों द्वारा लूटी जा रही हैं। इंदु श्रीवास्तव की चार पंक्तियाँ याद आ रही हैं- "कचहरी में न बोलेगी वो कुछ अपनी सफ़ाई में/लगाए भी तो क्या इल्ज़ाम इस रिश्ते के भाई में/लुटी है उसके हाथों ही ये कहते जीभ जलती है/कभी बाँधी थी राखी प्यार से जिसकी कलाई में।" स्त्रियों की दशा ऐसी बना दी गई है, जैसे कि उनका कोई धनाधोरी ही नहीं है; ख़ास तौर पर दक्षिण एशियाई देशों में। पाकिस्तानी लेखिका तहमीना दुर्रानी ने अपने उपन्यास 'कुफ़्र' और अपनी आत्मकथा 'मेरे आक़ा' में इस पतन के सूक्ष्म और मार्मिक ब्यौरे प्रस्तुत किए हैं। 'मेरे आका' में वह वर्णन करती हैं- "मुझे क्या हो गया था? मैं हर चीज़ से इतना डरती क्यों थी? मैं अपमान और लज्जा को एक सामान्य इंसान की तरह क्यों नहीं लेती थी? मैं समझती थी कि मेरे पति ने मेरी आत्मा को कुचल दिया था। उसने मेरे परिवार के साथ मेरे पहले से ख़राब संबंधों को उलझाकर रख दिया था। उसने मुझे मेरे दोस्तों से काट दिया था। उसने मुझे एक भूल-भुलैया में ला खड़ा किया था; जिससे बाहर निकलने का रास्ता मुझे पता नहीं था। उसने मेरे सारे सहारे छीन लिए थे और मुझे अपने टापू में मज़बूती से बाँध दिया था। मैं बस इस भूल-भुलैया में इधर से उधर भटक ही सकती थी और मैं इतनी थक चुकी थी कि न तो बोल सकती थी और न ही सोच सकती थी।"

ममतामयी स्त्री का परिचय और इतिहास यही रहा है कि वह उमड़ती-घुमड़ती तो बहुत है और बिना बरसे ही अपने आपको मिटा देती है। असंख्य प्रसंगों के बाद मोमबत्तियाँ जलती हैं; नारेबाजी होती है; जुलूस निकलते हैं; रास्ते जाम किए जाते हैं और फिर वही ढाक के तीन पात। फिर वही यातनाओं और शर्मनाक कारगुजारियों का सिलसिला! यह भारत की आधी आबादी का धुँधुआता हुआ सच है। अपाहिज आस्थाएँ, बाज़ारीकरण की माँग और मीडिया उसे वस्तु और उत्पाद में परिवर्तित कर रहा है। पुरुष-सत्ताएँ उसे उपभोग के अर्थतंत्र में बदल रही हैं। इससे छुटकारा पाने के लिए स्त्री अपने पंखों पर भरोसा करना चाहती है; लेकिन उसकी उड़ान के बारे में समाज, सत्ता, और प्रजातंत्र की राय क्या है? यही न कि उसे घर की चहारदीवारी और रसोई के मनोविज्ञान में उलझाए रखा जाए।

स्त्री महज़ एक देह नहीं है। प्रश्न है कि स्त्री-पुरुष एक-दूसरे के पूरक होते हुए भी एक़दम अलग-अलग भूमिकाओं में क्यों हैं? स्त्री को सम्मान का जबानी जमाख़र्च नहीं चाहिए; उसको सम्मान के सही मायने भी चाहिए। स्त्री को बदरंग जीवन, हदबंदिया और वर्जनाएँ नहीं; बल्कि एक उन्मुक्त आकाश चाहिए। उसे रिश्तों में निर्मलता भी चाहिए और ज़िंदगी के यथार्थ का सिलसिला भी। स्त्री की अपनी जैविक और भावनात्मक संरचना है; लेकिन वास्तव में उसकी ठोस इयत्ता और अस्मिता अब भी संभव नहीं हुई। दसवीं शताब्दी के बाद से यह मुहावरा प्रचलित हुआ कि 'जेहिं के बिटिया सुंदर देखी तेहिं पर जाय धरे हथियार।' यह वास्तविकता क्या कहती है? पुरुष-मनोविज्ञान का नज़रिया क्यों इतना खस्ताहाल रहा है? उसके इस नज़रिए पर स्त्री प्रायः ख़ामोश दिखती है। हालाँकि इस ख़ामोशी की भी अपनी वाणी है, भाषा और व्याकरण है और उसका अपना लहजा है। प्रायः सभी प्रकार की सत्ताओं ने स्त्री को महत्त्व नहीं दिया; उसकी अनदेखी की। चाहे वह धर्मसत्ता हो या शासनसत्ता हो या समाजसत्ता, सभी प्रकार की सत्ताएँ स्त्री के प्रतिकूल ही रही हैं। इसलिए अतीत से लेकर अब तक स्त्री का भजन-कीर्तन और महिमागायन चाहे जितना हुआ हो, उसकी अस्मिता को मान्यता नहीं दी गई।

देश को आज़ादी मिलने के बाद भी उसकी हस्ती को निरस्त करने की कोशिश हुई इसकी एक बड़ी वजह यह भी है कि आज़ादी के आंदोलन का मूल ढाँचा पितृसत्तात्मक राष्ट्रवाद का था और भारत में नारीवादी आंदोलन भी इसी ढाँचे के समानांतर विकसित होता हुआ दिखाई देता है। उन्नीसवीं सदी के उत्तरार्ध और बीसवीं सदी के पूर्वार्ध तक विकसित होते गए स्त्री-आंदोलन को

भारत के तत्कालीन राष्ट्रवादी आंदोलन से अलग करके नहीं देखा जा सकता है। इन दोनों आंदोलनों में घर्षण भी रहा है। इस घर्षण की शुरुआत वहीं से साफ़ दिखाई देने लगती है, जब राष्ट्रवादी आंदोलन के कर्ताधर्ता स्त्री की तत्कालीन दशा में सुधार तो लाना चाहते हैं; लेकिन उसे परंपरागत परिवार के दायरे में सीमित रखते हुए सामाजिक स्तर पर उसकी राष्ट्रमाता वाली ऐसी छवि गढ़ देना चाहते हैं; जहाँ न तो स्त्री का स्वतंत्र व्यक्तित्त्व है और न ही उसकी कोई अस्मिता। यही कारण है कि सरोजिनी नायडू जैसी साहसी और योग्य महिलाओं ने भारत के स्त्री-आंदोलनों को स्त्रीवादी आंदोलन ही नहीं माना और उसे पश्चिम में चल रहे स्त्रीवादी आंदोलन से भी अलगाया।

आज भी पढ़े-लिखे समाजों में स्त्री ने अपने आपको ज़्यादातर ख़ामोश ही रखा है। कुछ जगहों पर ही सुगबुगाहट है। इस ख़ामोशी की वजह से उसका बहुआयामी यथार्थ बहुत कुछ अनकहा और अनचीन्हा रह जाता है। स्त्री गुपचुप रहती है; प्रायः बढ़-चढ़कर हिस्सा नहीं लेती; लेकिन यह स्त्री की न तो अज्ञानता है और न ही उसकी शक्तिहीनता है। वह पितृसत्तात्मक समाजों के षड्यंत्रों और दमनकारी शक्तियों से भलीभाँति परिचित है। महादेवी वर्मा भारत में हिंदी-पट्टी की पहली स्त्री-विचारक हैं; जिन्होंने स्त्री-संबंधी प्रश्नों को बहुत संयत होते हुए बेबाकी से उभारा था। उनकी पुस्तक है- 'शृंखला की कड़ियाँ'; जो 1940 में प्रकाशित हुई थी। वे लिखती हैं- "हमें न किसी पर जय चाहिए, न किसी से पराजय, न किसी पर प्रभुता चाहिए, न किसी का प्रभुत्व, केवल अपना वह स्थान, वे स्वत्व चाहिए, जिनका पुरुषों के निकट कोई उपयोग नहीं है; परंतु जिसके बिना हम समाज का उपयोगी अंग बन नहीं सकेंगी। हमारी जाग्रत और साधन-संपन्न बहिनें इस दिशा में विशेष कार्य कर सकेंगी, इसमें संदेह नहीं।" महादेवी जी ने अनेक सूत्रवाक्य दिए थे; जैसे- "नारी के लिए नारीत्व एक अभिशाप है और इस अभिशाप से मुक्ति उसके अकेले के प्रयास से संभव नहीं है। यह दुष्कर कार्य तो समूह के प्रयत्नों से ही किया जा सकता है।"

1929 के आसपास जयशंकर प्रसाद की 'ध्रुवस्वामिनी' नाटिका प्रकाशित हुई थी। प्रसाद जी ने ध्रुवस्वामिनी के मार्फ़त रामगुप्त के क्लीवत्व का पर्दाफ़ाश किया था। समाज सापेक्षिक मूल्यों के तहत ध्रुवस्वामिनी के अस्तित्व को स्वीकार करते हुए उसके रामगुप्त से अलग होने की घोषणा करवाई थी। परिस्थितियों की जटिलता इसी बात से समझी जा सकती है कि 'सीमांतनी उपदेश' जैसी पुस्तक लिखने वाली लेखिका को अपना नाम गोपनीय रखकर

स्वयं को 'अज्ञात हिंदू लेखिका' कहना पड़ा। उनकी इस पुस्तक में नारी के संघर्षपूर्ण जीवन और उसकी असफलताओं के ऐसे-ऐसे चित्र हैं; जिन्हें निश्चित रूप से यातनाप्रद कहा जा सकता है। इस पुस्तक में हमारे दांपत्य जीवन, स्त्री-जीवन और पारिवारिक हलकों में व्याप्त दुर्दशाओं, दुःख-गाथाओं को चित्रित और जीवंत किया गया है। रमाबाई, ताराबाई शिंदे और स्फुरना देवी हमें इसी रूप में स्मरण आती हैं। हालाँकि नवजागरण-काल के ठीक बाद कही गई इन बातों से हम बहुत आगे निक़ल आए हैं; लेकिन आज भी पुरुष अपने आपको विधान बनाने वाले के रूप में चिह्नित करता है और स्त्री को निषेधक के रूप में। एनी बेसेंट कहती थीं- "पुरुष का अधिकार एक स्वीकार्य सिद्धांत बन चुका है; परंतु दुर्भाग्यवश विश्व के विशेष दृष्टिकोण में वह केवल पुरुषों का अधिकार है। ये अधिकार लैंगिक अधिकार हैं, न कि मानवीय अधिकार, और जब तक ये मानवीय अधिकार नहीं बनते तब तक समाज एक औचित्यपूर्ण, सुरक्षित नींव पर खड़ा नहीं हो सकता।"

जहाँ तक स्त्री की विद्वता का सवाल है, अतीत में भी इसके प्रदर्शन के कुछ उदाहरण मिल जाते हैं- गार्गी, मैत्रेयी, घोषा, लोपामुद्रा आदि ने खुलकर अपने विचार प्रकट किए थे। मध्यकाल में मीराबाई, अक्क महादेवी, सहजोबाई, दयावती बाई आदि का लेखन सामने आया था। आधुनिक काल में स्त्रियों ने लेखन की दुनिया में साहसपूर्ण क़दम बढ़ाए; लेकिन उनके ख़िलाफ़ देह का भूगोल और उसकी गर्हित राजनीति भी माहौल में व्याप्त रही। लेखन के संसार में स्त्री को हतोत्साहित किया गया; उसका तरह-तरह से शोषण हुआ; अच्छा लिखने के बावजूद उसे हाशिए पर रखा गया। पुरुष का अहं यहाँ भी तनकर खड़ा रहा। प्रश्न उठता है कि क्या स्त्री, पुरुषसत्ता के लिए सनातन उपनिवेश है? इस दृष्टि से प्रभा खेतान की पुस्तक- 'उपनिवेश में स्त्री' हमारे सामने महत्त्वपूर्ण रेखांकन करती है।

लेकिन कितना भी दबाया गया हो, आज चाहे हिंदी भाषा की लेखिकाएँ हों या अन्य भारतीय भाषाओं की, उनका लेखन भारतीय समाज और संस्कृति के रूढ़िवादी पुरुषसत्तात्मक ढाँचे की बहुस्तरीय विद्रूपताओं को उजागर करते हुए सामने आता है। इस क्रम में कात्यायनी की 'दुर्ग द्वार पर दस्तक' और इलिना सेन की 'संघर्ष के बीच संघर्ष के बीज' उल्लेखनीय पुस्तकें है। 'स्त्रीत्व का मानचित्र' (अनामिका), 'औरत के हक़ में' और 'नष्ट लड़की : नष्ट गद्य' (तसलीमा नसरीन), 'सांप्रदायिक दंगे और नारी' (नूतन सिन्हा), 'विद्रोही स्त्री' (जर्मन ग्रेयर) और जान स्टुअर्ट मिल की पुस्तक 'स्त्री पराधीनता' हमारे सामने

गहन विश्लेषण प्रस्तुत करती है। सिमोन द बोउवा की विश्वप्रसिद्ध पुस्तक इस संदर्भ में 'स्त्री उपेक्षिता' तो मील का पत्थर है ही। प्रभा खेतान की 'अन्या से अनन्या', मैत्रेयी पुष्पा की 'कस्तूरी कुंडल बसै', मन्नू भंडारी का उपन्यास 'आपका बंटी', सुशीला टाकभौरे का 'शिकंजे का दर्द' जैसी कृतियाँ द्रष्टव्य हैं; जो स्त्री-संदर्भ में उठने वाले प्रश्नों को गंभीरता से प्रत्यक्ष करती हैं।

स्त्री की दुनिया में अनेक प्रश्न हैं; लेकिन उनके उत्तर सिरे से ग़ायब हैं। ऐसा नहीं है कि स्त्री की छवि बदल न रही हो। हमारे कवियों, लेखकों और चिंतकों ने उस पर विभिन्न कोणों से विचार किया है। रघुवीर सहाय की एक कविता ही है- 'स्त्री'; पंक्तियाँ देखें- "स्त्री की देह/मुस्कुराती स्त्री/उसकी देह/पीठ इधर करते ही/उसके जीवन के/दस बरस दिखे/हर स्त्री के/गर्भ में रहते हैं/उसके आने वाले क्लेश/जब वह घुटने मोड़कर/करवट लेती हो/तब देखोगे तुम/देख रहे हो कि उस पर अन्याय होंगे ही/पर उसका चेहरा उसका विद्रोह है/यह कितनी औरतें जान पाती हैं/इस भ्रम में भूली हुई कि वह भविष्य है/वह घुटने मोड़कर करवट लेकर लेट जाती है।" हालाँकि यह भी सही है कि पुरुषों की दुनिया में स्त्री के इतने खाने बनाए गए हैं कि वह स्वयं चकित हो जाती है। उसकी छवि को अनेक रूपों में भुनाया जाता है- कभी आदर्श के रूप में, कभी उत्तर आधुनिकता के रूप में, कभी बाज़ारवाद के संदर्भ में। सुधीश पचौरी के शब्दों में- "मीडिया, ख़ासकर इलेक्ट्रॉनिक मीडिया, उससे जुड़े बाज़ार, बहुराष्ट्रीय निगमों और इन सबके पीछे ईश्वर की तरह सर्वशक्तिमान नए पूँजीवाद ने स्त्री की गोपनीयता को उघाड़कर बेपर्दा कर दिया है। स्त्री उपमानों की क़ैद से निकल नाना रूपों में साक्षात् हमारे समक्ष उपस्थित होने लगी है।... समकालीन जगत की समूची सांस्कृतिक बहसों की जड़ में कहीं-न-कहीं यही क़ैद से आज़ाद होती हुई 'स्त्री' छवि ही है।" दूसरी तरफ़ हम देख रहे हैं कि स्त्री के ख़िलाफ़ घट रहीं घटनाएँ अख़बारों, टेलीविज़न, न्यूज़ चैनलों में बड़े ही शर्मनाक, अश्लील, गरिमाहीन और चटखारेदार ढंग से प्रकाशित और प्रसारित की जाती हैं।

स्त्री अब स्वयं को उपेक्षिता नहीं समझती, पुरुष भले ही उसे अबला मानता रहे। उसके द्वारा लिंग-विभेद की गहरी खाइयों को मिटाने के प्रयत्न भी शुरू हो गए हैं। कलाओं, रंगमंच और सिनेमा में ही नहीं, जीवन के विभिन्न क्षेत्रों में स्त्री के हस्तक्षेप का निरंतर विस्तार हुआ है। अब वह 'अबला जीवन हाय तुम्हारी यही कहानी' का प्रतिबिंब मात्र नहीं है। वह नृत्य-गायन भर नहीं

करती; बल्कि वह लड़ सकती है, जूझ सकती है, अत्याचार के ख़िलाफ़ तनकर खड़ी हो सकती है। वह शक्तियों का प्रदर्शन भी कर सकती है। नोबल पुरस्कार-विजेता अल्बेयर कामू कह गए हैं- 'हम विद्रोह करते हैं, इसीलिए हमारा अस्तित्व होता है।' स्त्री समझने लगी है कि समाज-संरचना में उसकी महत्त्वपूर्ण और जीवंत भूमिका है। स्त्री की भागीदारी वहाँ भी हो रही है; जहाँ पुरुषों ने उसके लिए वर्जित इलाके घोषित कर रखे थे। वह आटो रिक्शा से लेकर ट्रक तक चलाती है और हवाई जहाज भी उड़ाती है। हालाँकि पुरुष-वर्चस्व वाले ये क्षेत्र उसे और उसके स्वातंत्र्य को अब भी एक कमज़ोर स्त्री के दुस्साहस के रूप में ही चिह्नित करते हैं। इसकी वजह स्पष्ट करते हुए लेखिका सुमन राजे का कहना है कि "आज तक हम राजनीतिक-सामाजिक स्वतंत्रता की ही व्याख्या नहीं कर सके हैं और स्त्री-स्वतंत्रता की बात उसी परिप्रेक्ष्य में की जा सकती है। स्वतंत्रता का मूल अभिप्राय है- 'निर्णय की स्वतंत्रता' और स्त्री-स्वतंत्रता का रूप क्या होगा, यह स्वयं स्त्रियों को ही तय करना है।"

पुरुषों की वर्चस्वशीलता ने बहुत होशियारी के साथ स्त्री को उत्तराधिकार से वंचित कर रखा था। स्वतंत्र भारत में स्त्री की सीमाएँ सामंतशाही मानसिकता में खींची गईं और कालांतर में उसे उत्तर आधुनिकताओं के जाल में फँसा दिया गया। तसलीमा नसरीन के शब्दों में "स्त्री को डरना और लज्जालु होना पुरुष-प्रधान समाज ने सिखाया है; क्योंकि भयभीत और लज्जालु रहने पर पुरुषों को उस पर अधिकार जताने में सुविधा होती है। इसलिए डर और लज्जा को 'स्त्री' को कहा जाता है। समाज में कुछ लोग ही होंगे जो निर्भीक और लज्जाहीन स्त्री को बुरा नहीं कहते।"

स्त्री के सामने अवरोधों के अनेक घेरे हैं। अन्य क्षेत्रों की ही तरह नए जमाने के माध्यम इलेक्ट्रॉनिक मीडिया में भी स्त्री-शोषण के मामले सामने आने लगे हैं। टीवी धारावाहिकों में स्त्री की दैहिक सुंदरता को तरह-तरह से इस्तेमाल किया जा रहा है। फ़िल्म-जगत में अभिनेत्रियों के शोषण की ख़बरें आती ही रहती हैं। सेवा-क्षेत्र में उसके लिए रातपालियों में काम करना असुरक्षित हुआ है। ज़ाहिर है, स्त्री पा कम रही है, खो अधिक रही है। वर्जीनिया वुल्फ़ में लिखा गया कि "इतिहास में जो कुछ अनाम है वह औरतों के नाम है। प्रश्न उठता है कि अदृश्य रहने वाली स्त्रियाँ, आज जब इतने व्यापक स्तर पर दृश्यमान हैं तो उनकी ताक़त, उनके अधिकार और उनकी संभावनाओं में आनुपातिक बढ़ोत्तरी क्यों नहीं हो रही है?"

स्त्रियाँ प्रेम करती हैं; परिवार और समाज के लिए न्योछावर होती हैं; रोज़मर्रा की ज़िंदगी में संघर्ष करती हैं; जूझती हैं। ये उनकी कोई आज की छवि नहीं है। पुराकाल से युद्धों, सांप्रदायिक दंगों, ज़मीन-जायदाद के झगड़ों, घरेलू कलह या फिर घर-परिवार सँभालने में उन्होंने जिस वीरता, त्याग और समर्पण का प्रदर्शन किया है, उसकी कद्र पुरुष-समाज ने कभी नहीं की। उल्टे उन्हें इसका सिला उनकी बेइज़्ज़ती करके, उनसे बलात्कार करके, उन पर ज़ुल्म ढाकर दिया है। स्त्रियों के स्त्रीत्व को नष्ट करने के जो तरीके पुरुष-समाज ने अपनाए हैं, वे दुर्दांत हैं। बच्ची को जन्म लेने नहीं दिया जाता; भ्रूण में ही उनका शिकार कर लिया जाता है; उनके पालन-पोषण और शिक्षा-दीक्षा में भेदभाव किया जाता है; दहेज के लिए उन्हें जला दिया जाता है या फाँसी पर ही टाँग दिया जाता है। पुरुष-समाज ने स्त्री के लिए जो मानचित्र निर्मित किया है वह ध्रुव-प्रदेशों का है। केंद्र में उसकी कोई जगह नहीं है।

स्त्री हर युग में दाँव पर लगाई गई। महाभारत-काल में द्रौपदी जुए के दाँव पर लगी। भरी सभा में उसके शीलभंग का प्रयत्न किया गया और महाबली पुरुष मर्यादाओं के नाम पर मूकदर्शक बने बैठे रहे। सीता जैसी देवी को अग्निपरीक्षा देनी पड़ी। रावण ने सूर्पणखा का अपने प्रयोजन के लिए इस्तेमाल किया और उसके नाक-कान कट गए। ऐसे कई प्रसंग हैं; जो हमारे समाज की पुरातन पुरुषवादी मानसिकता को सामने लाते हैं। आज के दौर में 'तंदूर', 'निर्भया' और 'कठुआ' कांड हो रहे हैं। इस समूचे दौर में स्त्री-दलन के जितने प्रसंग हुए हैं, उन्होंने हमें शर्मसार ही किया है। स्त्री हर जगह से खारिज़ होती रही है। भेदभाव, तिरस्कार, घृणा सहना उसकी घुट्टी और दिनचर्या में शामिल कर दिया गया है।

स्त्री के साथ भेदभाव की जड़ें हमारे धार्मिक ग्रंथों में तलाशी जा सकती हैं। ऐतरेय ब्राह्मण के सायणकृत भाष्य में कहा गया है- "संभवे स्वजनदुःखकारिका, सम्प्रदानसमये अर्थहारिका। यौवनेपि बहुदोषकारिका, दारिका हृदयविदारिका पितुः।।" अर्थात् कन्याएँ जन्म के समय स्वजनों को दुःख पहुँचाती हैं, विवाह के समय धन ले जाती हैं, युवावस्था में अनेक दोषों से कलंक का कारण बनती हैं; इसलिए पिता के लिए वे सदैव हृदयविदारक सिद्ध होती हैं। यहूदी धर्म के अनुयायी पुरुष आज भी सुबह की प्रार्थना में कहते हैं- 'ईश्वर का भला हो कि उसने हमें औरत नहीं बनाया!' और यहूदी औरतें गाती हैं- 'ईश्वर का भला हो कि उसने हमें पुरुष की इच्छाओं के अनुरूप बनाया!' कुरान के अनुसार- 'तुम्हारी बीवियाँ तुम्हारे लिए खेतियाँ हैं, बस जाओ जिस तरह चाहो अपने खेत

में।' यानी स्त्री को सदा ही पुरुष से कमतर दर्ज़ा दिया जाता रहा है।

स्त्री के लिए नया दौर जितना प्रगति का है, उससे कहीं ज़्यादा अफ़सोस और यंत्रणा का है। उसके विकास का जो नया समाजशास्त्र विकसित हो रहा है, उसमें अनेक द्वंद्व हैं। आधुनिक स्त्री-छवियों के साथ पारंपरिक छवियों को बदल देने के अक्स हैं; जिन्हें पुरुषसत्ता आज भी सहज स्वीकार नहीं कर पाती। लेकिन जब बदलाव आता है तो वह हर दिशा की ओर बढ़ता है और संबंधों के व्याकरण को कई रूपों में ढालता है; जैसे कि सामाजिक आंदोलनों के चलते स्त्रियों की बदलती छवियाँ, गाँव की स्त्री और शहर की स्त्री में हो रहे निरंतर बदलाव, धर्म और संस्कृति के क्षेत्र में स्त्री पर निरंतर कसे जा रहे शिकंजे, सांप्रदायिक दंगों और आतंकवादी गतिविधियों में स्त्री के साथ किया जा रहा सलूक, पढ़े-लिखे समाजों में भी अपहरण और बलात्कार के दर्दनाक मंजर; सत्ता के क्षेत्र में सेक्स का बढ़ता कारोबार और उसमें पिसती स्त्रियाँ। दरअसल स्त्री की तरक्की अनेक प्रकार के अंतर्विरोध झेल रही है।

'हंस' के संपादक राजेंद्र यादव ने कभी कहा था- "दुनिया अगर चार पहाड़ों के बोझ के तले पिस रही है, तो औरतों पर पाँच पहाड़ों का बोझ है। पाँचवाँ पहाड़ पुरुष-सत्तात्मक विधान का है।" क्या इस वस्तुसत्य को झुठलाया जा सकता है? उपलब्धियों के भगीरथ प्रयास को भी स्त्री सौंदर्यवाद पर टिकाने की कोशिश की जा रही है। बहुत कम स्त्रियों को इस बात का एहसास है कि स्त्री-मुक्ति एवं स्त्री-सौंदर्य के बीच एक गहरा विरोधी रिश्ता है। इससे सचेत रहना चाहिए मुझे लगता है कि द्रौपदी की लाज रखने कोई अब कोई कृष्ण नहीं आएगा; बल्कि स्त्री की शिक्षा, सरोकार और उसके संघर्ष ही उसके लिए मुक्ति के द्वार खोलेंगे। तरक़्क़ी पसंद तहरीक के अजीमुश्शान शायर असरारुल हक़ मजाज़ के ये शेर भी उसके बड़े काम आ सकते हैं-

"ये तेरा जर्द रुख़, ये खुश्क लब, ये वहम, ये वहशत
तू अपने सर से ये बादल हटा लेती तो अच्छा था
तेरे माथे पे ये आँचल बहुत ही ख़ूब है लेकिन
तू इस आँचल से एक परचम बना लेती तो अच्छा था।"

स्त्रियों के विकास की ठोस पहलों को लेकर आजकल जो कुछ घट रहा है वह बेहद उत्तेजनापूर्ण है। अख़बारों और मीडिया में कभी-कभी स्त्री-उपलब्धि के जो प्रसंग नज़र आते हैं, वे हमें चमत्कृत करते हैं; लेकिन आधी आबादी के लिए यह उपलब्धि बहुत कम है। उसे सक्षम बनाकर और उसकी पूर्ण क्षमता का सकारात्मक उपयोग करके ही देश और समाज की तरक्की संभव है।

आवश्यकता स्त्रियों को भरपूर अवसर मुहैया कराए जाने की है, उनके झूठे गुणगान की नहीं। प्रभा खेतान के अनुसार- ''पितृसत्तात्मक समाज की स्त्री-विरोधी परंपराओं का आयाम पूरी तरह विशिष्ट है। ये परंपराएँ स्त्री को घर सौंपती हैं, बच्चों का भरण-पोषण सौंपती हैं। मानवता के नाम पर वृद्ध और बीमारों के लिए उनसे निःशुल्क सेवाएँ लेती हैं और बदले में उनके द्वारा की सेवाओं का महिमामंडन कर अपने कर्तव्यों की इतिश्री कर लेती हैं।''

इन परंपराओं और तौर-तरीकों में हेर-फेर करने की ज़रूरत है; वरना स्त्री बाहरी दुनिया में प्रगति के तमाम दावों-दिखावों के बाद भी नीर भरी दुःख की बदली बनकर ही रह जाएगी।

आतंकवाद की गोली, साहित्य का सीना

साहित्य तो पहले से ही सार्वकालिक और सार्वभौमिक है; लेकिन अब आतंकवाद भी सार्वभौमिक शक्ल अख़्तियार कर चुका है। इसकी धमक से भारत ही नहीं, पूरी दुनिया दहली हुई है। इसके बावजूद 'गुड टेररिज़्म' और 'बैड टेररिज़्म' का राग अलापने वालों की कमी नहीं है। यानी अगर आतंकवाद से उनका हित सधता है तो आतंकवाद मीठा है और अगर वही आतंकवाद उनका सत्यानाश करने लगता है तो वह कड़वा हो जाता है। यह कहने वाले लोग भी मिल जाएँगे कि आतंकवाद का कोई धर्म नहीं होता; लेकिन मेरा मानना है कि यह थीसिस पुरानी हो गई। आतंकवादी जिस धर्म से संबंधित है, उसे उस धर्म का आतंकवादी कहने में अब कोई गुरेज नहीं होना चाहिए; वरना विश्व-स्तर पर इसका कोई इलाज नहीं हो पाएगा; कोई हल भी नहीं निक़ल पाएगा। आज आतंकवाद का साया हर किसी के सर मँडरा रहा है और हर धर्म के निरपराध लोग इसका शिकार हो रहे हैं। ऐसे में परिभाषा यही बनती है कि जो आतंक फैलाए, वही आतंकवादी है और इस महामारी का मिलकर मुकाबला करना व्यष्टि से लेकर समष्टि तक का दायित्व है।

साहित्य इस ज़रूरत की पहचान बख़ूबी करता है। साहित्य यह भी बताता है कि कौन-सा आतंकवाद लिंग-भेद से संचालित है, किसका पोषण क्षेत्रीय पृथकतावाद करता है, कौन-सा आतंकवाद अभिजातवादी होता है, किस आतंकवाद को खाद-पानी सांप्रदायिकता से मिलता है। साहित्य यह भी पकड़ लेता है कि कौन-सा आतंकवाद राष्ट्रवाद के नाम पर फैलाया जा रहा है और कौन-सा भाषावाद के नाम पर, किस आतंकवाद की जड़ें धार्मिक विद्वेष पर टिकी हैं और किसकी गोलियाँ विचारधारा की ज़मीन से चल रही हैं, किस किस्म के आतंकवाद ने सायबर जैविक औज़ारों का सहारा ले रखा है और किस आतंकवाद ने नार्कोटिक्स, तेल और हथियारों की ख़रीद-फ़रोख़्त या

वित्तीय घोटालों से अपनी गिज़ा ले रखी है। साहित्य इस अमानवीय कृत्य की मानवीय दृष्टिकोण से अपनी विभिन्न विधाओं- जैसे कविता, कहानी, उपन्यास, नाटक आदि के माध्यम से पड़ताल करता रहा है। वह आतंकवाद में छिपे इंसान के प्रति इंसान के घृणास्पद रवैए को हमेशा उजाकर करता आया है।

राजेश जोशी की एक कविता है 'मारे जाएँगे।' इसमें उन्होंने हमारे समय की विभीषिका और बदल रही दुनिया के व्याकरण को बहुत खौफ़नाक तरीके से रखा है। ये पंक्तियाँ हमें भीतर तक झकझोर देने में समर्थ हैं-

"जो इस पागलपन में शामिल नहीं होंगे/मारे जाएँगे
कटघरे में खड़े कर दिए जाएँगे जो विरोध में बोलेंगे
जो सच-सच बोलेंगे/मारे जाएँगे
बर्दाश्त नहीं किया जाएगा
कि किसी की कमीज़ हो/उनकी कमीज़ से ज़्यादा सफ़ेद
कमीज़ पर जिनके दाग नहीं होंगे/मारे जाएँगे
धकेल दिए जाएँगे/कला की दुनिया से बाहर
जे चारण नहीं/जो गुन नहीं गाएँगे/मारे जाएँगे
धर्म की ध्वजा उठाए/जो नहीं जाएँगे जुलूस में
गोलियाँ भून डालेंगी उन्हें/क़ाफ़िर करार दिए जाएँगे
सबसे बड़ा अपराध है, इस समय/निहत्थे और निरपराध होना
जो अपराधी नहीं होंगे/मारे जाएँगे।"

इक्कीसवीं शताब्दी के दूसरे दशक में देश-दुनिया की यह असली तस्वीर है और हम जिस दुनिया को बना रहे हैं, उसका खूँखार चेहरा भी। साहित्य और अन्य कला-माध्यमों ने हमेशा उत्पीड़न, शोषण और ग़लत मान्यताओं के ख़िलाफ़ संघर्ष किया है। सत्ता, समाज और व्यक्ति जब अपनी पर उतर आते हैं, साहित्य उनका प्रतिरोध करता आया है। इसलिए साहित्य और कलाएँ हमेशा प्रतिपक्ष की भूमिका अदा करती रही हैं और यह सिलसिला आगे भी जारी रहेगा; क्योंकि साहित्य और कलाओं की ही ज़िम्मेदारी है कि वे किसी भी ऐसी स्थिति का मुकाबला करें; जो मनुष्यता को नष्ट करने पर आमादा है।

आतंकवाद हमारे देश की ही नहीं, समूची दुनिया की अत्यंत गंभीर समस्या है। कट्टरपंथियों और चरमपंथियों ने अवांछित लक्ष्यों की प्राप्ति हेतु आतंक को अपना अस्त्र बनाया है। वे राज्य और समाज के ख़िलाफ़ भर नहीं हैं। उनकी कार्रवाई समूची मानवता के विरुद्ध है। आतंकवादी डर पैदा करते हैं और हिंसा के ज़ोर पर नफ़रत और विध्वंसक तौर-तरीकों से सबको झुकाना चाहते हैं। वे

बेगुनाहों का ख़ून बहाकर स्वयं को वाजिब ठहराना चाहते हैं। आतंकवादी-कार्रवाइयों से न तो कोई देश अछूता रह गया है, न कोई जाति और न महत्त्वपूर्ण व्यक्ति, न संसद, न उच्च गुणवत्ता-संस्थान, न अच्छे लोग, न संविधान, न मनुष्यता के कोई रूप। आतंकवाद कई-कई रूपों में हमारे सामने आता है। आतंकवादी कार्रवाइयों में आत्मघाती क़दम भी शामिल हैं।

आतंकवाद की समस्या, उसके उद्‌भव-विकास और उससे जूझती-झुलसती दुनिया, कीड़े-मकोड़ों की तरह मरते आदमी, साँस-साँस में पलती घृणा, इसके बरअक्स लामबंद होती मनुष्यता, कुल मिलाकर यही मंजर है। लेकिन आतंकवाद अपनी भयावहता के साथ समूची दुनिया पर काबिज होता जा रहा है। क्रूरता इसका मूल उत्स है। कुमार अंबुज ने अपनी एक कविता 'क्रूरता' में इन पदचिह्नों को कैसे सुना है, देखें- ''धीरे-धीरे क्षमाभाव समाप्त हो जाएगा/प्रेम की आकांक्षा तो होगी मगर ज़रूरत न रह जाएगी/झर जाएगी पाने की बेचैनी और खो देने की पीड़ा/क्रोध अकेला न होगा वह संगठित हो जाएगा/एक अनंत प्रतियोगिता होगी जिसमें लोग/पराजित न होने के लिए नहीं/अपनी श्रेष्ठता के लिए युद्धरत होंगेख़्र.तब आएगी क्रूरता और आहत न करेगी हमारी आत्मा को/फिर वह चेहरे पर भी दीखेगी/लेकिन अलग से पहचानी न जाएगी/सब तरफ़ होंगे एक जैसे चेहरे/सब अपनी-अपनी तरफ़ से कर रहे होंगे क्रूरता/और सभी में गौरव-भाव होगा/वह संस्कृति की तरह आएगी/उसका कोई विरोध न होगा/कोशिश सिर्फ़ यह होगी कि किस तरह वह अधिक सभ्य और ऐतिहासिक हो।'' (क्रूरता-पृष्ठ 22, 23)

हमारे देश और समाज में क्रूरता का तांडव इतने वेग से चल रहा है कि कुछ पूछिए मत। बाज़ार, विज्ञापन, भूमंडलीकरण और बहुराष्ट्रीय कंपनियों के आपसी खेल के चलते कमोडिटी (जिंस) के रूप में ढलते जा रहे आदमी की पूरक स्थितियों में यह जो तोड़-फोड़ हो रही है, इसके निहितार्थ क्या हैं? क्रूरता जिस वेश में नए आकार, नई ज्यामितियाँ और नए-नए रूप धर रही है, वह होशो-हवास उड़ा देने के लिए काफ़ी है। सबसे बड़ा ख़तरा तो यह है कि यह क्रूरता चोर-दरवाज़े से नहीं, बल्कि संस्कृति की तरह, सभ्यता की तरह खुलेआम हमारी दुनिया में प्रवेश कर रही है। छठवें-सातवें दशक में हिंदी के जाज्वल्यमान कवि मुक्तिबोध ने 'जड़ीभूत सौंदर्याभिरुचि' का सवाल उठाया था। देखें कि इस दौर में यह परंपरावाद के चौखटे में, पुरानी मान्यताओं के खाँचे में और अपनी इतिहास की आवृत्ति में सुनामी की तरह बढ़ी चली आ रही है। सांस्कृतिक संकट सर्वग्रासी और भयावह हो चुका है। पुनरुत्थानवादी ताक़तों,

उपभोक्तावाद, बाज़ारवाद और उत्तर आधुनिकतावाद का आक्रमण इतना मारक और जानलेवा है कि हम आतंकवाद के सामूहिक विलाप में डूबते जा रहे हैं। मुक्तिबोध ने गहरे दुःख, बेचैनी और तड़प में डूबकर यथार्थ को चीरते हुए लिखा था- ''अँधेरे में डूबे मकानों के छप्परों के पार/रोने की पतली-सी आवाज़/सूने में काँप रही, काँप रही दूर तक/कराहों की लहरों में पाशव प्राकृत/वेदना भयानक थरथरा रही है।''

मुक्तिबोध की यह तड़प जितनी उनके समय की थी, उससे ज़्यादा आने वाले समय की थी। 'द एज ऑफ टेररिज़्म' पुस्तक में वाल्टर लेकर ने आतंकवाद को परिभाषित करते हुए लिखा था- ''हिंसा का ऐसा प्रयोग, जो सैनिक-दृष्टि से नहीं, बल्कि लक्ष्य (शिकार) को मनोवैज्ञानिक रूप से प्रभावित करे।'' ज़ाहिर है कि 'आतंकवाद' शब्द 'आतंक' और 'वाद' से बना है। आतंक तो सदियों पुराना शब्द है। तुलसीदास ने रामचरितमानस में रावण के बारे में यह पंक्ति लिखी थी- 'चलत दसानन डोलत धरनी'- अर्थात् रावण जब चलता था तो समूची पृथ्वी डोलने लगती थी। रावण का आतंक यह था कि उसकी लंका में हवाएँ झाड़ू लगाती थीं, मौत उसकी चारपाई से बँधी थी, हो सकता है कि यह मिथ ही हो; लेकिन आतंक को मूर्त करने में काफ़ी समर्थ है। आतंक और वाद के साथ मिलकर आतंकवाद का स्वरूप हमारे सामने आने का इतिहास 50-60 वर्षों से ज़्यादा का नहीं है। आतंक अर्थात् भय जब वाद या अवधारणा अर्थात् भय की अवधारणा के रूप में आया हो तो वह आतंकवाद से अभिहित किया जाता रहा है। आतंकवाद के कई रूप, कई शेड्स एवं प्रकार हैं; जैसे- धार्मिक, जातीय, क्षेत्रीय, अपने अधिकारों की प्राप्ति के लिए संघर्ष इत्यादि। कभी-कभी वह सत्ता के अहंकार के साथ अपनी श्रेष्ठता के प्रदर्शन के लिए जलवा दिखाते हुए आता है।

समूची दुनिया में डराने-धमकाने का प्रयोग व्यापक रूप में हो रहा है। निरीह, निर्दोष लोगों को भयाक्रांत किया जा रहा है- निर्मम हत्याएँ और सामूहिक हिंसा का तांडव, अमानवीय व्यवहार, अपहरण और बलात्कार तथा सार्वजनिक महत्त्व के स्थानों का ध्वंस। आतंकवाद तो राष्ट्रीय स्मारकों को भी समाप्त करने पर तुला है। तालिबान ने अफ़गानिस्तान के बामियान में बुद्ध की विशाल मूर्तियाँ तोड़ डाली थीं। आतंकवाद का स्वरूप अंतरराष्ट्रीय स्तर पर दिन-ब-दिन जटिल से जटिलतर होता जा रहा है। विकासशील देश एक लंबी अवधि से इसके शिकार हैं। इसका सबसे ज़्यादा प्रभाव युवाओं पर हुआ है; जो रोज़ी के लिए संघर्ष कर रहे हैं। थोड़ा-सा प्रलोभन देकर इन्हें आसानी से चंगुल

में फँसा लिया जाता है। विकसित राष्ट्रों ने इसे बढ़ाया है; विकासशील राष्ट्रों में अस्थिरता के लिए इसका लगातार इस्तेमाल किया जा रहा है। तीसरी दुनिया के देशों में इसका कहर और प्रभाव सबसे ज़्यादा है; ताकि उनकी बोलती हमेशा के लिए बंद रहे और वे विकसित राष्ट्रों के पिछलग्गू बने रहें।

आतंकवादी अपने उद्देश्यों की प्राप्ति के लिए विभिन्न प्रकार की प्रणालियों को अपनाते हैं; जैसे- विमानों का अपहरण, प्रमुख राजनयिकों की हत्या, स्त्रियों से बलात्कार, बंधक बनाना, तोड़-फोड़, विस्फोट और दहशत का वातावरण पैदा करने के लिए हिंसा का अंतहीन सिलसिला। भारत को उदाहरण के रूप में देखें तो 1946 में मुस्लिम लीग से जुड़े आतंकवादियों द्वारा भारत-विभाजन की माँग के लिए दबाव डाला गया- 1982 से 1996 तक ख़ालिस्तान की माँग और पंजाब में आतंकवाद का लगातार विस्तार। पूर्वोत्तर में आतंकवादी संगठन नागा नेशनल कौंसिल, पीपुल्स लेबरेशन आर्मी, मिज़ो नेशनल फ्रंट और जम्मू-कश्मीर में जेकेएलएफ आदि इसके नमूने हैं। जम्मू-कश्मीर में तो 1987 से ही ये शक्तियाँ अपना अबाधित कार्यक्रम चला रहीं हैं। मुझे लगता है कि भारत और पाकिस्तान की सरकारें और वहाँ की जनता यदि राष्ट्रीय हितों और विकास को केंद्र में रखकर थोड़ा समझदारी और विवेक का परिचय दें; हथियारों के खेल और अपने अहंकार को त्यागकर व्यापक परिप्रेक्ष्य में सोचें तो संभवतः इस पर अंतिम निर्णय हो सकता है।

जनतंत्र के लबादे में भी क्रूरता और आतंक के चिह्न छिपे हुए है; क्योंकि जनतंत्र को ओढ़ने-बिछाने का दावा करने वाले और व्यवस्था के नाम पर पलने वाले किस्म-किस्म के अजगर, रीछ और भेड़ियों ने हमारे समय को इतना खूँखार और विकृत बना दिया है कि उनकी गतिविधियों ने जनतांत्रिक परंपराओं को लगभग ध्वस्त कर दिया है। सत्य की चिंदियाँ उड़ा दी गई हैं और उसके स्थान पर धोखे, प्रपंच और छल का इतना बड़ा वितान बना डाला है कि आतंकवादियों और शासकों के चेहरे एक-से हो गए हैं। दुनिया का सबसे बड़ा आतंकवादी हथियारों का सौदागर अमेरिका जब दूसरे मुल्कों पर अपनी कार्रवाई करता है तब अपने आपको आतंकवादी नहीं कहता और जब दूसरे मुल्क या संगठन उस पर हमला करते हैं तब वह आतंकवाद की हाय-तोबा मचाता है।

भारत की जो परिस्थितियाँ हैं और उसकी जो व्यवस्था है, उस पर विचार करने की ज़रूरत है। एक जनतांत्रिक देश में निरपराध दलितों, मुसलमानों और ईसाइयों की हत्या क्या आतंकवाद के दायरे में नहीं है? यह राष्ट्रवाद की हड़बोंग और तानाशाहीयुक्त कार्रवाई है। आख़िर धर्म के नाम पर पूजास्थलों,

इबादतगाहों को ढहा देना क्या कहा जाएगा? आतंकवाद के चलते भारत में मई 1991 में पूर्व प्रधानमंत्री राजीव गाँधी की हत्या हुई; न्यूयार्क एवं बंबई के वाणिज्यिक केंद्रों में बम-विस्फोट हुए। इससे पहले 1972 में म्यूनिख ओलंपिक के दौरान आतंकवादियों द्वारा इज़रायली खिलाड़ियों की सामूहिक हत्या की गई, अंतरराष्ट्रीय स्तर पर आतंकवाद का यह पहला सुनियोजित कांड था। इधर के वर्षों में आतंकवादियों का एक नया वर्ग समाज में प्रभावशाली हो रहा है और समूची दुनिया में एक जीवन-प्रणाली, जीवन-दर्शन एवं आंदोलन के रूप में मान्यता पाता नज़र आता है। यह आतंकवाद परमाणु-युद्धों की विभीषिका से भी अधिक त्रासद और जानलेवा है।

आतंकवादियों का सबसे बड़ा हथियार अपने काम का प्रचार करना है और इसके लिए इलेक्ट्रॉनिक मीडिया और समूचे सूचना-तंत्र का साम्राज्य उनकी बेहद मदद करता है। आतंक जिस नियोजित एवं प्रायोजित भाषा में फलता-फूलता है, वह पारस्परिक सद्भावना के तर्कों से विपरीत दशाओं में चलती है। शीतकालीन संतुलनों के इस युग में आतंकवाद को उर्वर ज़मीन मिल गई है। यह राष्ट्र के हितों की आपूर्ति करने वाला कम खर्चीला, लेकिन अत्यधिक प्रभावी युद्ध है। आतंकवादी गतिविधियों का इस्तेमाल शक्ति-संतुलन, नए अंतरराष्ट्रीय समीकरणों में अपने महत्त्व को स्थापित करने के लिए, अपने देश की सीमाओं के अंदर तरह-तरह के विक्षोभों को दबाने और पड़ोसी देशों के मनोबल तोड़ने के लिए किया जाता है। धार्मिक तत्त्ववाद के विस्तार के लिए भी इसका बहुविध प्रयोग किया जा रहा है। यह एक प्रकार का मनोवैज्ञानिक युद्ध है। इसकी मदद के लिए धर्म की एजेंसियाँ खुली हुई हैं; जो विभिन्न माध्यमों के द्वारा अपना एजेंडा पूरा करने में तल्लीन हैं।

एक बात और है कि जब राज्य स्वयं एक आतंकवादी संस्था का रूप ग्रहण कर ले, तब उसके विरुद्ध प्रतिक्रियात्मक आतंकवाद का औचित्य समझा जा सकता है। भारत में आतंकवाद की शुरुआत 1969 के नक्सली विद्रोह से मानी जा सकती है। दरअसल नक्सलवादी आंदोलन माओवादी विचारधारा और किसान-विद्रोह के मेल से जन्मा था। यही कारण है कि राजसत्ता और जमींदारों के अन्याय का प्रतिकार करने के लिए उभरे नक्सलवादी आंदोलन और ख़ालिस्तानी माँग वाले आतंकवाद में बहुत बड़ा अंतर है। नक्सलवादियों ने अपनी भूमि की रक्षा के लिए हथियार उठाए थे- वह भी दराँतियाँ, कुल्हाड़ी, फावड़े और लाठी-डंडे। हथियारों के मामले में सिख-आतंकवादी नवीनतम और परिष्कृत हथियारों का प्रयोग करते रहे हैं। दूसरी बात यह है कि

नक्सलवादी संख्या में बहुत अधिक थे; क्योंकि वे एक विचार-प्रणाली के तहत संगठित थे; जबकि देश को बाँटने के इरादे से जो सिख-आतंकवादी ख़ालिस्तानी आंदोलन चला रहे थे, वे मुट्ठी भर थे और उन्हें आम जनता का समर्थन प्राप्त नहीं था। नक्सलवादियों को विदेशी सहायता नहीं मिलती थी; जबकि सिख-आतंकवादियों को विदेशों का व्यापक समर्थन प्राप्त था। इसी तरह जम्मू-कश्मीर लिबरेशन फ्रंट की जड़ें पाकिस्तान की गुप्तचर एजेंसी आई.एस. आई. के प्रोत्साहन से मज़बूत हुई थीं।

इस विवेचन में मेरा ध्यान आतंकवाद की सैद्धांतिकी पर कम-से-कम रहा है। मैं दरअसल यह देखना चाहता था कि आतंकवाद का मुकाबला साहित्य और अन्य कला-माध्यमों से किस तरह से किया जा रहा है। यदि हम भारतीय सिनेमा को केंद्र में रखें; जिसमें आतंकवाद, सांप्रदायिकता और मज़हब का जो विषय है, उसको केंद्र में रखने वाली रोज़ा, बांबे, सत्या, मिशन कश्मीर, दिल से, माचिस, अंधा युद्ध जैसी फ़िल्में हैं। अंडरवर्ल्ड की गतिविधियों को 'सत्या' फ़िल्म में यथार्थपरक और संवेदनशीलता के साथ प्रस्तुत किया गया है। 'बांबे' फ़िल्म धर्म से पैदा हुई विभीषिका और उसकी अंतर्वस्तु को बहुत शिद्दत के साथ पेश करती है। 'माचिस' पंजाब के आतंकवाद की गतिविधियों को फ़ोकस करती है। 'मिशन कश्मीर' कश्मीर के आतंकवाद को बहुत संजीदगी के साथ पेश करती है। हम जरा गौर से देखें कि अपनी कमियों के बावजूद इन फ़िल्मों में आतंकवाद के तरीकों उसकी विभीषिकाओं और मज़हब के नाम पर पैदा हुई नफ़रत को किस तरह रेखांकित किया गया है। यह एक अच्छा प्रयास है। इसे भारतीय जनता के सामान्य वर्ग ने भी पसंद किया। यही इन फ़िल्मों की ताक़त और प्रसिद्धि का सबसे बड़ा कारण है।

हमारे यहाँ हिंदी-साहित्य में क्रांतिकारी कवियों की एक लंबी विरासत है। हमारे समय के महत्त्वपूर्ण कवि अवतार सिंह पाश ने पंजाब की विभीषिका पर केंद्रित बहुत सारी कविताएँ लिखी हैं। मैं उनकी एक कविता यहाँ उद्धृत करना चाहूँगा। कविता का शीर्षक है 'कुएँ।' कुआँ शब्द का प्रयोग पाश ने आतंकवादियों के प्रतिक्रियावादी विचारों के प्रतीक के रूप में किया है।

''उनमें पगलाया अँधेरा अभी चिंघाड़ता है
दुआ के लिए उठते हाथों की हथेलियाँ जो कुओं का सृजन करती हैं
समूचे-इंसान को निगलने के लिए
सिर्फ़ उसके अंदर का अँधेरा काफ़ी है
इन कुओं में तिलमिलाता फनियर अँधेरा

किसी भी वक्ष के भीतर खिली रोशनी की साँस खींच लेता है
कुएँ तुम्हें मृत सदियों से जोड़ते हैं
कुएँ तुम्हें गूँज के नशे से लगाकर
अपने जख़्मों का गाना सिखाते हैं।''

(संग्रह- बीच का रास्ता नहीं होता)

आतंकवाद के संबंध में जो चर्चा धीरे-धीरे शुरू हुई है, उसमें मीडिया और सरकारें मात्र सूचनात्मक क्रांति ही कर पा रही हैं; जबकि समाजशास्त्रियों और शिक्षाशास्त्रियों का विचार-मंथन उसकी जड़ों को देखता है। साहित्य और अन्य कला-माध्यम आतंकवाद के स्वरूप पर गंभीरता से विचार करके उसके संवेदनात्मक इलाक़ों, क्रूरताओं, भय, दहशत और अमानवीयता से जूझना चाहते हैं; लेकिन क्या एक समाज के तौर पर हममें आतंकवाद से निबटने की पर्याप्त इच्छाशक्ति है या हम मात्र आतंकवाद के रोमेंटसिज़्म पर ही अपना समूचा विमर्श टिकाए रखना चाहते हैं? आतंकवाद के विभिन्न रूपों पर फोकस करने के लिए अन्य भारतीय भाषाओं की ही तरह हिंदी में भी अनगिनत कविता, कहानी, उपन्यास और नाटक लिखे गए हैं, नक्सलवाद पर पुस्तकें प्रकाशित हुई हैं। देश में हुए दंगों, आतंकवादी हमलों, आपातकाल, 84 के सिख नरसंहार, 1992 के बाबरी-ध्वंस और गुज़रात-दंगों के विरोध में बहुत कुछ लिखा गया है, साथ ही सांप्रदायिकता और बँटवारे को लेकर जो साहित्य रचा गया है, वह बहुत महत्त्वपूर्ण है; जैसे- तमस (भीष्म साहनी), झूठा सच (यशपाल), उन्माद (भगवान सिंह), शहर में कर्फ़्यू (विभूतिनारायण राय), ज़िंदा मुहावरे (नासिरा शर्मा), खाली जगह (गीतांजलि श्री) जैसी कृतियाँ। आतंकवाद की पृष्ठभूमि और इसके मनोविज्ञान को तलाशते शोध-पत्रों की तो गिनती नहीं है।

1985 में एक पुस्तक प्रकाशित हुई थी 'अंतरराष्ट्रीय आतंकवाद और सी. आई.ए.' इसमें कुछ दिलचस्प जानकारियाँ और सूत्र हैं; जो आतंकवाद के असली चेहरे को खोलते हैं। इस पुस्तक में वाशिंगटन को आतंकवाद के प्रमुख प्रजनन-स्थलों में गिनाया गया है। संयुक्तराष्ट्र संघ में अंतरराष्ट्रीय आतंकवाद पर विशेष रूप से चर्चा हुई है। उसकी जानकारियाँ भी हैं, साथ ही अमेरिका द्वारा विकासशील राष्ट्रों, तीसरी दुनिया के देशों और अफ़्रीका समेत जिन देशों के ख़िलाफ़ लगातार कार्रवाइयाँ की गई हैं; उन्हें भी रेखांकित किया गया है। फिलिस्तीनी मुक्ति-संगठन (पीएलओ), लीबिया, निकारागुआ के सैंडीनिस्ती नेतृत्व और स्वापो (दक्षिण-पश्चिम अफ़्रीकी जनसंगठन) के ख़िलाफ़ अमेरिका द्वारा जो ज़ुल्म ढाए गए हैं, वे भी दर्ज़ हैं। यह पुस्तक अंतरराष्ट्रीय आतंकवाद

के विस्तार को ब्यौरेवार और साक्ष्यों समेत सूचित करती हैं।

समूची दुनिया में आतंकवाद को मुद्दा बनाकर अपना हित साधने के लिए जो कार्य हुए हैं उनकी सूची में ईरान में सत्ता-परिवर्तन और मुस्सदिक सरकार का उल्टा जाना 1953, ग्वाटेमाला में सैन्य राज्य-परिवर्तन और आर्वेस सरकार का उल्टा जाना 1954, मिस्र के राष्ट्रपति नासिर की हत्या का षड्यंत्र 1958, सीलोन के प्रधानमंत्री सोलोमन भंडारनायके की हत्या 1959, डोमिनिकन गणतंत्र में बलातराज्य परिवर्तन 1961, मुंबीक मुक्ति-मोर्चा के अध्यक्ष एदुआर्दो मोदलाने की हत्या 1969, गिनी तथा केपवर्ड द्वीप समूह की अफ्रीका की स्वतंत्रता-पार्टी के महासचिव अमीलकार कब्राल की हत्या 1973, चिली में जन एकता सरकार का उल्टा जाना और राष्ट्रपति सल्वादोर अल्येंदे की हत्या 1973, बांग्लादेश के राष्ट्रपति शेख़ मुजीबुर्रहमान की हत्या 1975, कांगो लोक गांराज्य के राष्ट्रपति एम. न्गूआबी की हत्या 1977 आदि। इन तमाम घटनाओं के केंद्र में साम्राज्यवादी, पूँजीवादी शक्तियों का खुला हाथ रहा है; क्योंकि इनके आपसी हित टकराते थे।

हिंदी-साहित्य में आतंकवाद के ख़िलाफ़ बहुत धीमी गति से ही सही, ज़ोरदार प्रतिरोध किया गया है; जैसे 'मुआवजे' भीष्म साहनी द्वारा लिखित नाटक है। इसमें दंगों की प्रक्रिया को समझने की कोशिश की गई है; लेकिन उतनी नहीं, जितनी दंगे की त्रासदी को उसकी संभावित हास्यास्पदता में पकड़ने की। राजेश जोशी की एक कविता है- 'घृणा के बारे में कुछ शब्द।' यह उनके काव्य-संकलन 'नेपथ्य में हँसी' की एक चर्चित कविता है- 'विरोध करने वालों में से हत्यारे किसी एक को चुनते हैं/और मार डालते हैं सरेआम/सोचते हैं हत्यारे/इस तरह घृणा को बदला जा सकता है/भय में हमेशा के लिए।'' यह कविता हत्या के माध्यम से आतंक फैलाने की बात करती है; ताकि विरोध करने का कोई साहस ही नहीं कर सके। आतंकवाद जैसे विषय से जुड़ा केवल गोस्वामी का काव्य संग्रह है- 'उसकी माँ।' डर, दहशत की हवा में पलती पीढ़ी की संवेदना कविता के धरातल पर आती है; बहुत से प्रश्न खड़े होते हैं। ज़ाहिर है कि संबंधों की गहरी नींव को दहशत के जिस घुन ने खोखला कर दिया है, केवल गोस्वामी उसे अनेक बार कुरेदते हैं। आतंकवाद की ख़ूनी लड़ाई में शांति, सद्भाव, स्नेह कहीं गुम हो जाते हैं और मनुष्य के भीतर छिपा ख़ूँखार आतंकवादी तरह-तरह का जामा पहनकर कविता में मूर्त होता है- ''कहाँ जानती थी वह/हैवानों की दहाड़/बने-बनाए घोसलों में साँपों की सरसराहट/एक पिशाची अट्टहास/अल्लाह या ईश्वर के नाम पर/ख़ूनी खेल न जाने किन

पैग़ंबरों ने/कब लिखा किसी/धार्मिक क़िताब में/ऐसा पैगाम कि सजा दे दो।'' इसी संकलन की एक और कविता है; जिसमें कहा गया है- ''मैं केवल इतना भर चाहता हूँ/कि संध्या होने पर/लौटूँ जब घर/तो सहमे हुए न हों बच्चे/न हो एक गीला-सा सन्नाटा/पत्नी की आँखों में/या दीवारों पर ख़ून के छींटे।''

समूची दुनिया में तमाम ऐसे रचनाकार हैं; जिन्होंने आतंक और दहशत को केंद्र में रखते हुए बहुत महत्त्वपूर्ण कविताएँ लिखी हैं और ये कविताएँ आगे आने वाले समय में साहस और रोशनी देती रहेंगी; जैसे रूस के कवि ओसिप मांदेलश्ताम की एक कविता का अंश है- ''नरमुंडों के ढूह दूर तक भटक रहे हैं/मैं उनके बीच पड़ा हुआ/कोई नहीं देखता मुझे/पर बहुत प्रिय पुस्तकों को पढ़ने/और बच्चों के साथ खेलने मैं फिर उठूँगा मृतकों के बीच से/और कहूँगा सूर्य चमक रहा है।'' एक दूसरे महत्त्वपूर्ण जर्मन कवि हैं बर्टोल्ट ब्रेष्ट। उनकी एक कविता है- ''जब जुल्म बारिश की तरह आता है/उसी तरह हम आए हैं/और बताते हैं कि हमारे साथ जुल्म हुआ है/पहली बार जब बताया गया कि हमारे दोस्त काटे जा रहे हैं/तब लोग चीख उठे थे/फिर सौ काटे गए/लेकिन जब हज़ार काटे गए और क़त्लेआम चलता गया/तब चुप्पी की चादर फैल गई/जब जुल्म बारिश की तरह आता है/तब कोई नहीं कहता- ठहरो/जब जुल्म एक पर एक इकट्ठा होता जाता है/तब वह अदृश्य हो जाता है/जब मुसीबत बर्दाश्त के बाहर हो जाती है/तब कोई चीख नहीं उठती/तब चीख गिरती है बारिश की तरह गर्मियों की।''

भारतीय कवियों में रघुवीर सहाय, कुमार विकल, पाश, अरुण कमल, अग्निशेखर, निदा नवाज़ और कुमार अंबुज जैसे अनेक कवियों ने आतंकवाद की यंत्रणा को और उसके प्रति अपने आक्रोश को व्यक्त भी किया है और इस प्रकार सक्रिय प्रतिरोध प्रकट किया है। आतंकवाद की पहचान, उसकी चुनौती का सामना और साहित्य में किए जा रहे उसके प्रतिरोध को रेखांकित करने वाली अरुण कमल की एक कविता है- 'ऐसे में'; जो उनके कविता संग्रह 'नए इलाक़े' से ली जा रही है- ''हिल रहा है सब कुछ हिल रहा है/जो अंतिम आधार थी धरती वह भी/ऐसे में कुछ निश्चित नहीं/तेज़ धार में रोपता चल रहा हूँ पाँव/उखड़ता डोलती धरती पर दौड़ता/खुले स्थिर मैदान की खोज में/कह नहीं सकता आऊँगा ही पक्का/कह नहीं सकता मरा कौन-कौन ज़िंदा।'' आतंकवाद के संदर्भ में पंजाब के क्रांतिकारी कवि पाश की कविता उद्धृत न की जाए, तो विमर्श अधूरा ही माना जाएगा; क्योंकि उनकी यह कविता साहित्य और कला-माध्यमों का वह शिखर है; जिससे रचनाकार आतंकवाद की नहीं;

बल्कि उन सारी चीज़ों से लड़ेंगे; जो मनुष्यता को खारिज़ करने पर तुली हुई हैं। पाश की इस प्रसिद्ध और कारगर कविता का शीर्षक है 'हम लड़ेंगे साथी'-

"हम लड़ेंगे साथी, उदास मौसम के लिए
हम लड़ेंगे साथी, गुलाम इच्छाओं के लिए
हम चुनेंगे साथी, ज़िंदगी के टुकड़े
हथौड़ा अब भी चलता है, उदास निहाई पर
हल अब भी चलता हैं चीखती धरती पर
यह काम हमारा नहीं बनता है, प्रश्न नाचता है
प्रश्न के कंधों पर चढ़कर
हम लड़ेंगे साथी
क़त्ल हुए जज़्बों की क़सम खाकर
बुझी हुई नज़रों की क़सम खाकर
हाथों पर पड़े घट्टों की क़सम खाकर
हम लड़ेंगे साथी

हम लड़ेंगे तब तक
जब तक वीरू बकरिहा
बकरियों का मूत पीता है
खिले हुए सरसों के फूल को
जब तक बोने वाले खुद नहीं सूँघते
कि सूजी आँखों वाली
गाँव की अध्यापिका का पति जब तक
युद्ध से लौट नहीं आता
जब तक पुलिस के सिपाही
अपने भाइयों का गला घोंटने को मज़बूर हैं
कि दफ़्तरों के बाबू
जब तक लिखते हैं लहू से अक्षर
हम लड़ेंगे जब तक
दुनिया में लड़ने की ज़रूरत बाक़ी है
जब तक बंदूक न हुई, तब तक तलवार होगी
जब तलवार न हुई, लड़ने की लगन होगी
लड़ने का ढंग न हुआ, लड़ने की ज़रूरत होगी

और हम लड़ेंगे साथी
हम लड़ेंगे
कि लड़े बग़ैर कुछ नहीं मिलता
हम लड़ेंगे
कि अब तक लड़े क्यों नहीं
हम लड़ेंगे
अपनी सज़ा कबूलने के लिए
लड़ते हुए जो मर गए
उनकी याद ज़िंदा रखने के लिए
हम लड़ेंगे।''

प्राचीनकाल से साहित्य ही वह माध्यम रहा है; जिसने हर जुल्म, शोषण, उत्पीड़न और दरिंदगी का जवाब दिया है और उसके ख़िलाफ़ निरंतर लड़ाई लड़ी है। आतंकवाद के विरुद्ध भी साहित्य खुले मैदान में खड़ा है और खड़ा रहेगा।

भाषा की विदग्धता का लावा

"रगों में दौड़ते फिरने के हम नहीं काइल
जो आँख से ही न टपका तो फिर लहू क्या है।"
(मिर्ज़ा ग़ालिब)

कभी ज़ोर-जुल्म की टक्कर में स्वाभिमान की एक विदग्ध भाषा होती थी। आज अवमूल्यन के दौर में सूरत यह है कि शांति, सद्भाव, बंधुत्व और अपनापे की शब्दावली को चीख-पुकार वाले नारों में ढालकर हिंसा, क़त्ल, लूट, धोखाधड़ी, बलात्कार और भयावह रक्तपात के विजय-जुलूस निकाले जा रहे हैं। देश का प्रधानसेवक मात्र चिंताएँ व्यक्त करता है, जुमले उछालकर अपनी विशाल सभाओं में तालियाँ पिटवाता है और उसके अनुचर-मंत्री देशवासियों पर हो रहे अत्याचार की कड़ी निंदा करके अपने कर्तव्य की इतिश्री समझ लेते हैं। यह एक तरह का दुभाषियापन नहीं तो और क्या है? महेश वर्मा की एक गद्य-कविता 'फ़रेब' इसकी पोल बड़े सलीके से खोलती है- "फ़रेब की जुबान मीठी थी और नुक़्ते जगह पर लगे हुए थे/जब उसने सादादिली का हुनर सीख लिया तो बीच-बीच में/वक़्फे छोड़ दिया करता था/उसके पास अदाएँ थीं, मुहावरे थे/और पनिआई हुई आँखें थीं, पखेरुओं की उदासी थी और/थकन में आवाज़ को भारी कर लेने का हुनर/किसी तफ़सील में रुकना ही नहीं और बातों की सीढ़ियाँ उतरते जाना, उतरते जाना/" (पहल-112, पृष्ठ : 62-63)। यह है हमारे दौर का हैरतअंगेज़ भाषायी फ़रेब या झूठ; जिसमें संसाधनों की लूट, बलात्कार, हत्याकांड, धमकियों तथा सांप्रदायिक तोड़-फोड़ को बड़ी चतुराई से छिपा लिया जाता है।

प्रजातंत्र के इस परिवर्तित भाषायी स्वरूप से हम भौंचक्के होते रहते हैं। विकास को पटखनी देता हुआ यह राष्ट्रीय परिदृश्य अराजकता, मनमानी, धौंस, धमकी और काग़ज़ी उद्घोषणाओं के व्यापक रूप में दृष्टिगोचर हो रहा है;

लेकिन किसी को नहीं मालूम कि अन्याय-अत्याचार, हिंसा, मारकाट का फैला हुआ जानलेवा शोर जनता के ख़िलाफ़ अभी कौन-कौन सी कार्रवाइयाँ करेगा? हम गहन अवसाद में हैं। हम हताशाओं के घातक आकारों में बिंधे हैं। ऐसा वातावरण बना दिया गया है कि आप कहीं छिप नहीं सकते? आम आदमी जबान खोलने के लिए छटपटा रहा है; लेकिन हिंसक आत्माएँ उसके जीवन के अनंत राग को अपने कब्जे में कर रही हैं। हमारे वक़्त की रोशनी ग़ायब करने का षड्यंत्र रच दिया गया है। मंगलेश डबराल अपनी एक कविता में अत्याचारियों को आगाह करते हैं- "जिस पर बैठकर न्याय किए गए/उसी के नीचे यहाँ हुए अन्याय भी दबे हैं/सभ्यता का गुणगान करने वालो/तुम अगर सभ्य नहीं हो/तुम्हारी सभ्यता का क़द/तुमसे बड़ा नहीं है/एक लंबी शर्म से ज़्यादा कुछ नहीं है इतिहास/आग लगाने वालो/इससे दूसरों के घर मत जलाओ/आग मनुष्य की सबसे पुरानी अच्छाई है/यह आत्मा में निवास करती है और हमारा भोजन पकाती है/अत्याचारियो! तुम्हें अत्याचार करते हुए बहुत दिन हो गए/जगह-जगह पोस्टरों, अख़बारों में छपे तुम्हारे चेहरे कितने विकृत हैं/तुम्हारे मुँह से निकल रहा है झाग/और तुम जो कुछ कहते हो उससे लगता है/अभी नष्ट होने वाला है बचा-खुचा हमारा संसार।" (दूसरे लोग)

प्रश्न यह है कि क्या हम मत्स्य-न्याय के तहत जी रहे हैं कि अपने से कमज़ोर को निगल लिया जाए? संविधान की चिंदी-चिंदी उड़ा दी जाए और भाषा के होंठ सिल दिए जाएँ? इसका उत्तर भाषा की विदग्धता सहेजे रखने के औज़ारों में छिपा है। कवयित्री अनामिका रचती हैं- "शब्द ही होते हैं/चप्पू/उचकुन/उड़नखटोला/डेंगा-पानी/वायुयान/रिक्शा/लिल्ली घोड़ा/कहीं-न-कहीं तो पहुँचते ही हैं/इन शब्दों की सोचते ही/पैरों में पंख लग गए मेरे।" (वितृष्णा थेरी-थेरी, अब बोल पड़ी मेरे ही भीतर से)। संत कबीर की विदग्ध भाषा हमारे जीवन की अनिवार्य सच्चाई के रूप में हमेशा जानी-पहचानी और मानी जाती रही है। जन के सुख-दुःख को आवाज़ देने और सत्ताधारियों की फ़रेबी भाषा से टक्कर लेने में कोई लिजलिजी और दोगली भाषा हमारा औज़ार नहीं बन सकती। हमारे काम की भाषा जनप्रवाहिनी है; जो लोकभाषा की सहस्र धाराओं से हम तक पहुँची है। उसमें जनसंघर्ष को तेवर देने वाली जड़ी-बूटियाँ मिश्रित हैं; बरगलाने वाली जबाँदराज़ी को पहचान लेने की कीमियागिरी है; गाल बजाने वालों की पोल खोल देने का माद्दा है। जनता सादे इरादे से अपनी बातें सीधे सामने रखती है; जबकि जबाँदराज़ी करने वाले बात को जलेबी की तरह घुमा-फिराकर फँसाने के इरादे से मुँह खोलते हैं।

जनप्रवाह के साथ चलने वाली भाषा कभी व्याकरण की चेरी नहीं रही। व्याकरण उसे बार-बार बाँधता है; लेकिन बहते नीर वाली भाषा बार-बार व्याकरण का तटबंध तोड़ कर आगे बढ़ जाती है। इसके इस विशेष गुण को लेकर वाद-विवाद भी है और सार्थक गहरा संवाद भी। भाषा की छलछलाहट को महसूस करने की ताक़त सब में नहीं होती। भाषा के नाद-सौंदर्य और उसकी सामर्थ्य के हमारे अंतर्तम तक पहुँचने की गाथा भी अकथ है। जनभाषा का व्यवहार-शास्त्र अजब होता है। इसका वेग और जीवंतता व्यापक परिक्षेत्र, भौगोलिक दूरियों और अक्षांशों को भी अपने भीतर सँजोए चलता है; जिसकी पहचान बोली, बानी, बात-बोली, वैचारिक जीवन-लीला की कारगर वाणी, ज़िंदगी के संग्राम में साथ चलने वाली अभिव्यक्ति के रूप में उजागर होती है।

लेकिन आज भाषा के साथ मनमाना व्यवहार किया जा रहा है। इसका असंगत इस्तेमाल हमें कई दुविधाओं में डालता है। अनुराधा सिंह की एक कविता का अंश पढ़ें- "तुम जानते थे न भाषा बहुत है मेरे पास/उससे खेलना नहीं जानती मैं/तुमसे बरतते समय खो देना चाहती थी पूरा शब्दकोष/कि भाषा के एकाधिक अर्थ प्रेम की हत्या कर देते हैं/फिर भी शब्दों को ढाल बनाया तुमने/मौन को हथियार।" आख़िरकार भाषा हमारे जीवन का वह ज़रूरी उपकरण है; जिससे हमें बहुत सारी चीज़ें प्राप्त करनी हैं और अनेक चीज़ों के बारे में गंभीरता से जानना है। लेकिन भाषा को भोंथरा करके धर देने वाले हमारा दीर्घकालीन नुकसान कर रहे हैं और उसकी शक्ति के प्रति विरक्ति पैदा करने में लगे हैं। नरेंद्र जैन की कविता 'हमारी नाव' की विचार-संपदा और भाव-संदर्भ हमें इसी आलोक से भरता है- "ये भाषा की थकान का दौर है/विचार और स्वप्न की मृत्यु/यहीं से शुरू होती है/कविता जैसी भी है, जहाँ भी है/जितनी भी है, बस डूबी है संसार में/संवाद/आधे-अधूरे/गिरते, लड़खड़ाते, हाँफते/बस थोड़ा-सा संगीत है कहीं/जाने कैसे वो भी बचा हुआ है निर्जन में/हमारी जर्जर नाव।"

यद्यपि हमें भाषा के ऐसे तपस्वियों के भी दर्शन होते हैं कि जब वे बोलते हैं, वक्तव्य देते हैं या लिखते हैं तब समूची फ़िजा में बहार छा जाती है। लगता है कि उन्हें सुनते ही रहें और यह भी लगता है कि भावना और विचारों की यह पुष्पवर्षा होती ही रहे। श्रोताओं में उनके प्रति आकर्षण का भाव पैदा हो जाता है। एक दीवानगी अपना रूप धरकर आती है या यूँ कहें कि एक ख़ामोश रूहानियत उतर आती है। हम अपने तमाम जीवन में भाषा के इस औदात्य के क़ाइल हो जाते हैं। शमशेर बहादुर सिंह ने अपनी एक कविता में इसे कुछ इस

तरह व्यक्त किया था– 'बात बोलेगी हम नहीं/भेद खोलेगी बात ही।' लेकिन एक इसका दूसरा पक्ष भी है; जो भाषा के प्रति बरती गई अगंभीरता और धूर्तता को इंगित करता है। ऐसे अवसरवादी भाषा को भूसे का ढेर और अपनी अकड़ का नमूना बना देते हैं। उनकी बातों से गर्जना शुरू हो जाती है और अहंकार का लंबा सिलसिला भी; क्योंकि वे भाषा के प्रति मनमाना प्रयोग करने के आदी हो चुके होते हैं या अपने कुटिल इरादों की पूर्ति के लिए लफ़्फ़ाज़ी किया करते हैं। नतीजतन धीरे-धीरे उनके प्रति ऊब और वितृष्णा का वातावरण बनने लगता है। वैसे भी भाषा जितना स्थायी असर अपने सरल रूप में डालती है, उतना शब्दों की बाजीगरी से उत्पन्न नहीं होता। सरलता का सौंदर्य ही अलग होता है। कवयित्री कविता की इन चार पंक्तियों पर गौर करें– "नाव सद्भाव की सद्वृत्ति से निष्काम खेते हैं/सदा इतिहास के पन्ने यही पैगाम देते हैं/कभी भी भूल से नारी सहे अपमान की पीड़ा/तभी श्रीराम के घोड़े को लव-कुश थाम लेते हैं।" भाषा की यह सहजता बहुत ही अर्थवान है।

भाषा-व्यवहार की एक छलना यह भी है कि कुछ महानुभाव शब्दों, वाक्यों की क्रीड़ा में ही विश्वास करते हैं। उनकी सुनियोजित भाषा का घातक वार श्रोताओं को छकाता है। ऐसे लोग जनता की आत्मा को 'हिप्नोटाइज़' करते हैं और उसे ठगने का एक माध्यम बना लेते हैं। वे इसी भाषा-छल के विविधवर्णी आईने लेकर बाज़ार में घूमते हैं और लुभाने की कोशिश करते हैं। राजनीति में, साहित्य में और सामान्य जीवन-व्यवहार में ऐसे करामाती लोग छूँछे होते हुए भी अपना सिक्का जमाने की कोशिश करते दिख जाते हैं; जबकि हमें इनकी कलाबाजियों से कन्नी काटते हुए उस भाषा के साहचर्य में जाना चाहिए; जिसकी वक़ालत हमारे बुज़ुर्ग कवि डॉ. मलय ने की है– "धुएँ में अक्षर/उछलकर उभरते दिखें/पानी की धार में/लहरती लिपि नज़र आए/बातों के वस्त्रों की मुद्रा में/साँस आह भरती दिखे/ख्र कंकणों के बजने से भी/शब्दों की आँखें खुल जाएँ/और भाषा उछलकर/साथ-साथ लहरने लगे।" भाषा के इस रूप को हृदयंगम करने की ज़रूरत है। इसमें भाषा का महत्त्व, औदार्य और उसकी सरसता विराजती है।

किसी भी समाज में और किसी भी राष्ट्र में अस्मिता या अपनी पहचान के प्रश्न बहुत महत्त्वपूर्ण होते हैं; जिसमें भाषायी अस्मिता भी शामिल है। हमारी सांस्कृतिक फ़िजा में एकता भाईचारा और संवेदनात्मकता के कई सोपान रहे हैं और वे सभी हमारे रिश्तों में लगातार प्रवहमान भी रहे है; लेकिन हमारी सामाजिक संरचना में और हमारी जातीय पहचान में भेदक स्वरूपों की अनेक

रेखाएँ खींच दी गई हैं। कुछ तो पहले से थीं और कुछ वर्तमान शासन-सत्ता इन रेखाओं को खींचने में पूरे मनोयोग से लगी है। ये सब राष्ट्रीय स्तर पर तथाकथित हिंदूवादी मनोविज्ञान की छाया तले हो रहा है। रवींद्रनाथ श्रीवास्तव ने लिखा है- "सामाजिक अस्मिता उन सामाजिक संबंधों पर बनती है; जो इस सवाल से बँधा है कि कौन, किससे और किस विषय पर बोल रहा है। जब तक हम ख़ून में पसीना मिलाकर रोटी-रोज़ी का इंतजाम करने वालों को स्कूली कमरा नहीं देंगे और कमरे में बंद रहने वालों को खेत की खुली हवा में जीने के लिए बाध्य नहीं करेंगे, एक जाति के आपसी भाषायी भेद ख़त्म नहीं होंगे।" (भाषायी अस्मिता और हिंदी-पृष्ठ-41)।

भाषा की विदग्धता के परिप्रेक्ष्य में लोकसाहित्य की लोकप्रियता और महत्त्व किसी से छिपा नहीं है; लेकिन यह भी जानना चाहिए कि लोक और लोकसाहित्य के नाम पर कुछ तथाकथित महाप्रभुओं ने अंधविश्वास और रूढ़ियों को पल्लवित करके गाल बजाने का नया महामार्ग खोल दिया है। विसंगतियाँ फैलाकर वैमनस्य की अर्गलाएँ पहनाना लोक का कर्म नहीं है; जबकि ये महाधुरंधर इन्हीं विकृतियों के झाँझ-मजीरे बजा रहे हैं। हमारे लोक-निबंधों में या ललित निबंधों में भी कुछ ऐसी ही हिंदूवादी बयार बहाने की कोशिश की गई है। इनसे सावधान रहने की ज़रूरत है। बघेली कवि भागवत पाठक ने इस घालमेल को बड़े व्यंग्यात्मक ढंग से चिह्नित किया है-

"समय केरि बलिहारी देखा, संघे मूस बिलारी देखा
कोयल के घर चमगीदड़ का, मसकत दूध-बिआरी देखा
सूरदास कजरौटी लइके, आँखी आँजि रहे
लंगड़दानी एँड़ी कहि-कहि, गुठुआ माँजि रहे
गुँगऊ आईं-बाईं चिचियातें, सरगम साजि रहे
बिना दाँति खीसन के बल पर, चाबत पान सुपारी देखा
समय केरि बलिहारी देखा।"

यह समय की ही बलिहारी है कि हम प्रश्नों के बीहड़ों में आ धँसे हैं। एक विचित्र प्रकार की लंपट और उग्र भाषा का डंका बज रहा है; शाब्दिक धोखे का साम्राज्य खड़ा किया जा रहा है। आत्मा की पुकार को चीत्कार में बदल दिया गया है और उसकी करुणा को गुमान में परिवर्तित किया जा रहा है। इसी माहौल में एक कविता दूर से हत्यारों की शिनाख़्त करती हुई मुनादी करती है- "जो लोग लेखकों की हत्या कर रहे हैं/वे अज्ञात हैं/जो स्त्रियों को बलात्कार की/धमकियाँ दे रहे हैं/वे अज्ञात हैं/जो बुद्धिजीवियों के साथ मारपीट कर रहे

हैं/और उन्हें गालियाँ दे रहे हैं/वे अज्ञात हैं/भले तुम इसे/लोकतंत्र मानते रहो/पर इस नए बनते निज़ाम को देखो/मारने वाले अज्ञात हैं/मरने वाले ज्ञात हैं।" उधर छल–प्रपंच, वैभव और ऐश्वर्य के नए लोक में सत्ता की भाषा का तांडव जारी है और इधर अभिनव निरंजन की कविता सबूत पेश करती है– "देशभक्ति के एक बड़े से हौदे में जब/सारा राष्ट्र, छपाक–छपाक जलक्रीड़ा कर रहा है/मैं अपने हाथ में एक ऐसी सूखी कविता लिए खड़ा हूँ/जो बारिस में भी भींगती नहीं।"

भाषा की विदग्धता छीजते चले जाने से सिर्फ़ रचना और रचनाकार ही नहीं, स्वयं शब्द भी सकते में हैं। वे चाटुकारिता, भ्रमज़ाल फैलाने या नफ़रत बाँटने के काम में ले लिए जाने की आशंका से परम भयातुर हैं। स्वयं एक वाक्य की पीड़ा महसूस कीजिए– "यहाँ की सड़कों, रास्तों, चौराहों/पेड़ों–फूलों–गुल्म लताओं और पत्तियों को/यहाँ की धूल–हवा गंध को/याद करता हूँ/जैसे ससुराल में सताई जा रही बाला/अपने पीहर को याद करती है/जैसे मुसीबत में फँसा कोई/सुकून के पल याद करता है/जैसे ग़लत इस्तेमाल किए जाने पर/वाक्य व्याकरण को याद करता है।"

पर्यावरण के लिए कुछ करो या मरो

क्या ही अच्छा हो कि हम पर्यावरण की चिंताओं को सिर्फ़ प्राकृतिक आपदाओं से नहीं; बल्कि सामाजिक-राजनीतिक-आर्थिक और कूटनीतिक-जनसांख्यिक-प्रौद्योगिक अजाबों से जोड़कर देखना भी शुरू करें। केदारनाथ, केरल, तमिलनाडु, कोसी, सुनामी जैसी आपदाएँ हमारे कान खड़े करती हैं; लेकिन स्थिति सामान्य होते ही इसे महज़ कुदरत का कहर मानकर हम पुराने ढर्रे पर लौट जाते हैं। निराशावादियों के मत में दुनिया का विनाश सुनिश्चित है; इसलिए हमें ज़्यादा सर खपाने की आवश्यकता नहीं है। उनका यह भी मानना है कि जलवायु-परिवर्तन मानव-निर्मित फ़िनॉमिना नहीं है; इसलिए इसे रोकने में मनुष्य का कोई वश भी नहीं चलेगा; लेकिन मैं निराशावादी नहीं हूँ। मैं आशान्वित हूँ कि अगर मनुष्य ठान ले तो वह जलवायु-परिवर्तन की गति धीमी कर सकता है और पर्यावरण का विनाश तो यकीनन रोक सकता है। आख़िरकार ग्रीनहाउस प्रभाव और वैश्विक तापमान-वृद्धि मनुष्य की क्रियाओं का ही दुष्परिणाम है; जो औद्योगिक क्रांति के बाद मनुष्य द्वारा उद्योगों से निःसृत कार्बन डाइऑक्साइड आदि गैसों के वायुमंडल में अधिक मात्रा में बढ़ जाने से हुआ है।

दुनिया भर में कार्बन-उत्सर्जन की बढ़ती दर ने पर्यावरण और ख़ासकर जैव-विविधता को बड़े पैमाने पर नुकसान पहुँचाया है। एक रिपोर्ट के अनुसार पिछले एक दशक में विलुप्त प्रजातियों की संख्या पिछले एक हज़ार वर्ष के दौरान विलुप्त प्रजातियों की संख्या के बराबर है। जलवायु में तीव्र गति से होने वाले परिवर्तन से देश की 50 फीसदी जैव-विविधता पर संकट है। अगर पृथ्वी के तापमान में 1.5 से 2.5 डिग्री सेल्सियस की वृद्धि होती है तो 25 फीसदी प्रजातियाँ पूरी तरह समाप्त हो जाएँगी। अंतरराष्ट्रीय संस्था 'वर्ल्ड वाइल्ड फिनिशिंग आर्गेनाइजेशन' ने अपनी रिपोर्ट में चेतावनी दी है कि 2030 तक घने

जंगलों का 60 फीसदी भाग नष्ट हो जाएगा। वनों के कटान से वातावरण में कार्बन डाइऑक्साइड की कमी से कार्बन अधिशोषण ही वनस्पतियों व प्राकृतिक रूप से स्थापित जैव-विविधता के लिए ख़तरा उत्पन्न करेगा। मौसम के मिजाज़ में होने वाला परिवर्तन ऐसा ही एक ख़तरा है; जिसके परिणामस्वरूप हमारे देश के पश्चिमी घाट के जीव-जंतुओं की अनेक प्रजातियाँ तेज़ी से विलुप्त हो रही हैं।

हालाँकि इस दिशा में हमारी चिंताएँ अनंत हैं। हम एक चिंता से सही ढंग से मुक्त नहीं हो पाते और पचासों किस्म की चिंताएँ एक साथ हमारे ऊपर हमला बोल देती हैं। यह तो सच है कि हम समाधानों की खोज करने से पहले ही चिंताओं के आधिक्य से अधमरे हो रहे हैं। समूचा देश चिंताओं की मालूम और नामालूम बीमारियों में फँसा है। सांप्रदायिकता, धार्मिकता, क्षेत्रीयता, भाषायी झमेला, संकीर्णता और आतंकवादी गतिविधियाँ देश की एकता, शांति, सद्भाव, अखंडता तथा विकास के लिए लगातार ख़तरा बनी हुई हैं। हल्ले एक-दो हों, तो उन्हें सँभालने में सुविधा हो। इधर 'एक धर्म : एक राष्ट्र' का भी भारी हल्ला है। जो संस्कृति का अ, ब, स, द भी नहीं जानते, वे भी सांस्कृतिक हमलों में जुटे हैं। जलवायु-परिवर्तन और पर्यावरण के स्वास्थ्य की किसे पड़ी है!

अभी मेरी एक दोस्त बेल्जियम गई। मुंबई की गर्मी उसे सहन नहीं हो रही थी। यूरोप ठंडा माना जाता है। उसने सोचा कि वहाँ मजे करेंगे; लेकिन ब्रुशेल्स के हवाई अड्डे पर उतरते ही उसे नानी याद आ गई! तापमान 37 डिग्री सेल्शियस था; जबकि मुंबई में 34 ही था। पता चला कि उसे होटल में पैरों के पास तक कूलर लगवाना पड़ा। सुबह समाचार मिला कि वहाँ की जो सबसे ऊँची चोटी थी, बर्फ़ पिघलने से सबसे छोटी हो गई है! यह जलवायु-परिवर्तन का असर है। इसके चलते उत्तरी ध्रुव के ग्लेशियर हर साल कई सौ मीटर सिकुड़ जाते हैं। भारत में भी आधे जून से लेकर सितंबर तक जो मूसलाधार वर्षा होती थी, अब अड्डा और समय बदल चुकी है। इस ऋतुचक्र-परिवर्तन को भी पर्यावरण की बिगड़ती दशा से जोड़कर देखा जाना चाहिए; लेकिन जो सबसे ज़रूरी चिंता है, उसे क्षुद्रताओं के चलते हमने सबसे आख़िर में डाल दिया है। अंतरराष्ट्रीय स्तर पर जो चिंताएँ जताई जाती हैं, वहाँ भी विकासशील और विकसित देशों का तनाव हमेशा बना रहता है; जबकि जलवायु-परिवर्तन के प्रकोपों को गुटों की कूटनीति में बँटकर नहीं, बल्कि मानवता का सामूहिक संकट समझकर ही जूझा जा सकता है। सेंटर फॉर साइंस एंड एनवायरन्मेंट के

उप-महानिदेशक रहे चंद्रभूषण का कहना है कि अमेरिका विभिन्न देशों के आपसी तालमेल में अड़ंगा लगाने की अपनी कुटिलता से बाज़ नहीं आता और विकसित और विकासशील देश एक होकर उस दुराग्रह से जूझने की बजाय अपनी पुरानी कलह में मशगूल रहते हैं।

भारत में खानापूरी अधिक होती है। पर्यावरण की रक्षा के लिए फाइलें सजाई जा रही हैं; परिपत्र जारी हो रहे हैं; लेकिन मामला टस से मस नहीं होता। पाठकों में पर्यावरण-पढ़ाई की अनिवार्यता से इस समस्या को सुलभ कराया जा रहा है और माना जा रहा है कि इससे लोगों की जागरूकता का विस्तार होगा। एक तरफ़ पर्यावरण-जागरूकता की आँधी चल रही है तो दूसरी तरफ़ जनतंत्र व आज़ादी का पर्यावरण प्रदूषित हो रहा है। हमारे सामाजिक-सांस्कृतिक रिश्ते लगातार छीज रहे हैं। ग़रीबी, महामारी और भ्रष्टाचार भी समाज को छिन्न-भिन्न कर रहे हैं और उसी अनुपात में सामाजिक प्रदूषण लगातार बढ़ता जा रहा है।

सच्चाई यह है कि हमारे देश का ही नहीं, समूची दुनिया का पर्यावरण लगातार प्रदूषित हो रहा है। उससे न केवल हमारे स्वास्थ्य को ख़तरा है; बल्कि मानवजाति के विकास को भी ख़तरा है। प्रदूषण केवल भौगोलिक और भूगर्भशास्त्रीयता भर का नहीं है; मसला चाहे जल, वायु, मृदा और ध्वनि के प्रदूषण का हो, आगे आने वाली पीढ़ियाँ तमाम प्रकार के प्रदूषणों को झेलेंगी ही। आजकल संस्कृति का भी प्रदूषण है। संस्कृति के नाम पर अपसंस्कृति की गाजें गिर रही हैं। हम आचरणहीनता के लगभग अंतिम मुहाने पर पहुँच रहे हैं। नतीजतन घर, परिवार, समाज और देश का पर्यावरण बिगड़ रहा है। गंगा का प्रदूषण हो या यमुना का अथवा देश की छोटी-बड़ी नदियों का, यह सांस्कृतिक प्रदूषण का साक्षात् उदाहरण है। क्या हमारी पावन नदियों का सौंदर्यीकरण कर देने भर से प्रदूषण दूर हो सकता है?

पर्यावरण-प्रदूषण का तो जैसे कुंभीपाक ही सामने है; जो मानव द्वारा किए जा रहे अनियंत्रित कृत्यों की देन है। प्रकृति के विविध रूपों का हम अंधाधुंध और अमर्यादित प्रयोग कर रहे है। शहरीकरण ने और बसाहट के तमाम रूपों की वजह से शहर के भीतर नालों, खड्ढों, खाइयों, भरकों और छोटे-मोटे हिस्सों को हमने पाट दिया। पानी कहाँ से निकले! जल-निकासी के तमाम पारंपरिक और कुदरती रास्तों को पाटकर हमने भवन खड़े कर लिए; बहुमंज़िला इमारतें तान दीं; बड़े-बड़े होटल और व्यावसायिक कॉम्पलेक्स खड़े कर दिए। पानी को रास्ता नहीं मिलेगा, तो वह आपके घर और परिसर में ही घुसेगा और

तबाही मचाएगा; दुनिया भर का कूड़ा-करकट आपके ड्राइंग रूम में भर देगा। बस्ती के ऐन बीच में बाढ़ का आना भी सुनिश्चित है।

मनुष्य के सर्वांगीण विकास में प्रकृति का बहुत ही महत्त्वपूर्ण रोल रहा हैं। हम प्रकृति की गोद में पले हैं और अब भी उसके रहमोकरम पर हैं। हम आखेट-युग, चरागाह-युग, कृषि-युग से बढ़ते हुए यहाँ तक पहुँचे हैं। एक जमाने में मुद्रणालयों का विकास नहीं हुआ था। सूचना की तक़नीकें बहुत पुरानी थीं। अब तो हम सूचना-तक़नीक और सूचना-संजाल के बाज़ार में हैं। पूरी दुनिया ही एक विशाल बाज़ार बन चुकी है। हर जगह लेन-देन का मामला है। सैयद रियाज़ रहीम का एक शेर है- 'दिल की बातें किससे कीजै, कौन सुनता है यहाँ/वो जो मेरा हमसफ़र है हमसफ़र बाज़ार है।' यानी बाज़ार हमारे अगल-बगल ही नहीं, पति-पत्नी के रिश्तों में भी भरपूर है, बाप-बेटों के बीच है... और इस क़दर है कि आप दूसरों के लिए कुछ करेंगे तो ही वे वह आपके लिए कुछ करेंगे। कहावत है- 'नाच परोसिन मोरे, खरधर नाचौं तोरे।' हम पड़ोस की गंदगी को दूसरों का पाप मानते हैं और सफ़ाई करने की जगह बीमारियाँ झेलते हैं।

हम जितना विकास चाहते हैं, जितने अत्याधुनिक रूपों को पाना चाहते हैं, उनके लिए हमें प्राकृतिक संसाधनों के बरअक्स आज की आवश्यकताओं को केंद्र में रखना होता है। विकास, आधुनिकीकरण, बाज़ारीकरण और सूचना-उद्योग हमारे संसाधनों पर निर्भर हैं। सड़कें बनेंगी, मकान बनेंगे, उद्योग लगेंगे तो तय है कि वनों का रक़बा हमें कम करना होगा; पेड़ों की कटाई करनी पड़ेगी। आधुनिकीकरण के इस दौर में पर्यावरण में बिगाड़ होना तय-सा है; लेकिन हम इसे ईश्वर के भरोसे नहीं छोड़ सकते। पर्यावरण का सही ढंग से संरक्षण भी तो होना चाहिए। पर्यावरण के कुछ प्राकृतिक व त्वरित प्रक्रम हैं; जिनके द्वारा हम प्रचुर मात्रा में हवा, जल, उपजाऊ भूमि प्राप्त करते हैं; जिस पर अनवरत जैविक क्रियाएँ व चक्र चलते रहते हैं। हमारा ग्रह जैव-विविधता से परिपूर्ण है- जहाँ सभी तरह के जानवर, जीव, सूक्ष्म जीव, वनस्पति, पेड़ आदि एक पारिस्थितिकी-चक्र में रहते हैं। कीड़े-मकौड़े, बैक्टीरिया, वायरस व दूसरे सूक्ष्म जीव एक तरफ़ हानिकारक है; लेकिन दूसरी तरफ़ लाभप्रद भी है; जैसे परागण, पुनरुत्पादन आदि में। चूँकि हमारा जीवन पर्यावरण पर आश्रित है; अत: इसकी विकृति से विपरीत व हानिकारक प्रभाव उत्पन्न होना अवश्यंभावी है। **यह सत्य है कि बिना उपयोगी पर्यावरण व प्राकृतिक स्रोतों के जीवन संभव ही नहीं है।**

दु:खद स्थिति यह है कि हमने पर्यावरण के बारे में, पर्यावरण-प्रदूषण के बारे में, पर्यावरण-संरक्षण के बारे में लोगों तक आवश्यक संवेदनशीलता नहीं पहुँचाई। यही कारण है कि आज साँस लेने के लिए शुद्ध हवा, पीने के लिए साफ़ पानी भी मिलना निरंतर कठिन से कठिनतर होता जा रहा है। सड़कों पर धूल-धुएँ-ध्वनि का प्रदूषण है और तुर्रा यह कि हम ज़ोरदार विकास कर रहे हैं। विकास का यह गोरख-धंधा आख़िर हमें कहाँ पहुँचाएगा? क्या अपनी नदियों को स्थान-स्थान पर बाँधकर हम मनुष्यता का भला कर पाएँगे; प्रभावित रहिवासियों को सक्षम विकल्प उपलब्ध करा पाएँगे? वीरेंद्र जैन ने अपने उपन्यास 'डूब' में विकास की इस भयावहता को चित्रित किया है। मध्य प्रदेश के हरसूद की डूब पर कई शोध हुए और पुस्तकें लिखी जा चुकी हैं। स्थानीय लोगों का बचपन, उनकी संस्कृति, उनके स्कूल और उनके घर तहस-नहस हो गए। ऐसे विकास की डूब से हम देश में जगह-जगह पर्यावरण को लगातार अपाहिज बनाते चले जा रहे हैं।

बड़े बाँधों का दुनिया भर में विरोध हो रहा है। हालाँकि इसके पक्ष में बड़े-बड़े तर्क रचे जाते हैं; फिर भी यदि बड़े बाँध बनाने से विकास होना है तो जहाँ बाँध बन रहा है, वहाँ के लोगों का सही जगह विस्थापन और उचित मुआवजा मिलना चाहिए कि नहीं? समूचे विस्थापन-क्षेत्र को आम आदमी की ज़िंदगी के लिए उपयोगी होना चाहिए कि नहीं? लेकिन हम विस्थापित लोगों को किसी अन्य जंगल को काटकर बसा देते हैं! प्रागैतिहासिक नर्मदा घाटी के प्रकृतिप्रेमी जनजीवन व पर्यावरण की कुशलता और विशाल सरदार सरोवर बाँध की ऊँचाई बढ़ाने का विरोध कर रही आंदोलन की नेत्री मेधा ताई पाटकर की पुकार नक्कारखाने में तूती की आवाज़ बनकर रह गई। अपना जल-जंगल और ज़मीन बचाने में लगे आंदोलनकारियों को सत्ता ने जहाँ चाहा, जब चाहा, जैसे चाहा, उठाकर फेंक दिया। ज़ाहिर है, मंशा सही न हो तो महज़ काग़ज़ी घोषणाओं से न हम मनुष्य की रक्षा कर सकते और न ही पर्यावरण को बचा सकते हैं।

मैं उस दिन की कल्पना करके काँप जाता हूँ, जब इस धरती से वनों एवं वनस्पतियों का विनाश हो जाएगा; क्योंकि भारत समेत दुनिया के तमाम मुल्कों में वनों का जिस तेज़ी से सफाया हो रहा है, वह हमारी चिंता के केंद्र में है। इससे अनर्थ यहाँ तक संभावित है कि मानसून अपनी गतिविधि लगभग समाप्त कर देगा; वर्षा नहीं होगी; पानी के लिए युद्ध होंगे। औद्योगिक विकास की दौड़ में हमने बड़ी प्रगति की है; लेकिन उसके दुष्परिणामों की रोकथाम के लिए

हमने कोई ठोस और कारगर उपाय नहीं किए। चिंता यह भी है कि बदले हुए पर्यावरण में जब अब तक अनचीन्हे और अनंत विषाणुओं का हमला होगा तो हम स्वस्थ और जीवित कैसे रह पाएँगे; प्रकृति कैसे बचेगी?

ध्वनि-प्रदूषण का रोना यह है कि इससे हमारे कान के पर्दे फट रहे हैं। घरों में हम रात के बारह बजे भी सो नहीं सकते। बहरापन आम बीमारी होती जा रही है। ध्वनि की यह अहर्निश तीव्रता यदि रोकी नहीं गई तो भारत बहरों का देश बन जाएगा। ध्वनि-प्रदूषण घटाने की बजाय हम मोबाइल-टावरों के लिए लड़ रहे हैं; ताकि चौबीसों घंटे कान से मोबाइल चिपका रहे और सिग्नल न टूटे। कीर्तन, भजन और भक्ति के नाम पर जो प्रदूषण फैलाया जा रहा है, वह किसी महामारी से कम नहीं है। मुल्लाओं, बाबाओं और पुजारियों ने इसे मंदिर-मस्जिद में एक कुटीर उद्योग के रूप में विकसित कर लिया है। अब यह दंगे कराने के काम भी आता है। इधर छात्रों की परीक्षाएँ हो रहीं हैं, उधर लाउडस्पीकर चीख रहे हैं; इधर अस्पताल में मरीज़ दम तोड़ रहे हैं, उधर जनता की भलाई के भाषण चल रहे हैं। स्थानीय प्रशासन इन्हें अनुमतियाँ देने में मुँहदेखी व्यवहार करता है। शोरगुल सुनकर लगता है जैसे प्रशासन नाम की कोई चीज़ ही नहीं है। भक्तिभाव में लीन होकर हम क्या बच्चों का भविष्य छीन लेंगे? क्या उन्हें पढ़ाई और परीक्षाओं से वंचित कर दिया जाएगा? यह सत्ता के द्वारा निर्मित प्रदूषण है।

द्वितीय विश्वयुद्ध के दौरान हिरोशिमा, नागासाकी में हुए परमाणु बम-विस्फोटों के दुष्परिणाम दुनिया आज भी भुगत रही है। भोपाल गैस-त्रासदी ने क्या-क्या कहर ढाए हैं, क्या यह किसी से छिपा है? गैस के रिसाव ने कितनी ही ज़िंदगियों को लील लिया; अनगिनत लोग अपाहिज हो गए; कितने ही लोग बीमारी का दंश अब भी झेल रहे हैं। इसके बावजूद दुनिया परमाणु एवं रासायनिक हथियारों की होड़ में लगी है और शक्तिशाली देश अपने यहाँ का हर तरह का कचरा कमज़ोर देशों में उड़ेल रहे हैं। इससे समूची दुनिया का पर्यावरण बिगड़ रहा है। भारत में अमेरिका, चीन, जापान और आस्ट्रेलिया की कंपनियाँ खनन के ठेके पा रही हैं। इंडोनेशिया का अधिकांश वन-क्षेत्र विदेशी कंपनियों के क्रूर दोहन के लिए सौंप दिया गया है। भारत के अनेक देशी अनाज विदेशी कंपनियों ने पेटेंट करा लिए हैं। सब्जियों और फलों में प्रयुक्त कीटनाशकों और कार्बाइड के इस्तेमाल ने एक नया नरक रच दिया है।

दूर जाने की ज़रूरत नहीं, मेरा मँझला बेटा दिल्ली में रहता था। यमुना नदी के काले प्रदूषित जल से उत्पन्न सब्जियों ने उसे कई वर्षों तक मरणासन्न बनाए

रखा। किसी तरह बचा तो रोग के आक्रमण को लगभग चार-पाँच वर्षों तक झेलता रहा। दु:खद यह है कि पर्यावरण-प्रदूषण पीछे पड़ा है और हम उसे उत्सव की तरह मना रहे हैं। हमारे अनाजों में कितने तरह के रासायनिक खाद्य प्रयोग किए जा रहे हैं- कहा नहीं जा सकता। सब्जियाँ और फल खाना निरापद नहीं रह गया है। ग्रामीण भारत के फलों और सब्जियों में कीटनाशकों के प्रकोप की कितनी परतें चढ़ाई जा रही हैं, इसका कोई हिसाब-किताब नहीं रह गया है। बस लाभ चाहिए किसानों ने ख़ुद देशी अनाज और सब्जियों-कंदों के बीज ग़ायब हो जाने दिए हैं। यही किस्सा दूध-उत्पादन का भी है। गाय-भैंसों को इंजेक्शन लगाकर दूध निकाला जाता है। प्रश्न उठता है कि क्या खाएँ? कैसे जिएँ? हमारे पारंपरिक और कुदरती स्वाद विनष्ट हो रहे हैं।

मेरी इस मंशा को अकेले कंठ की पुकार भी माना जा सकता है। मैं अपने प्रारंभिक जीवन को स्मरण करता हूँ; जिसमें मनुष्यों के साथ-साथ अनेक प्रकार के पक्षियों की आवाज़ें बड़ी मात्रा में शामिल थीं। गौरैया, डौकी, गलगलिया, परेवा, तोता, तीतर और बटेर की आवाज़ें आस-पास मौजूद होती थीं। घर की मुंडेर पर कौओं और बगीचे में कोयल की बोली सुनते थे। नीलकंठ अक्सर बैठा दिखाई दे जाता था; लेकिन अब कभी-कभार ही सामने के पेड़ों पर कुछ चिड़ियाँ आ पाती हैं। उन्हें पास से सुनने के लिए हम फर्श पर कुछ दाने बिखेर देते हैं। कभी उनके लिए पीने के पानी का बंदोबस्त करते हैं। दो-चार चिड़ियाँ आती हैं और दाने चुगती हैं, पानी पीती हैं और अपनी चीं-चीं से ख़ुशी का इज़हार करती हैं। फिर कई दिनों तक नज़र नहीं आतीं। लगता है उन्हें भी पर्यावरण प्रदूषण की नज़र लग गई है।

कभी हमारे नदी-नाले अपनी धाराओं से कलकल संगीत भर देते थे। अब प्राकृतिक छटाएँ निरंतर ग़ायब हो रही हैं। जंगल नहीं बचे, झरने नहीं बचे, जलधाराओं के बीच हमने मकान तान लिए। वाहनों के शोर-गुल में हमारे जीवनराग का सहज संगीत गुम हो रहा है। याद करता हूँ कि जब हम गाँव की पगडंडियों से गुज़रते थे तो वृक्षों की छाँव को, झाड़ियों की खिलखिलाहट को अपने भीतर अनुभव करते थे। अब तो रेफ़्रीजरेटर, पंखों, कूलरों और एयरकंडीशन के साथ गुज़ारा हो रहा है। तीज-त्योहारों, धार्मिक पर्वों, यात्राओं तथा बारातों में डीजे का कानफोड़ू संगीत सुनने को हम विवश हैं। यदि किसी को मना करें तो तथाकथित भक्तजन आपकी कुटाई-पिटाई भी कर सकते हैं; आपको अधार्मिक और नास्तिक कहते हुए आपकी दुर्गति बना सकते हैं। मेरी बुआ दाई लाउड स्पीकर को आहुरपीटा कहा करती थी; जो अब डीजे के भयानक रूप

में परिवर्तित हो गया है। आहुरपीटा हमारे पीछे पड़ा है और हम विकास के पीछे दौड़ रहे हैं। खेती कराने वाले हल और बैल अनुपयोगी हो चुके हैं। अब जमाना ट्रैक्टर और कृषि-तक़नीक का है। गाएँ आवारा फिर रही हैं। उनके नाम पर वोटों की फसल काटी जा रही है। उनकी दुर्दशा पर किसी का ध्यान नहीं जाता। गोशालाओं में वे बेचारी दम तोड़ रही हैं। किसी ने सच कहा है कि हमें ऐसे घर पसंद हैं; जहाँ रोशनी कमरे तक पहुँचने में बगावत करती है।

हमें हरियाली की चादर के स्थान पर कांक्रीट के जंगल देखने की आदत लगा दी गई है। दिल्ली के एक मित्र मेरे घर आए। बड़ा-सा मकान, फर्श, छत और आँगन देखकर कहने लगे कि बड़े शहरों में इस तरह के घरों और ऐसे मकानों की हम कल्पना तक नहीं कर सकते। वे माचिसनुमा फ़्लैट में रहते हैं; जिसमें कपड़े फैलाने-सुखाने तक के लिए जगह नहीं है। हम रहन-सहन की ऐसी प्रणाली में रहने के आदी हो गए हैं; जिसमें गँवई-जीवन के लिए कोई जगह नहीं है। बड़े शहरों के बच्चे नहीं जानते कि धान क्या होता है और उसकी बुवाई कब होती है, उससे चावल कैसे निकलता है? गेहूँ-चना-मटर-मसूर-सोयाबीन-तिल-अलसी-उड़द-मूँग-मूँगफली-अमारी-कुटकी आदि कब बोए जाते हैं? बेर्रा-लपसी-लपटा-काची-डोभरी-पसही-गक्कड़-मींजा क्या होता है? उनका ज्ञान इंटरनेट, बाज़ारीकरण और सूचनातंत्र पर आधारित है। वहाँ ग्रामीण-जीवन नदारद है। और तो और, हमारे गाँवों से भी ठेठ गँवई-जीवन नदारद हो रहा है। खेती और मकानों की समस्याओं ने श्मशान-भूमियों तक को कब्जिया लिया है। सुविधावादी सोच-प्रणाली ने हमारी जीवन-शैली को बदल दिया है। हम थोड़ी-सी असुविधा बर्दास्त नहीं कर सकते। गाँव में चिमनी और डिब्बियों की रोशनी तले पढ़ने-लिखने वाले महान लोग होते रहे हैं; लेकिन अब तो हमारे बच्चे दो घंटे बिजली न रहने पर बेचैन हो जाते हैं। लगता है, जैसे उनकी साँस घुट जाएगी। टाटपट्टियों पर बैठकर शिक्षा ग्रहण करने के अलग रवैए थे। अब सादा जीवन उच्च विचार के स्थान पर उच्च जीवन निम्न विचार की पताकाएँ फहरा रहीं हैं। इस अवनति का मानसिक प्रदूषण से बड़ा गहरा रिश्ता है।

पर्यावरण विषय की जानकारी विभिन्न रूपों में सामान्य जनता तक पहुँचाई जा रही हैं। छात्रों में इसके अध्ययन के प्रति उत्साह जाग्रत किया जा रहा है। इसी के साथ-साथ दुनिया में रहने वाले सभी लोगों तक पर्यावरण-संरक्षण की ज़रूरतों को पहुँचाया जा रहा है। कहीं स्वच्छता-अभियान चल रहा है; कहीं कचरा-प्रबंधन किया जा रहा है। गंगा, जमुना जैसी विराट नदियों को प्रदूषण से

बचाने के लिए कई तरह के संयंत्र लगाए जा रहे हैं; फिर भी हम प्रदूषण रोक नहीं पा रहे हैं। दुर्भाग्य यह है कि देश ही नहीं, दुनिया का पर्यावरण निरंतर चिंतनीय स्थिति में जा रहा है। साफ़-सफ़ाई की चाहे जितनी डींग हाँकी जाए, सब अकारथ होता जाता है। यदि लोगों में पर्यावरण-संरक्षण के प्रति बेचैनी नहीं है तो पर्यावरण को किसी भी तरह ठीक नहीं किया जा सकता। यह मुझे 'ग़रीबी हटाओ' नारे का दूसरा रूप लग रहा है। ग़रीब हट जाएँगे; लेकिन ग़रीबी का बाल तक बाँका नहीं होगा। उसी तरह मुँह में मास्क लगाने से शहरों-कस्बों की दूषित हवा को ठीक नहीं किया जा सकता। दिल्ली में प्रदूषण-नियंत्रण के लिए बड़े प्रयोग हुए; लेकिन कोई विशेष लाभ नहीं दिखा।

हक़ीक़त यह भी है कि हमें ऋषियों-मुनियों की वनों में कुटिया बनाकर रहने की कथाएँ चाहे कितनी भी लुभावनी लगें, अब उस प्राकृतिक जीवन में, पुराने जीवन में लौटने की बातें करना व्यावहारिक नहीं रह गया है। क्या आज के विशाल शहरों में मिट्टी की दीवारों के घर बनाए जा सकते है? यह थोड़ा-बहुत गाँव में ही संभव है- जैसे पर्वतीय अंचलों में घास-फूस के झोपड़े बनाए जा सकते हैं। क्या ईंटों और सीमेंट के जंगलों के अलावा हमारे पास नगरों की बसाहट के कोई अन्य विकल्प हैं; जिससे बहुमंज़िला इमारतें निर्मित हो सकें? क्या हम बढ़ती हुई जनसंख्या के लिए प्राकृतिक आवास उपलब्ध करवा सकते हैं? क्या आवागमन के साधनों के लिए बड़े पैमाने पर धुआँ रहित वाहन बनाए जा सकते हैं? क्या विशाल आबादी के लिए सब्जियों और फलों के उत्पादन हेतु पुरानी पद्धतियों पर निर्भर रहा जा सकता है? यह बढ़ती जनसंख्या से जुड़ी समस्या है; लेकिन जनसंख्या-नियंत्रण तो दूर, हमारे नेता आबादी बढ़ाने का आवाहन करते देखे जा सकते हैं। पर्यावरण के प्रति उनकी जागरूकता और गंभीरता का अंदाज़ा इसी से लग जाता है।

पर्यावरण-जगत में मृदा, जल, जंगल, हवा, खनिज, खाद्य-पदार्थ, जैव-विविधता, नाभकीय ऊर्जा और पारिस्थितिकी-तंत्र इत्यादि से जुड़ी समस्याएँ सिर उठा रही हैं। बैक्टीरिया की रोकथाम एक बड़ी समस्या है। पर्यावरण बिगड़ने से मनुष्य के विकास में, जीवन के विकास में और प्रकृति के विकास में अनेक समस्याएँ खड़ी हो जाती हैं। मान लीजिए मेरे सामने जल की समस्या है तो मैं पेड़-पौधों और पशु-पक्षियों के लिए भी पानी की समस्या खड़ी कर दूँगा। मामला हार्डवॉटर और सॉफ़्टवॉटर भर का नहीं है। अगर हम पानी को बचाते है तो संसार को बचाते हैं; समूची धरती के जीवन को सुरक्षित रखते हैं। स्वच्छ और सुरक्षित जल अच्छे स्वास्थ्य और जीवन की ज़रूरत बनता है।

इसीलिए स्वच्छ पेयजल के लिए समूची दुनिया में व्यापार चल पड़ा है। पानी बोतलों में क़ैद है, पाउचों में क़ैद है। रहीम ने कहा था– "रहिमन पानी राखिए, बिन पानी सब सून/पानी गए न ऊबरे, मोती मानुस चून।" लेकिन हम अपने जीवन में देख रहे है कि पानी की बर्बादी रोकने की तरफ़ हमारा ध्यान नहीं है, चाहे हमारा जीवन क्यों न सूना हो जाए! कई इलाके ऐसे हैं, जहाँ धरती में पाँच-पाँच सौ फुट नीचे से पीने के लिए पानी निकालना पड़ता है। कई गाँव हैं, जहाँ पाँच-दस किलोमीटर पैदल चलकर महिलाएँ पानी भरती हैं। कल्पना कीजिए कि रेगिस्तानी इलाक़ों में पानी का किस तरह इस्तेमाल किया जाता होगा। कई जगह लोग बड़ी खरहरी खाट पर बैठकर स्नान करते हैं; ताकि नीचे निथरे हुए पानी से कपड़े आदि साफ़ किए जा सकें। हम देखते हैं कि किन्हीं-किन्हीं क्षेत्रों में जनवरी-फरवरी के बाद ही पानी की किल्लत हो जाती है; पशु-पक्षी तड़ाहन मरने लगते हैं। यह विकृत पर्यावरण के चलते जलवायु-परिवर्तन होने से मानसून-चक्र बदलने का नतीजा है।

पर्यावरण विकृत होने के संदर्भ में मानव-गतिविधियों का सबसे बड़ा हाथ रहा हैं। औद्योगीकरण के लिए कोयले और पेट्रोलियम पदार्थों- जैसे जीवाश्म-ईंधन के अंधाधुंध उपयोग के कारण कार्बन डाइऑक्साइड का बेहिसाब उत्सर्जन होता है। इसके चलते सूर्य के ख़तरनाक रेडिएशन को रोकने वाली वायुमंडल की सुरक्षा-कवच ओजोन-परत लगातार झीनी होती जा रही है। अन्य मानवजनित कारकों में जनसंख्या-वृद्धि, जल का अनियमित और बेहिसाब दुरुपयोग, वनों की अंधाधुंध कटाई आदि भी शामिल हैं। वनों से शोषित होने की बजाय कार्बन डाइऑक्साइड, मीथेन, नाइट्रस ऑक्साइड, फ्लोरिनेटेड गैसों जैसी ग्रीन हाउस गैसें उल्टे सूर्य की ऊर्जा का शोषण करके पृथ्वी की सतह को गर्म कर देती है; जिससे पृथ्वी की जलवायु में परिवर्तन हो रहा है। नतीजा यह है कि गर्मी की ऋतु अधिक लंबी और सर्दी की ऋतु पहले से छोटी होती जा रही है।

जिस कार्बन डाइऑक्साइड को हम इतना ख़तरनाक बता रहे हैं, वह सिर्फ़ कोयला या कार्बन के अन्य अपररूप जलाने से ही नहीं उत्पन्न होती है; सामान्य कंप्यूटर-उपयोक्ताओं को भले ही इस बात का एहसास न हो; किंतु वे ग्लोबल वार्मिंग की समस्या में अपना जाने-अनजाने कुछ-न-कुछ योगदान दे ही रहे हैं। सामान्य वेबसाइट को सर्फ करने में प्रति सेकंड लगभग 20 मिलीग्राम कार्बन डाइऑक्साइड का उत्सर्जन होता है। जटिल वेबसाइटों (वीडियो, एनीमेशन, एप्लीकेशंस आदि) में यह मात्रा प्रति सेकंड 300 मिलीग्राम तक पहुँच जाती है। आपका सुस्त पड़ा कंप्यूटर (चालू स्थिति में) प्रति घंटे 40 से

80 ग्राम तक कार्बन डाइऑक्साइड पैदा करता है। 'बिग स्विच' के लेखक निकोलस कार के अनुसार 'सेकंड लाइफ़' जैसे वर्चुअल रियलिटी गेम वेबसाइट में यदि आपका अवतार (ग्राफ़िक प्रतिरूप) मौजूद है तो उससे सालाना लगभग 1752 किलोवाट घंटे बिजली ख़र्च हो रही है। आन स्थिति में आपका कंप्यूटर लगभग 175 वाट बिजली ख़र्च करता है। आन किंतु निष्क्रिय स्थिति में आपके कंप्यूटर में 60 से 250 वॉट बिजली तक जलती है और वह भी तब जब मॉनीटर का स्विच बंद हो। यूँ ग्लोबल वार्मिंग में हमारी हिस्सेदारी उसी समय शुरू हो जाती है, जब हम अपना कंप्यूटर आन करते हैं। सक्रिय स्थिति में हमारे अपने कंप्यूटर में लगभग 175 वॉट बिजली की खपत होती है। उसके बाद हमारे निजी कंप्यूटर-नेटवर्क, ब्रॉडबैंड-नेटवर्क, विभिन्न देशों के इंटरनेट गेटवे और अंत में संबंधित वेबसाइट के सर्वर तक सब में बिजली की खपत हो रही है।

विकास बनाम पर्यावरण की बहस ने इंटरनेट को भी अपनी चपेट में ले लिया है। पर्यावरण पर बुरा प्रभाव केवल औद्योगिक और यातायात-प्रदूषण से ही नहीं पड़ रहा; बल्कि हालिया रपट में इंटरनेट में इस्तेमाल होने वाली अनावश्यक बिजली के कारण कुछ विपरीत असर देखने को मिल रहे हैं। दुनिया भर में बैठे नेट सर्फर्स एक कमांड पर मनचाही सूचना पाना चाहते हैं; लेकिन उस प्रक्रिया में सर्वरों को कितनी अतिरिक्त मशक्कत करनी पड़ती है, इसका खुलासा भी इस रपट में है। हार्वर्ड विश्वविद्यालय के प्रसिद्ध भौतिकीविद् डॉ. एलेक्स विज़नर ग्रॉस ने कुछ अरसा पहले अपने अध्ययन से निष्कर्ष निकाला था कि गूगल पर दो बार खोज करने से लगभग उतनी ही कार्बन डाइऑक्साइड पैदा होती है, जितनी कि एक कप चाय उबालने में। एक कप चाय उबालने से लगभग 15 ग्राम कार्बन डाइऑक्साइड पैदा होती है। ख़बर इतनी सनसनीखेज़ और चिंताजनक थी कि गूगल को बयान जारी कर इस बारे में स्थिति साफ़ करनी पड़ी।

विद्वानों की राय है कि संतुलित वातावरण में प्रत्येक अवयव अथवा घटक एक निश्चित मात्रा और अनुपात में होता है। यदि कोई घटक या अवयव कम या अधिक अनुपात या मात्रा में हो जाता है तो वह स्थिति सभी जीवधारियों के लिए हानिकारक बन जाती है। तिजोरी भरने और मनोरंजन की लालसा ने मनुष्य को इतना निर्दयी बना दिया है कि वह न केवल हरे-भरे पेड़-पौधों को लील गया; बल्कि इसने सुंदरतम और दुर्लभ जीव-जंतुओं को भी अपनी कुदृष्टि का शिकार बना लिया। उसकी इन स्वार्थयुक्त क्रियाओं ने संतुलित पर्यावरण के

लिए भीषण ख़तरा उत्पन्न कर दिया है। अब उपदेशों के पहाड़े पढ़ाने या रटाने से कोई लाभ संभव नहीं दिखता। ऋतु-चक्र बिगड़ चुके हैं। मौसम के बिगड़े हुए मिजाज़ ने देश भर में समस्या पैदा कर दी है। सच्चाई यह है कि देश में कृषि-क्षेत्र में मचे हाहाकार का सीधा संबंध जलवायु-परिवर्तन से है। यह सब हमारे द्वारा पर्यावरण को गंभीर नुकसान पहुँचाए जाने की वजह से हो रहा है। हम सौर और पवन जैसी वैकल्पिक ऊर्जा पर ज़ोर देकर अपनी ऊर्जा-ज़रूरतों के साथ-साथ इस पर काबू कर सकते हैं।

पिछले दिनों 'पर्यावरण और वायु-प्रदूषण का भारतीय कृषि पर प्रभाव' शीर्षक से 'प्रोसिडिंग्स ऑफ नेशनल एकेडमी ऑफ साइंस' में प्रकाशित एक शोधपत्र के नतीजों ने सरकार, कृषि-विशेषज्ञों और पर्यावरणविदों की चिंता बढ़ा दी है। शोध के अनुसार भारत के अनाज-उत्पादन में वायु-प्रदूषण का सीधा और नकारात्मक असर देखने को मिल रहा है। धुएँ में बढ़ोत्तरी की वजह से अनाज के लक्षित उत्पादन में कमी देखी जा रही है। करीब 30 सालों के आँकड़ों का विश्लेषण करते हुए वैज्ञानिकों ने एक ऐसा सांख्यिकीय मॉडल विकसित किया; जिससे यह अंदाज़ा मिलता है कि घनी आबादी वाले राज्यों में वर्ष 2010 के मुकाबले वायु-प्रदूषण की वजह से गेहूँ की पैदावार 50 फीसदी से कम रही। कई जगहों पर खाद्य-उत्पादन में करीब 90 फीसदी की कमी धुएँ की वजह से देखी गई; जो कोयला और दूसरे प्रदूषक तत्त्वों की वजह से पैदा हुआ। एक ख़ास बात यह भी है कि जलवायु-परिवर्तन से न केवल फसलों की उत्पादकता प्रभावित हो रही है; बल्कि उनकी पौष्टिकता पर भी प्रतिकूल प्रभाव पड़ रहा है। एशिया में तटीय और शहरी इलाक़ों में बाढ़ की वृद्धि से बुनियादी ढाँचे, आजीविका और बस्तियों को काफ़ी नुकसान हो सकता है। ऐसे में मुंबई, कोलकाता, ढाका जैसे शहरों पर ख़तरे की संभावना बढ़ जाती है।

पिछले दिनों पर्यावरण एवं वन-मंत्रालय ने भी जलवायु-परिवर्तन पर 'इंडियन नेटवर्क फॉर क्लाइमेट चेंज असेसमेंट' की रिपोर्ट जारी करते हुए चेताया था कि यदि पृथ्वी के औसत तापमान का बढ़ना इसी प्रकार जारी रहा तो अगामी वर्षों में भारत को इसके दुष्परिणाम झेलने होंगे। इसका सीधा असर देश की कृषि-व्यवस्था पर भी पड़ेगा। पर्यावरण का सवाल जब तक तापमान में बढ़ोत्तरी से मानवता के भविष्य पर आने वाले ख़तरों तक सीमित रहा, तब तक विकासशील देशों का इसकी ओर उतना ध्यान नहीं गया; परंतु अब जलवायु-चक्र का ख़तरा खाद्यान्न-उत्पादन पर पड़ रहा है, किसान यह तय नहीं कर पा रहे हैं कि कब बुवाई करें और कब फ़सल काटें। तापमान में बढ़ोत्तरी

जारी रही तो खाद्य उत्पादन 40 फीसदी तक घट जाएगा। इससे पूरे विश्व में खाद्यान्नों की भारी कमी हो जाएगी। ऐसी स्थिति विश्वयुद्ध से कम ख़तरनाक नहीं होगी। एक नई अमेरिकी स्टडी में दावा किया गया है कि तापमान में एक डिग्री तक का इज़ाफ़ा साल 2030 तक अफ़्रीकी सिविल वार होने के रिस्क को 55 फीसदी तक बढ़ा सकता है।

इन अजाबों से बचने के लिए हमारे पास दृढ़ इच्छाशक्ति होनी चाहिए। प्रकृति के साथ सह–अस्तित्व और साहचर्य की भावना होनी चाहिए, संसाधनों का उपभोग एक सीमा तक किया जाए। अब हवस और स्वार्थों के महारास का जनाजा निक़लना ही चाहिए, तभी मनुष्यता को, प्रकृति को और अपने भविष्य को बचा पाने में हम कामयाब हो सकते हैं; वरना पर्यावरण के साथ–साथ हमारी भी तबाही तय है।

आधुनिक योग का गुणा-भाग

यूँ तो योग का मतलब होता है जोड़; लेकिन इस दौर में योग को लेकर मचा हो-हल्ला हमारे कान फोड़ रहा है। इसे राष्ट्रीय से लेकर अंतरराष्ट्रीय मंचों तक इस क़दर प्रचारित और प्रसारित किया जा रहा है, जैसे भारत में यह आज ही उत्पन्न हो गई कोई चीज़ हो और इस पर किसी बाबा-जोगी का कॉपीराइट है। सच्चाई यह है कि भारतीय जीवन में पूर्व ऋग्वैदिक काल से ही योग-विद्याएँ व्याप्त रही हैं। हमारे ऋषियों-मुनियों और महापुरुषों ने घोर साधना करके मनुष्य के लिए हितकारी आसनों की खोज की है और वे देह व मन को क्षति पहुँचाने वाली मुद्राओं की छँटनी करते हुए हम तक निरापद एवं लाभप्रद योगकर्म की गंगा बहा लाए हैं।

भारतीय समाज ने प्रकृति की शक्ति के साथ आत्मसात किए गए इस अनुपम उपहार का सदैव अनुशीलन किया है। भगवान शिव के बाद वैदिक ऋषि-मुनियों से ही योग का प्रचलन माना जाता है। बाद में योगिराज कृष्ण, जिन महावीर और महात्मा गौतम बुद्ध ने इसे समाज में आकाश जैसा विस्तार दिया। हालाँकि जैन और बौद्धधर्म के उत्थान और जागरण-काल में सदियों तक योग अपने फुटकर और बिखरे हुए स्वरूप में था। इसे गूढ़ विद्या माना जाता था। योग के रूप में अहिंसा, सत्य, ब्रह्मचर्य, अस्तेय, अपरिग्रह, शौच, संतोष, तप और स्वाध्याय यानी यम-नियम का प्रचलन ही अधिक रहा। इस काल तक योग को सुव्यवस्थित रूप नहीं दिया गया था। पहली बार लगभग 200 ई.पू. में महर्षि पतंजलि ने वेदों में बिखरी योग-विद्या का सही-सही रूप में वर्गीकरण किया; जिसके बाद योग का प्रचलन बढ़ा और इसे अपनाने के लिए राजाश्रयों में यौगिक संस्थानों, पीठों तथा आश्रमों का निर्माण होने लगा; लेकिन आज की तरह किसी पातंजलि ने श्रेय लेने का अभियान नहीं चलाया। प्राचीन साधकों द्वारा पुंजीभूत की गई लौकिक और अलौकिक सामंजस्य के साथ प्रस्तुत की गई

इस विद्या को ही आगे चलकर सिद्धपंथ, शैवपंथ, नाथपंथ, वैष्णव और शाक्त-पंथियों ने अपने-अपने तरीके से विस्तार दिया था।

ऋक्संहिता, मंडल-1, सूक्त-18, मंत्र-7 में कहा गया है- "यस्मादृते न सिध्यति यज्ञो विपश्चितश्चन। स धीनां योगमिन्वति।।" (अर्थात् योग के बिना विद्वान का भी कोई यज्ञकर्म सिद्ध नहीं होता। वह योग क्या है? योग चित्तवृत्तियों का निरोध है, वह कर्तव्य कर्ममात्र में व्याप्त है।) ऋग्वेद की 1-5-3 पवित्र ऋचा है- "स घा नो योग आभुवत् स राये स पुरं ध्याम। गमद् वाजेभिरा स नः।।" (अर्थात् वही परमात्मा हमारी समाधि के निमित्त अभिमुख हो, उसकी दया से समाधि, विवेक, ख्याति तथा ऋतंभरा प्रज्ञा का हमें लाभ हो, अपितु वही परमात्मा अणिमा आदि सिद्धियों के सहित हमारी ओर आगमन करे।) कठोपनिषद में योग का लक्षण बताया गया है- "तां योगमिति मन्यन्ते स्थिरामिन्द्रियधारणाम्।" (अर्थात् उसे ही योगबुद्धि वाला माना जाता है; जिसने योगबल से अपनी इंद्रियाँ वश में कर ली हैं।) योगविद्या की प्राचीनता का अंदाज़ा इसी बात से लगाया जा सकता है कि योगाभ्यास का प्रामाणिक चित्रण लगभग 3000 ई.पू. की सिंधुघाटी-सभ्यता के उत्खनन से प्राप्त मोहरों और मूर्तियों तक में मिलता है। योग का प्रामाणिक ग्रंथ 'योगसूत्र' लगभग 200 ई. पू. लिखा गया था और हिंदू, जैन तथा बौद्धधर्म में योग का अलग-अलग तरीके से वर्गीकरण किया गया है। यद्यपि इन सबका मूल वेद और उपनिषद ही रहे हैं। वैदिक काल में तो यज्ञ और योग का ही बोलबाला था। ब्रह्मचर्य-आश्रम में वेदों की शिक्षा के साथ ही शस्त्र और योग की शिक्षा अनिवार्य थी। योग की पवित्रता, उसकी चमत्कारी शक्ति और अद्भुत प्रभाव के हम सदियों से कायल रहे हैं; लेकिन आज योग को सस्ती लोकप्रियता और धंधे का औज़ार बनाकर अंतरराष्ट्रीय बाज़ारवाद की काली घटाओं में तोप दिया गया है।

दरअसल यौगिक अनुभूति की कुंजी योग-मुद्राएँ हैं। ऋषियों-मुनियों के बाद भी विभिन्न युगों में साधकों ने इन मुद्राओं को बहुत परिमार्जित किया। मेरी दृष्टि में योग हमारे उच्चतर मानवीय मूल्यों और हमारी आत्मिक जागरूकता का एक महत्त्वपूर्ण अध्याय है; जिसे भारत में हज़ारों वर्षों से पढ़ा जाता रहा है। इसी का परिणाम है कि हमारी अनेक दैनंदिन क्रियाओं में हमारे जाने बिना योग का निरायास उपयोग दिखलाई पड़ता है। इसीलिए योग को जीवन के अनिवार्य स्वरूप में जानने और पहचानने की ज़रूरत बढ़ जाती है। अगर कुछ और सधी हुई योग-मुद्राएँ यदि हम जीवन में उतार लें तो निश्चित रूप से हमारे शरीर को स्वस्थ्य रखने में भरपूर सहायता मिलती है या मिल सकती है। वे हमारी

आध्यात्मिक एवं मानसिक भूख को भी तृप्त कर सकती हैं। ज़रूरत इस बात की है कि योग को संकीर्णता के नज़रिए से न देखा जाए।

योग की वैज्ञानिकता को लेकर पूरी दुनिया आश्वस्त है; लेकिन जब उसका बाज़ारशास्त्र गढ़ा जाता है; उसे आर्थिक लाभ-लोभ के विभिन्न समीकरणों में उलझाया जाता है तो दिक्कतें खड़ी होती हैं। मेरी समझ में योग का रिश्ता बाज़ार से अधिक हमारे जीवन, स्वास्थ्य, शिक्षा, आचरण और व्यक्तित्त्व के बहुमुखी विकास से जुड़ा हुआ है। इसमें हमारे मानसिक संसार को नियोजित और संयोजित करने की अद्‌भुत क्षमता है। यह जीवन के विविध प्रसंगों और उनकी उत्तरोत्तर प्रगति का मानक बन सकता है। वह हमारे मानसिक संसार को उन्मुक्त रख सकता है.; क्योंकि योग शरीर को सही ढंग से विकसित करने की क्षमता भी रखता है।

आज कई लोग भारत और भारत के बाहर योग में अपना कैरियर बना रहे हैं। अक्सर भारत के विशेषज्ञ विज्ञान, चिकित्सा, इंजीनियरिंग और आईटी के क्षेत्रों में काम करने विदेश जाते हैं; लेकिन जब मेरे एक मित्र का बेटा जर्मनी में योग सिखाकर लाखों कमाने लगा तो मुझे सुखद आश्चर्य हुआ। अब तो अमेरिका, कनाडा, ब्रिटेन, आस्ट्रेलिया और भी न जाने कहाँ-कहाँ भारतीय लोग योग सिखा रहे हैं और सुखी जीवन गुजार रहे हैं। पहले योग की विदेशों में धाक जमाने सिर्फ़ संत-महात्मा ही जाया करते थे और वहाँ उनके विदेशी चेले उन्हीं से सीखकर योगाश्रम भी संचालित किया करते थे। इस शिष्यों में मैटी इज़रैटी, चक मिलर, पैट्रीशिया वाल्डन, जॉन फ़्रेंड, रॉड स्ट्रायकर, शिवा रिया, चार्ल्स मैटकिन, करीना ऐन मिर्स्की, अलाना केवल्य, मॉनिक शुबर्ट आदि का नाम प्रमुख है; लेकिन अब भारत से सामान्य स्त्री-पुरुष भी योग में प्रशिक्षित होकर जाते हैं और अच्छा-ख़ासा नाम-दाम कमाते हैं। मूलदेश में भले ही इस विद्या की इतनी क़द्र न हो; लेकिन विदेशों में जीवन से ऊबे लोग योग में पुनर्जीवन पा जाते हैं। उनकी जीवन जीने की ललक कई गुना बढ़ जाती है और घर-बाहर की दुनिया से वे पहले जैसा प्यार करने लगते हैं; कार्यस्थलों में उनका अनुशासन देखने लायक हो जाता है। ऐसे लोग भी होते हैं; जिन्हें मानसिक संतुलन से अधिक आध्यात्मिक तृप्ति की खोज होती है। योग उनकी यह तलाश भी पूरी कर देता है। विदेशों में योग की बढ़ती स्वीकार्यता का ही परिणाम था कि आख़िरकार 2015 में संयुक्त राष्ट्रसंघ ने प्रतिवर्ष 21 जून को अंतरराष्ट्रीय योग-दिवस मनाने की घोषणा कर दी और अब दुनिया भर में इसे बड़े पैमाने पर किसी महोत्सव की तरह मनाया जाने लगा है।

योग की चमत्कारी शक्तियों से अभिभूत अंतरराष्ट्रीय ख्याति की पॉप राजकुमारी मैडोना का कहना है कि "वह अष्टांग योग करती हैं; जो उनके लिए देह, दिमाग़ और आत्मा का व्यायाम है।" रीढ़ की समस्याओं से जूझ रहे अमेरिका के पूर्व फुटबाल खिलाड़ी ने ध्यान-पद्धति से न सिर्फ़ स्वास्थ्य-लाभ किया; बल्कि योग-शिक्षक ही बन गए और दुनिया भर में घूम-घूमकर बच्चों तक को योग के लाभ बताते हैं। अमेरिकी मीडियाहस्ती ओपरा विन्फ्री तो कर्मचारियों को ध्यान की विधियाँ सिखाने के लिए योग के शिक्षकों को अपने हार्पो प्रोडक्शंस कार्यालय में बुलाती हैं। यूनानी-अमेरिकी लेखिका एरियाना हफ़िंग्टन बिलानागा प्रातःकाल योग-मुद्राओं और ध्यान-योग का अभ्यास किया करती हैं। दूर क्यों जाते हैं- अपने भारतरत्न क्रिकेटर सचिन तेंदुलकर ने स्वीकार किया है कि योगासनों ने उनके चमक़दार और ऐतिहासिक कैरियर में बड़ी मदद की है। उन्होंने इसके लिए अपने योगगुरु बीकेएस आयंगर के प्रति कृतज्ञता ज्ञापित की थी। युवा-दिलों की धड़कन विराट कोहली की दिनचर्या में भी योग का अहम स्थान है।

योग का आकर्षण ही कुछ ऐसा है कि लोग दुनिया भर से अपनी धन-दौलत और शोहरत छोड़कर गंगातट के आश्रमों में डेरा डालने दौड़े चले आते हैं। हॉलीवुड की जगतप्रसिद्ध अभिनेत्री जूलिया रॉबर्ट्स अपने गुरु श्रीधरम से योग सीखने उनके पटौदी स्थित आश्रम में अक्सर आया करती थीं और इतनी प्रभावित हुईं कि उन्होंने हिंदूधर्म ही अपना लिया। दरअसल योग एक सर्वव्यापी फ़िनॉमिना है। इसका स्वरूप और प्रकृति सार्वभौमिक है। यह पृथ्वी से लेकर समूचे ब्रह्मांड में घटित और विकसित होने की प्रक्रियाओं में से है। योग पर्यावरण, पारिस्थितिकी, गतिशीलता, जागरूकता और हमारे जीवन के समग्र विकास का दर्शन है। जहाँ मानव है, वहाँ योग की उपयोगिता है।

हमारे परंपरागत स्वरूपों में योगदर्शन छह् आस्तिक दर्शनों- 'षड्दर्शन' में से प्रसिद्ध है। इस दर्शन का प्रमुख लक्ष्य मनुष्य को परम लक्ष्य की प्राप्ति कराना है। अन्य दर्शनों की भाँति योगदर्शन तत्त्वमीमांसा के प्रश्नों, यथा- जगत क्या है, जीव क्या है? आदि में न उलझकर मुख्यतः मोक्ष वाले दर्शन की प्रस्तुति करता है। प्रकृति और पुरुष के स्वरूप के साथ ईश्वर के अस्तित्व को मिलाकर मनुष्य-जीवन की आध्यात्मिक, मानसिक और शारीरिक उन्नति के लिए दर्शन का एक बड़ा व्यावहारिक और मनोवैज्ञानिक रूप योगदर्शन में प्रस्तुत किया गया है। इसका प्रारंभ पतंजलि मुनि के योगसूत्रों से होता है। काल-निर्धारण में भले ही सहमति न हो; लेकिन इस वाद पर विद्वानों में सर्वसम्मति है कि उनके

योगसूत्रों की सर्वोत्तम और प्रामाणिक व्याख्या व्यास मुनि द्वारा लिखित 'व्यासभाष्य' में प्राप्त होती है। इसमें बताया गया है कि किस प्रकार मनुष्य अपने मन (चित्त) की वृत्तियों पर नियंत्रण रखकर जीवन में सफल हो सकता है और अपने अंतिम लक्ष्य निर्वाण को प्राप्त कर सकता है।

योग हमारे जीवन को पूरी तरह बदल देने की क्षमता रखता है। वह हमारे अंतर्जगत को प्रकाशित कर सकता है। यही नहीं, हमारे जीवन-मूल्यों के निर्माण और मनुष्यता के विकसित स्वरूपों में भी उसकी जानी-अनजानी भूमिका है। योग हमारे आदर्शों को भी विस्तार देता है। योग हमें आत्मानुशासन, आत्मविश्लेषण, आत्मनियंत्रण और आत्मपरिष्कार के तमाम स्वरूपों तक पहुँचाता रहा है। उसकी भूमिका, उसका कार्यक्षेत्र हमें आश्वस्त करता है। वह जगत की हमारी अवलोकन-पद्धति बदलने और जीवन की प्रेरणास्पद धाराओं तक ले जाने की अकूत क्षमता रखता है। इसलिए प्रश्नवाचक चिह्न योग पर नहीं, योग को जिंस में ढालकर उसके कारोबार के जरिए संपत्ति का पहाड़ खड़ा करने पर है। योग तो शरीर और मन, विचार और कर्म, संयम और उपभोग के बीच एकात्मकता तथा स्वस्थ और कल्याणमय जीवन की एक सम्यक् दृष्टि है। योग का मतलब सिर्फ़ शारीरिक व्यायाम या मानसिक कसरत नहीं होता; बल्कि अपने अस्तित्व के भीतर एकता, विश्व और प्रकृति के साथ एकाकार का अनुभव करना ही योग है। योग हमारी जीवनशैली को बदलकर और चेतना को जाग्रत करके हमारे कल्याण में अप्रतिम रूप से सहायक सिद्ध हो सकता है।

योग जितना हमारे बाहर है, उससे कहीं ज़्यादा हमारी अंदरूनी परतों में मौजूद होता है। उसका हमारे आंतरिक जीवन की शुचिता, सादगी, सौहार्द तथा जीवन को विकसित करने वाली क्रियाओं से सीधा रिश्ता है। इन क्रियाओं का मूल्यांकन करके हम एक अर्थवान और गरिमायुक्त जीवन जी सकते हैं। मैं योग में संभावनाओं की नई दुनिया देखता हूँ। पूर्व वैदिक युग से शुरू हुई योग की यात्रा चित्तवृत्ति-निरोध और हमारी अशांति को शमन रखने की क्षमता रखती है। योग केवल स्वास्थ्य-लाभ की गारंटी नहीं देता; बल्कि वह जीवन के बहुआयामी यथार्थ से जुड़कर हमारे जीवन में क्रांतिकारी परिवर्तन की क्षमता भी रखता है। यह सच है कि योग का रिश्ता कठिन अभ्यास की नींव पर टिका है। वहाँ प्रमाद अथवा आलस्य का कोई स्थान नहीं। योग साँसों की साधना है और हमारा जीवन एक विशेष अर्थ में साँसों का व्यापार ही तो है। मात्र पैसे के बल पर आप शरीर को स्वस्थ नहीं रख सकते और अजर-अमर भी नहीं हो सकते। यह सच है कि अमर करने की शक्ति किसी योग में नहीं होती;

लेकिन वह आदमी को दीर्घजीवी ज़रूर बना सकता है। योग की मुख्य तक़नीक प्राणायाम के रूप में विकसित हुई है। आध्यात्मिकता उसका ताना-बाना है; लेकिन उसका मूल काम आदमी की शारीरिक-मानसिक क्षमता का विकास करना है।

हमारे जीवन में तरह-तरह के तनाव हैं- भ्रष्टाचार का तनाव, आचरणहीनता का तनाव, लूटखसोट का तनाव! आख़िर आत्मनियंत्रण और आत्मानुशासन क्यों बार-बार जमीदोज़ हो रहे हैं? क्योंकि हमारे जीवन में तृष्णा नाच रही है; वैभव का साम्राज्य है। हमारी आंतरिक शुचिता ख़त्म होने की कगार पर है। योग इसमें बेहतरी ला सकता है; हमारे ऊर्जावान होने में सहायक हो सकता है। योग के माध्यम से हम तनाव और जीवन में आ रहे दबावों को झेल सकते हैं। योग में प्रचलित विभिन्न प्रकार के आसन, विभिन्न प्रकार की मुद्राएँ हमें शक्तिशाली बनाती हैं; हमारे भीतर आंतरिक ऊर्जा का संचार करती है। उसी का एक अंग व्यायाम भी है। प्रकृति, पर्यावरण, दृढ़ इच्छाशक्ति योग के ज़रूरी घटक हैं। योगसूत्र के प्रतिपादक पतंजलि ने तत्कालीन योग-पद्धति को बहुत कारगर बनाया था। आज भी हमारे जीवन में जो उधेड़बुन चलती है, मन बार-बार अशांत और अस्थिर होता है- उसे कठिन योगाभ्यास के जरिए स्थिर किया जा सकता है; निरुपायता के बरअक्स जीवन को एक सघन इकाई के रूप में विकसित किया जा सकता है। व्यायाम, आसन, अभ्यास एक तरह से हमारी साधनावस्थाएँ ही हैं; किंतु मुझे लगता है कि प्राणवायु और श्वसन-प्रक्रिया की गति को समझे बग़ैर योग का ज्ञान अधूरा ही कहा जाएगा। इस ज्ञान को और अधिक खोलने की ज़रूरत है; मगर हो यह रहा है कि योगकर्म और शिक्षण से जुड़े लोग इसके व्यापारशास्त्र और अपनी महत्ता को स्थापित करने पर अधिक ध्यान देने लगे हैं।

हम भौतिकता की आँधियों के बीच फड़फड़ा रहे हैं और शारीरिक रोगों के शिकंजे में कस गए हैं। मसलन कैंसर, अस्थमा, नाना प्रकार के संक्रमण, उदर-रोग, उच्च रक्तचाप-निम्न रक्तचाप, मधुमेह, गठिया, लकवा, हृदयरोग, सिरदर्द (माइग्रेन), स्पांडेलाइटिस, अनिद्रा, अवसाद, उन्माद, स्मृतिभ्रंश, न्यूरो विकृति आदि बीमारियाँ जानलेवा रूपों में हमलावर हैं। योगरहित एवं अनियंत्रित दिनचर्या ने तेज़ शारीरिक क्षरण के विभिन्न स्वरूपों को उजागर कर दिया है। हम प्रकृति से भी बहुत दूर चले आए हैं। हमें उसके वरदानों और बहुमूल्य उपहारों की शायद विधिवत जानकारी नहीं है या जानते-बूझते हुए भी हम प्रकृति से उलझ रहे हैं; उसे चुनौती दे रहे हैं। हमारी पुरानी जीवन-पद्धति में

प्रकृति के साथ अद्भुत सामंजस्य था। आज उसके साथ साहचर्य का सहज भाव सिरे से नदारद है। हम पर प्रकृति के उपभोगवाद की हवस हावी है। प्राकृतिक उपादानों से कड़ियाँ टूट जाने के कारण अकार्बनिक खान-पान, वेश-भूषा और पूर्व की आबोहवा को हम बहुत पीछे छोड़ आए हैं। हमारे नैतिक और आध्यात्मिक स्वरूप की तमाम लड़ियाँ टूट चुकी है। इसीलिए हमें क्षण भर के लिए भी शांति नहीं है। योग इसमें स्नेहक का कार्य करता है। नेपोलियन के विजय-अभियान पर केंद्रित विक्टर ह्यूगो के एक संस्मरण 'द हिस्ट्री ऑफ ए क्राइम' में एक वाक्य आता है- 'नथिंग इज स्ट्रांगर दैन एन आयडिया, हूज टाइम हैज कम।' इसे पूर्व प्रधानमंत्री डॉ. मनमोहन सिंह के शब्दों में कहें तो जिस विचार का समय आ गया हो, उसे दुनिया की कोई ताक़त नहीं रोक सकती। नई सदी की बदली हुई आबोहवा में भारत समेत विश्व के तमाम बड़े देशों में नए-नए विषाणुओं के अस्तित्व का पता चल रहा है। ऐसे संक्रामक दौर में हमें मान लेना चाहिए कि योग जैसे ताक़तवर विचार का समय और बुलावा आ चुका है!

आज अच्छा-ख़ासा सम्मानजनक वेतन पाने वाले, तथाकथित भव्य और दिव्य जीवन जीने वाले, अटारी-अटा में वास करने वाले लोग भी बेचैन हैं। वे निरंतर तनाव में हैं, असमंजस में है। ये आभूषणों से लदे लोग आपको मुस्कुराते हुए नहीं मिलेंगे। उनकी दिनचर्या में आनंद के लिए कोई जगह नहीं बची। वे योग की शरण में इसलिए जाया करते हैं कि अनवरत भोग के लिए अपने मन और शरीर को चुस्त-दुरुस्त बनाए रख सकें। इस काम में उनकी मदद के लिए सरकारों को आनंद मंत्रालय गठित करने पड़ रहे हैं; जैसे यह कोई कारखाने में बना ली जाने वाली वस्तु हो! इस नादानी की वजह है- योग के बारे में तिजारत का रवैया अपनाना।

हमारी सरकारें योग पर अरबों रुपए ख़र्च कर रहीं हैं; उसका धुआँधार प्रचार-प्रसार कर रही हैं; लेकिन यह नहीं देख पा रही हैं कि भारत में ही योग का योगा हो गया और यह योगा ऐसा हुआ कि कई चतुरसुजान और जोगा-भोगा ऊँचे-ऊँचे आसनों पर विराजमान हो गए! योग न हुआ महल की सीढ़ी हो गया! जो योग हमें स्वस्थ जीवन जीने की कला सिखाता है, वह अब वोट कबाड़ने का योग भी बनाने लगा है; लेकिन इतिहास गवाह है कि जब-जब समाज में मानवीय मूल्यों का अपार विघटन शुरू होता है, जीवन से करुणा का निर्झर बह जाता है। जब बुजुर्गों के प्रति सम्मान, नम्रता, सज्जनता, और सहानुभूति जैसे भावरूप रेत का ढेर बनने लगते हैं, तब भौतिकता और

अनैतिकता की बाढ़ को केवल योग के सदाचरण से रोका जा सकता है; बशर्ते इच्छाशक्ति दृढ़ हो। मात्र योग का आडंबर बाँधने से आप पार नहीं पा सकते। उसे सामाजिक व्यवहार में उतारना भी ज़रूरी होता है।

योग कोई आसमानी फलसफ़ा नहीं है; यह मनुष्य की अपनी पुरातन कमाई है। लेकिन आधुनिक समय में जिस तेज़ी से हमारे देश में योग का प्रभाव बढ़ा है, उसकी स्वीकार्यता बढ़ी है- उसी अनुपात में उसकी दुकानदारी और उसे लेकर संदेह भी बढ़ा है। तमाम नीम हकीम लोग योग का कारोबार करने बैठ गए हैं; जबकि योग-शिक्षक का शरीर स्वस्थ, चाल अनुकरणीय एवं चरित्र उच्चकोटि का होना चाहिए। ऐसे संदेहास्पद समय में यदि हमारा नैतिक आचरण विकसित नहीं होता तो जिस प्रकार हम अपने जनतांत्रिक मूल्यों का ह्रास नहीं रोक पाए, उसी तरह योग के बाज़ारीकरण को भी नहीं थाम पाएँगे। प्रतिवर्ष अंतरराष्ट्रीय योग-दिवस मनाने की परंपरा शुरू हो जाने के बाद से योग के कारोबारी इसे मुनाफ़ा कमाने के सुनहरे अवसर के तौर पर देख रहे हैं।

एक आकलन के मुताबिक यूएन जनरल असेंबली की योगदिवस-घोषणा के महज़ एक साल के भीतर ही योग का सेवा-उद्योग 50 फीसदी तक बढ़ गया था, योग करनेवाले लोगों की संख्या में 35 फीसदी का इज़ाफ़ा हुआ और देश में योग-प्रशिक्षकों की माँग 35 से 40 फीसदी तक बढ़ गई। जैसे-जैसे दिन बीतते जाएँगे, योग का टर्न ओवर बढ़ता जाएगा। इस बढ़त का पूर्वानुमान लगाते हुए अचरज नहीं कि भारत का मानव संसाधन विकास मंत्रालय योग को उच्च शिक्षा का अनिवार्य हिस्सा बनाकर ज़्यादा-से-ज़्यादा संख्या में घरेलू तथा विदेशी खपत के लिए ट्रेनर तैयार करने की अपनी योजना पर काम कर रहा है। योग को सारे दुःखों की एकमात्र जादुई दवा बताकर एक खाँटी भारतीय ब्रांड के रूप में किसी साबुन की टिकिया की तरह इसकी घनघोर मार्केटिंग की जा रही है। कारोबारियों को भरोसा है कि बढ़ती हुई पूँजीवादी अर्थव्यवस्था के भीतर ज्यों-ज्यों अधिकाधिक उत्पादन और उपभोग पर ज़ोर बढ़ेगा, लोग त्यों-त्यों उससे तनावग्रस्त होकर निदान के लिए योग को अपनाएँगे। आगे इस प्रक्रिया में एक पूरी जीवन-शैली तैयार हो जाएगी और उसे यौगिक भोजन, यौगिक कपड़े, यौगिक जूते, यौगिक सैर-सपाटा वग़ैरह के विचार से जोड़कर दुह लिया जाएगा।

कॉरपोरेट-जगत इस मार्केट का बड़ा उपभोक्ता है। वह अपने कर्मचारियों के लिए योग की कक्षाएँ लगवा रहा है; क्योंकि उसे उम्मीद है कि ऐसा करने से कर्मचारियों का तनाव कम होगा; उनका कार्य-कौशल और उत्पादकता

बढ़ेगी; कंपनी का कामकाज ज़्यादा सुचारु, संगत और मलाईदार होगा। कर्मचारीगण भी योगाभ्यास को ख़ुशी-ख़ुशी अपना रहे हैं; क्योंकि उन्हें लगता है कि कुर्सी पर बैठकर कंप्यूटर के की-बोर्ड के सहारे आठ-दस घंटे काम करने से कंधे, उँगुली, रीढ़ की हड्डी ही नहीं; बल्कि हृदय की गति और पेट की अंतड़ियों की पाचन-शक्ति पर पड़ने वाले दुष्प्रभावों से निबटने के लिए योग से कारगर कोई ओषधि नहीं है।

संयुक्तराष्ट्र की मान्यता मिलने के बाद से एक विश्वसनीय ब्रांड और इंडस्ट्री के तौर पर दुनिया भर में योग की लोकप्रियता तेज़ी से बढ़ रही है और अब दुनिया भर में 30 करोड़ से ज़्यादा लोग नियमित योगाभ्यास कर रहे हैं। पश्चिम के अमेरिका जैसे घोर भौतिकवादी मुल्क में डेढ़ करोड़ से अधिक लोग योग को अपना चुके हैं और वहाँ योग का कारोबार 30 अरब डॉलर की सीमा लाँघ चुका है। 'अमेरिकन कॉलेज ऑफ स्पोर्ट्स एंड मेडिसिन' ने अपने एक सर्वे के आधार पर योग को दुनिया के टॉप-10 फिटनेस ट्रेंड में स्थान दिया था। वहीं पूरब के अतिधार्मिक देश जापान में बीते पाँच सालों के दौरान योग से जुड़े कारोबार में 413 फीसदी की बढ़ोत्तरी हुई है। ज़ाहिर है, इस अनुकूल स्थिति का लाभ योग के वृक्ष पर बहुत पहले से चिपक चुके पुराने स्वयंसेवियों को सर्वाधिक मिल रहा है। भारत में ही योग-प्रशिक्षण के नाम पर सरकार उन्हें करोड़ों की रेवड़ियाँ बाँट रही है!

हालाँकि मूल यौगिक-क्रियाएँ संपन्न करना कोई खाने का काम नहीं हैं। वे सबसे नहीं सधतीं। उन्हें साधने के लिए ऋषियों जैसा असाध्य परिश्रम, समुद्र जैसा धैर्य, चींटी जैसी लगन और मजनूँ जैसा जुनून होना चाहिए; लेकिन भगवान शिव से प्रारंभ हुई योगविद्या हमारे दौर में बाबा रामदेव तक आ पहुँची है। यहाँ स्वीकार करना होगा कि योग का विस्तार करने, उसे लोकप्रिय बनाने में बाबा रामदेव की महती भूमिका रही है; लेकिन इसमें भ्रम नहीं होना चाहिए कि उन्होंने योग का पुनराविष्कार किया या महर्षि पतंजलि की पद्धति और महान ऋषियों-मुनियों की साधनाओं को कोई नया आयाम दिया है। रामदेव के योग को वह लोकप्रिय योग कहा जा सकता है। कुछ लोग हल्के मूड में उसे पॉपकॉर्न योग भी कहा करते हैं। यह भी हो सकता है कि बाबा रामदेव द्वारा सिखाई गई ध्यान, आसन और प्राणायाम वाली योग-यात्रा जिस तरह तन-मन के संतुलन में आगे बढ़ती है, वह पूर्ववर्तियों से थोड़ी भिन्न हो; लेकिन उसका प्रकार्य पूर्ववत है; क्योंकि आदिकाल से योगकर्म की मूलतः वही चार मुख्य प्रणालियाँ हैं- राजयोग, कर्मयोग, ज्ञानयोग और भक्तियोग। कुछ अतिश्रद्धावान

लोग यह मानकर चलते हैं कि इन योग-प्रणालियों के भरोसे वे अमर हो सकते हैं; जो उचित नहीं है। जैविक सच्चाई यही है कि जैसे-जैसे शरीर की क्षमताएँ मंद पड़ने लगती हैं, वैसे-वैसे मानसिक क्रियाएँ भी बंद होती जाती हैं और अंत में सब ठाठ धरा का धरा रह जाता है।

फिर भी योगविद्या मानव का उसके उदयबिंदु से लेकर अस्तबिंदु तक साथ निभाती है; मार्गदर्शन करती है और मानवीय प्रयासों के अनुपात में संसार का भला करने की शक्ति और क्षमता रखती है। परिवेश शहरी हो या ग्रामीण, हर स्थान के कामकाजी समुदाय में अवसाद और तनाव इस तरह व्याप्त है कि उससे मुक्ति के लिए हर तरफ़ एक बेचैनी-सी फैली हुई है। इन बेचैनियों के बीच भारत की करीब पाँच हज़ार वर्ष पुरानी योग-विरासत हेल्थ और फिटनेस की नई संजीवनी बनकर सामने आई है। मैं तो कहता हूँ कि व्यापारिक बुद्धि तजकर अपनी क्षमता और शक्ति के अनुसार आप भी योग को ग्रहण और धारण करें।

विवाह-संस्था पर विराजमान तक्षक

हमारे समाज में विवाह एक महत्त्वपूर्ण विधान है और परिवार एक ज़रूरी संस्था। हमारे समाज के ढाँचे का अस्तित्व और विकास कोई एक दिन की बात नहीं है। उसके विकास में एक लंबा समय लगा है। वैवाहिक विधान भी लंबे अर्से से समाज में संचरित है। समाज नए-नए संदर्भों में, नए-नए रूपों में ढलता रहता है। वैवाहिक विधान भी बदलते रहते हैं। मुक्तिबोध ने लक्षित किया है कि "समाज में वर्ग हैं, श्रेणियाँ हैं। श्रेणियों में परिवार हैं। समाज की एक बुनियादी इकाई परिवार भी है। समाज की अच्छाई-बुराई परिवार के माध्यम से व्यक्त होती है। मनुष्य के चरित्र का विकास परिवार में होता है। बच्चे पलते हैं, उन्हें सांस्कृतिक शिक्षा मिलती है। वे अपनी सारी अच्छाइयाँ-बुराइयाँ वहाँ से लेते हैं। हमारे साहित्य तथा राजनीति के पास ऐसी कोई दृष्टि नहीं है; जो परिवार पर लागू हो।" (एक साहित्यिक की डायरी, पृष्ठ-68, 69)

परिवार हमारे जीवन की अनिवार्य धुरी है; जो स्त्री-पुरुष दोनों को बिखराव से रोकती है और उन्हें सामाजिक-सांस्कृतिक मूल्यों से जोड़ती है। वैवाहिक संबंध परिवार और अगली-पिछली पीढ़ियों को सीमेंट की तरह जोड़ते और मज़बूत करते हैं। यह एक पारंपरिक व्यवस्था है। वैसे इसके अनेक अपवाद भी आपको मिलेंगे। कुछ लोग विवाह के बंधन में बँधना पसंद नहीं करते। वे झंझटों से स्वतंत्र रहना चाहते हैं और मानते हैं कि मोटे तौर पर वे खुशहाल ज़िंदगी जी रहे हैं। वे आपको इसकी शेखी बघारते भी मिल जाएँगे; लेकिन यह सहज संभव है क्या? आजकल विवाह का फैसला स्वयं युवक-युवतियाँ स्वतंत्र रूप से करने लगे हैं। दावा यह होता है कि उनका विवाह केवल रस्म अदायगी नहीं है; बल्कि उसमें प्यार, प्रतिबद्धता, आपसी समझ और रिश्तों के घनत्व की अनेक तहें छिपी हुई हैं। उनके इस प्यार और प्रतिबद्धता के दावे में कितनी सच्चाई होती है, यकीनी तौर पर कुछ कहा नहीं जा सकता। हाँ, इतना

ज़रूर होता है कि जहाँ समाज और परिवार अपनी मुंडी नहीं हिलाता, वहाँ ऐसे वैवाहिक संबंधों में शीघ्र ही तनाव और विघटन दिखने लगता है। नौबत तलाक तक पहुँच जाती है।

यह धर्म विशेष का मामला नहीं है। किसी भी धर्म में हुए वैवाहिक संबंध-विच्छेद के पीछे अपरिहार्य परिस्थियों के स्थान पर एक तरह की ज़िद, इगो या अंधा गुस्सा प्रमुख कारक बन जाता है। मन्नू भंडारी द्वारा लिखित उपन्यास 'आपका बंटी' में इसका भयावह उदाहरण मौजूद है। वैवाहिक जीवन में अनेक तरह के तनाव उत्पन्न होते रहे हैं; जिन्होंने सामाजिक संकटों की शक्ल अख़्तियार कर ली है। मेरी समझ में विवाह के माध्यम से मनुष्य की जैविकीय, सामाजिक, सांस्कृतिक ज़रूरतें भले ही पूरी होती हैं, इसके बावजूद दांपत्य जीवन में दरारें आ जाती हैं। स्थायी रिश्ता होते हुए भी इसमें टूट-फूट होती ही रहती है। ज़ाहिर है, वैवाहिक संबंध बेहद जटिल होते हैं।

अवैध संबंध विवाह के भीतर भी हैं और उसके बाहर भी। कई बार मामूली बाह्य आकर्षणों के चलते दांपत्य जीवन में अँधेरा पसर जाता है। संतान के भविष्य की चिंता अवश्य दरारें पाटती रहती है; अँधेरे भी मिटाती रहती है; लेकिन यह अस्थायी होता है। अक्सर देखा जाता है कि पुरुष हो या स्त्री, यदि अपने जोड़े से संतुष्ट नहीं है तो वह इधर-उधर आवागमन करता है और गाहे-बगाहे तरह-तरह के संबंध भी स्थापित करता है। इसके कोई ख़ास नियम या सूत्र भी नहीं है; क्योंकि ऐसे रिश्तों का कोई बँधा-बँधाया ढाँचा नहीं होता। उनमें जुड़ाव भी होता है और तनहाइयाँ भी। क़ानून की बात छोड़ दें तो कभी-कभी देखा जाता है कि सेक्स संबंध किसी रिश्ते को मानते ही नहीं। वहाँ न हानि है, न लाभ है। है तो केवल भोगेच्छा या जैविक आवश्यकताओं की प्रतिपूर्ति। इसलिए इनमें पाशविक प्रवृत्तियों की धमक भी देखी जा सकती है। इस दौर में तो पति-पत्नी के बीच भी बलात्कार के भयावह और अकल्पनीय रूप उभर कर हमारे सामने आए हैं।

इधर 'लिव इन रिलेशनशिप' भी विवाह के समानांतर विकसित हुआ है। फ़्रांसीसी लेखिका सिमोन द बोउआ ने अपनी पुस्तक 'द सेकेंड सेक्स (स्त्री उपेक्षिता)' में स्त्री-पुरुष संबंधों का बहुत व्यापक सर्वेक्षण और उसके अनेक रूप प्रस्तुत किए हैं। तथ्य यह है कि सिमोन और ज्याँ पॉल सार्त्र एक लंबे अरसे तक इस रिलेशनशिप में रहे हैं- विवाह के बंधनों से मुक्त होकर। लिव इन रिलेशनशिप दुनिया भर में प्रचलित है; हालाँकि भारत में अभी उसे वैसी सामाजिक मान्यता नहीं मिल पाई है। इन रिश्तों को हीन या विचित्र नज़रों से

देखा जाता है। हालाँकि हाई सोसाइटी में इनका आकर्षण है, पर वहाँ भी ये सामान्य कोटि में नहीं आते। इनकी सफलता-असफलता पर अनेक प्रश्नवाचक चिह्न हैं।

अनुभव बताते हैं कि कई जोड़े वर्षों तक लिव इन रिलेशनशिप में रहते हैं और बाद में इस रिश्ते से अलग भी हो जाते हैं। शायद् यह सेक्स की तुष्टि का साधन बनकर रह गया है। यहाँ नैतिकता-अनैतिकता के लिए लगभग कोई जगह नहीं है। इसमें केवल जैविक प्रतिपूर्ति होती है। यह आनंद-अनुभव करने का एक माध्यम बनता है। इसमें संस्कार और कुल-गोत्र नहीं देखा जाता। इन संबंधों में छुआछूत तथा पारिवारिक स्थितियों के कोई कोण नहीं होते और न मज़हब की दीवारें। इनकी विशेषता यह है कि यहाँ शिकायतों के अंबार नहीं लगते। ये संबंध मानवीय ज़रूरतों से उपजते हैं और दांपत्य जीवन के पूर्वानुमानों से इनका संबंध होता है। इस रिलेशनशिप को किसी भी चरण में तोड़ देने से किसी का कुछ नहीं बिगड़ता।

वैवाहिक विधान एक समान नहीं होते और न हो सकते। भारत में प्राचीन काल से कई तरह के विवाह प्रचलित और मान्यता प्राप्त रहे हैं। समाज और परिस्थितियाँ तथा कालक्रम और वर्ग के अनुसार उन्हें स्वीकारा-अस्वीकारा जाता रहा है। पौराणिक कथाएँ बताती हैं कि भगवान शिव ने गंधर्व विवाह किया था तो भगवान राम माता जानकी को सप्तपदी कराके ब्याह लाए थे। भगवान श्रीकृष्ण ने रुक्मिणी से हरण-विवाह किया था तो अर्जुन ने स्वयंवर में द्रौपदी को जीता। प्रजापत्य विवाह की भी रीति थी और असुर-विवाह की भी। दैव-विवाह भी मान्य था और राक्षस-विवाह भी। आर्ष विवाह भी होते थे और पैशाचिक विवाह भी। कन्या की मदहोशी (गहन निद्रा, मानसिक दुर्बलता आदि) का लाभ उठाकर उससे शारीरिक संबंध बना लेना और उससे विवाह करना 'पैशाच विवाह' कहलाता था। इसमें कन्या के परिजनों की हत्या तक कर दी जाती थी। यानी प्रत्येक प्रकार के विवाह समाज में हुआ करते थे। हालाँकि विवाह के पुराने ढाँचे में अनेक विवाह बेमेल और मज़बूरीवश होते रहे। उन्हें जबरन मान्यता दिलाई जाती रही है। जैसे जयशंकर प्रसाद द्वारा लिखित नाटक 'ध्रुवस्वामिनी' में रामगुप्त और ध्रुवस्वामिनी का विवाह; जो कालांतर में विघटित होता है और समाज के लिए बड़े क्रूर संदेश भी देता है। 1929 के आस-पास लिखा गया यह नाटक कई प्रश्न भी खड़े करता है।

हर प्रकार के विवाह में उसकी सीमाएँ भी अंतर्निहित होती है और पति-पत्नी की आकांक्षाओं का असीम आकाश भी। दांपत्य जीवन में बहुत कुछ

अनकहा होता है और बहुत कुछ तयशुदा। एक-दूसरे के प्रति समर्पण की अलौकिक दुनिया इसका अहम हिस्सा होती है। दांपत्य संबंधों में रोशनी भी होती है और ज़िंदगी की ख़ुशबू भी; मन के जगमगाते कोनों का भरोसा और गणित भी। यदि एक-दूसरे का संग-साथ और प्यार मयस्सर है तो सब कुछ जगमगाता है। लेकिन कभी-कभी असंगत विवाह भी संपन्न हो जाते हैं; जिनमें आपसी सहमति नहीं होती। बेमेल विवाह का मतलब यों समझिए कि वधू की उम्र 15-16 वर्ष की है और वर है 50-60 वर्ष का; लेकिन विवाह संपन्न हो जाता है। कोई-न-कोई मज़बूरी उसके साथ नत्थी है। इसका परिणाम अक्सर विवाहेतर संबंधों के रूप में सामने आता है। पूरा समाज जानता रहता है और एक अजीब तरह की चुप्पी भी छाई रहती है। सबके मुँह में दही जमा रहता है। वे सभी ऐसा एहसास कराते हैं, जैसे उनको कुछ भी नहीं मालूम। वैवाहिक रिश्तों की समूची पवित्रताएँ ध्वस्त हो जाती हैं। इसके कई लेकिन, अगर-मगर, किंतु-परंतु होते हैं; जो अव्याख्येय हैं। सामाजिक और आर्थिक विषमताओं के कारण हमारे यहाँ ऐसे अवैध संबंधों का अखंड साम्राज्य विस्तारित हो रहा है। कभी-कभी तो इन संबंधों को बाल-बच्चे तक भी जान लेते हैं और हिंसक प्रतिक्रियाएँ सामने आती हैं।

विवाह बेमेल न भी हों तो भी वैवाहिक संबंधों में घुटन निरंतर बढ़ रही है। ऊपर-ऊपर से समूचा माहौल बहुत ढँका-ढँका सा है; लेकिन उसके आंतरिक दहानों में भय, घृणा और नफ़रत का संसार है। जब विवाह प्रथापालन के लिए होते हैं और पति-पत्नी के मनोविज्ञान में फ़र्क नहीं होता तब तो ठीक है; अन्यथा वह अभिशाप बन जाता है। अभिनेत्री असीमा भट्ट ने एक तथ्य की ओर ध्यान दिलाया है- "कई बार औरतें अपने सड़े-गले वैवाहिक रिश्तों को निभाने के लिए इसलिए मज़बूर होती हैं कि परिवार टूटने का सारा दोष उनके ही माथे मढ़ा जाएगा। कुछ बच्चों की वजह से इस जटिल बंधन को नहीं तोड़ पातीं, तो कुछ आर्थिक रूप से स्वतंत्र नहीं हैं या किसी में हिम्मत ही नहीं है कि सब कुछ एक झटके से तोड़कर खुलकर अपनी मर्जी से अपनी शर्तों पर ज़िंदगी जिएँ।" (रविवार डाइजे़स्ट, पृष्ठ-34, नवंबर-2017)

विवाह कभी सात जन्मों का साथ निभाने की परिभाषा के दायरे में आता है, तो कभी रस्म अदायगी के रूप में; लेकिन एक दृष्टि यह भी है कि विवाह स्त्री-पुरुष के बीच एक सुदीर्घ एवं अनिवार्य समझौता है। समनर ने इसे किसी और ही दृष्टि से देखा था- 'यद्यपि हम विवाह को एक सर्वांगपूर्ण संस्था की

संज्ञा देते हैं; परंतु सच बात तो यह है कि वह एक संस्था होने की सभी शर्तों को पूरा नहीं करता। इसका मूल कारण यह है कि उसका अपना कोई ढाँचा है ही नहीं।... विवाह शब्द के अर्थ कभी स्थिर नहीं रहे। वह स्वयं में एक बड़ा ही लचीला शब्द रहा है। और उसका प्रयोग विभिन्न अर्थों में किया जाता रहा है; जैसा कि आज भी देखने को मिल जाएगा।'' (एच. प्रभु पंधारी- हिंदू समाज की व्यवस्था, पृष्ठ-176-177)

प्राचीन भारतीय संदर्भों में विवाह की अनिवार्यता के कुछ सूत्र और उद्देश्य हैं- ''प्रजनार्थं स्त्रियः सृष्टाः सन्तानार्थं च मानवाः। तस्मात्सधारणो धर्मः श्रुतौ पत्न्या सहोदितः।।'' (मनुस्मृति) लेकिन हमारी परंपरा से प्राप्त वैवाहिक संबंध एकांगी रूपों में ढल रहे हैं। मसलन, संयुक्त परिवारों का लगभग ख़ात्मा हो गया है; जो किसी तरह बचे रह गए हैं, उनकी स्थिति दयनीय है। अब तो एकल परिवार भी सुखी नहीं रह गए। धन की आँधी और पुरुषों के वर्चस्व ने विवाह के मूल्यों को लगभग परास्त कर दिया है। परिवार की सहमति से होने वाले विवाहों में भी धन-संपदा और दिखावे के ज़लज़ले हैं। हमारे पारंपरिक वैवाहिक संबंध आर्थिक समीकरणों से तय हो रहे हैं।

विवाह को धर्म के साथ-साथ यौन-सुख से भी जोड़ा गया है। यह एक ऐसा माध्यम है; जिसमें स्त्री-पुरुष-संबंधों के मानक के रूप में पारस्परिक यौन-संबंधों का नियमन होता है। सिग्मंड फ़्रायड और उसके शिष्यों युंग और एडलर ने ज़िस दृष्टि से स्त्री-पुरुष-संबंधों को देखा और परिभाषित किया था, उसने वैवाहिक संबंधों की समूची वास्तविकताएँ ही बदल डालीं। उनके व्यावहारिक प्रयोग सिद्ध करते हैं कि केवल सगे माँ-बेटे को छोड़कर सेक्स-संबंध कहीं भी घटित हो सकते हैं। यानी सेक्स की भूख ही नियामक प्रवृत्ति हो गई। पति-पत्नी पत्नी मात्र नर और मादा बनकर रह गए। सिमोन द बोउआ ने अपनी पुस्तक 'सेकंड सेक्स' में लिखा है कि ''स्त्री पूरी मानवता का आधा हिस्सा होते हुए भी एक जाति नहीं, वह गुलामों की तरह जीती है। स्त्री जातियों में, घरों में, अलग-अलग वर्गों में बिखरी है।... शरीर के अलावा उसकी कोई पूँजी नहीं है। वह सदियों से ठगी जाती रही है।''

पूरा समाज जानता है कि हमारे देश में विवाह नामक संस्था की असलियत क्या है। इन संबंधों के दहानों पर प्रायः ऐसे अवगुंठित विस्फोट होते हैं; जिन्हें फ़्रायड ने अपनी वैचारिकी और प्रयोगों के माध्यम से उजागर किया था। इससे आगे की परिधि का निर्धारण करते हुए मिस्टर मार्क मानते हैं- ''विवाह एक नियमित यौन-संबंधों से कुछ अधिक है और यह एक प्रकार की आर्थिक संस्था

भर है। इन संबंधों और रीतियों से दंपति के संपत्ति संबंधी अधिकारों पर गहरा प्रभाव पड़ता है।" (हिस्ट्री ऑफ ह्यूमन मैरिज, खंड-01, पृष्ठ-26)

अभिभावकों, पिताओं, संरक्षकों द्वारा विवाह में देरी किए जाने पर स्वयंवर भी एक मान्य विधान है; जो विवाह के ही अंतर्गत है। इसमें युवती के लिए ज़रूरी नहीं होता कि वह घर-परिवार के बुज़ुर्गों की अनुमति प्राप्त ही करे। हाँ, जब उसे अपनी किशोरावस्था से आज़ादी मिलती है, तभी वह स्वयंवर के द्वारा विवाह के लिए स्वयं को प्रस्तुत कर सकती है; अपने पति का चुनाव कर सकती है। इस तथ्य पर भी हमारा ध्यान जाना चाहिए कि पूर्व में विवाह-संस्था की वैधता ही किसी स्त्री को अर्धांगिनी रूप में स्वीकार कराती थी; लेकिन अब वह मात्र कानूनी मान्यता मिलने पर भी धर्मपत्नी बन जाती है। विडंबना यह है कि कई प्रगतिशील परिवर्तनों के बावजूद पुरुषों का वर्चस्व क़ायम है। विवाह के जोड़े में से पत्नी के न रहने पर पुरुष विवाह कर लेता है; बल्कि इस शृंखला में वह एकाधिक पत्नियाँ ले आता है; लेकिन पति के न रहने पर स्थिति उलट जाती है। प्रश्न उठना चाहिए कि आधुनिक जीवन में बड़े पैमाने पर विधवा-विवाह क्यों नहीं होते? और नहीं होते तो क्यों नहीं हो पाते? इसका किसी के पास कोई तर्कसम्मत उत्तर नहीं है। केवल पुरानी मान्यताओं और शास्त्रों की दुहाइयाँ हैं।

हालाँकि मातृसत्तात्मक समाजों और तथाकथित इतर छोटी जातियों में इस तरह की दुहाइयाँ कारगर नहीं होतीं। वहाँ पति की मृत्यु के पश्चात् स्त्रियों के विवाह हो जाते हैं, कभी देवर के साथ तो कभी जेठ के साथ तो कभी अन्य के साथ; जो उस समाज में मान्य होते हैं, वहाँ ज़्यादा रोक-टोक नहीं है; लेकिन व्यापक समाज में स्त्री को अब भी सुभीता नहीं है कि पति के निधन के पश्चात् वह दूसरा विवाह कर ले। हालाँकि यहाँ भी लीक से हटकर कुछ उदाहरण सामने आ रहे हैं। कई लोगों ने अपनी विधवा बेटियों का उनकी सहमति से दूसरा विवाह कर दिया है। यह एक शुभ लक्षण है। अभी मुझे बताया गया कि एक सज्जन के बेटे की शादी हुई और दो वर्ष पश्चात् उसका निधन हो गया। उन्होंने अपनी विधवा बहू और उसके घर वालों के सामने प्रस्ताव रखा कि वह अपना दूसरा विवाह कर ले; उनकी पूर्ण स्वीकृति है। यही नहीं, वधू-पक्ष से जो भी सामान मिला था, वह सब देने को राजी थे; ऊपर से अपनी हैसियत के अनुसार विवाह में ख़र्च करने को भी तैयार थे। उनका कहना था कि उनकी बहू घर से सगी बेटी की तरह अपनी नई ससुराल के लिए विदा होगी। ऐसा मनोविज्ञान वाकई नई जीवन-शैली का एक सुखद प्रस्ताव है।

समाज में बदलाव आते हैं तो विवाह के रंग-रूप भी बदलते हैं। हमारे परिवार नैतिकता और सामाजिक मूल्यों से निरंतर खोखले होते जा रहे हैं। इनमें खान-पान, जीवन-निर्वाह और परिवेशगत संदर्भ भी शामिल हैं। विवाह हमारे जीवन की वह धुरी है; जिससे परिवार की रीतियाँ-नीतियाँ संचालित होती हैं। अकारण नहीं कहा जाता कि घर-परिवार के सुचारु संचालन में विवाह-संस्था की भूमिका हमेशा महत्त्वपूर्ण रही है और रहेगी। इसके सहारे सामाजिक संदर्भों और रिश्तों में संभावित अराजकता को रोका जा सकता है। जहाँ वैवाहिक स्थितियाँ सम नहीं होतीं, वहाँ परिवार बिखर जाते हैं; विवाह-संस्था धरी-की-धरी रह जाती है। यहाँ यह भी समझना ज़रूरी है कि विवाह केवल रिश्तों का पोषण नहीं करता; बल्कि पति-पत्नी के मध्य निश्छलता, अपनापन और आंतरिक ऊर्जा भी प्रवाहित करता है। दोनों में प्यार का एक आइसपाइस खेल भी चलता रहता है; जो जिस्म से रूह तक की यात्रा तय करता है। कवि कहता है- ''उसका हँसना/जैसे हरसिंगार का झरना/उसका बतियाना/जैसे हवा का चंदन और कस्तूरी गंध में बस जाना/उसका जाना/जैसे माँ का बच्चे से दूर चले जाना/उसके प्यार का जादू/जैसे पोर-पोर में/चाहत की मेंहदी का रच जाना/उसके अपनत्व का आयतन/जैसे समूचे ब्रह्मांड का अपनी जद में आ जाना।''

विवाह एक ऐसी प्रणाली है; जिसमें दो पार्टनर हैं। पति-पत्नी (दंपति) आपसी सहयोग, सद्भाव और बराबरी के आधार पर पार्टनरशिप चलाते हैं तो इससे बड़ा कोई सुख नहीं। हालाँकि वैवाहिक जीवन में किन्हीं-किन्हीं मुद्दों को लेकर उनके बीच बार-बार असहमतियाँ भी होती हैं; लेकिन यह दांपत्य-जीवन का एक ज़रूरी हिस्सा भी है। इससे प्रेम भी बढ़ता है और दोनों की चाहत का संसार भी खुलता है। वैवाहिक जीवन में जब लगातार लड़ंत-भिड़ंत होती है, खींच-तान होती है और टूटन की भयावह दरारें चौड़ी होती हैं तो इससे दोनों पार्टनर तनाव में आ जाते हैं। यदि यह सिलसिला लंबा खिंच जाए तो दांपत्य जीवन नारकीय बन जाता है। पति-पत्नी के इस संघर्ष में सबसे ज़्यादा बच्चे पिसते हैं। उनका बालमन चोटिल और विकृत हो सकता है।

वैवाहिक रिश्तों को जीने और ढोने के बीच बहुत बड़ा अंतर है; लेकिन उम्र के कुछ ऐसे पड़ाव होते हैं, जहाँ से कोई और रास्ता पकड़ लेना मुमकिन नहीं होता; भले ही साहिर लुधियानवी कह गए हैं- ''वो अफ़साना जिसे अंजाम तक लाना न हो मुमकिन, उसे एक ख़ूबसूरत मोड़ देकर छोड़ना अच्छा।'' दांपत्य जीवन में अक्सर यह व्यावहारिक नहीं होता; लेकिन जब पानी सर से

ऊपर चला जाए तो कोई करे भी क्या! रिश्तों को जबरन खींच-खाँचकर चलाने से बड़ी कोई यातना नहीं है। मुझे लगता है कि संचार-क्रांति और उत्तर संरचनावादी विमर्श के दौर में वैवाहिक मूल्यों की पक्षधरता और विवाह-संस्था के अंदर से उठ रहे सवालों पर नए सिरे से सोचने-विचारने और किसी निर्णय पर पहुँचने की ज़रूरत आन पड़ी है।

सामाजिक रूपांतरण में शोषितों की शिनाख़्त

मानव-सभ्यता के आरंभ से लेकर आज तक समाज कभी अपरिवर्तनशील नहीं रहा। वह समय, परिवेश और परिस्थितियों के कारण और अनुसार अपने आपको निरंतर बदलता और विकसित करता रहता है। कभी आगे बढ़ता है, तो कभी पीछे जाता है। यही सामाजिक रूपांतरण है। यह जटिल किंतु लचीली सामाजिक-प्रक्रिया का अपरिहार्य और अनिवार्य अंग है। समाज के इस आगे-पीछे आने-जाने का मानक समाज-विशेष में रह रहे लोगों का हर दृष्टि से निष्कंटक जीवन जीना होता है। व्यापक परिप्रेक्ष्य में इस सामाजिक रूपांतरण को राजनीतिक, सामाजिक और आर्थिक घटक अनिवार्यतः प्रभावित करते हैं। प्रसिद्ध इतिहासकार सुधीरचंद्र के शब्दों में- "सामाजिक रूपांतरण का अर्थ साधारणतः समाज के गत्यात्मक पक्ष से लिया जाता है और रचनात्मक स्थानांतरण उपनामों के रूप में उन सभी विषयों, मानव विज्ञानों की समग्रता के लिए है; जो समाज का अध्ययन गत्यात्मक वस्तु के रूप में करते हैं।" (हिंदी कलम-02, पृष्ठ-116)

चूँकि मनुष्य एक सामाजिक प्राणी है, इसलिए वह परस्पर सांस्कृतिक आदान-प्रदान भी करता है। इस आदान-प्रदान में लक्ष्यों के नए सोपान जुड़ते जाते हैं; नए-नए सामाजिक उद्देश्य आर्थिक रूपांतरण की दिशा और दशा तथा उनसे संबद्ध राजनीतिक निर्णयों को भी निर्देशित करते हैं। परिणामस्वरूप सांस्कृतिक रूपांतरण की प्रक्रिया में भी तेज़ी आती है। यह रूपांतरण विविधता लिए होता है। इसलिए सामासिक संस्कृति निर्मित होती है। इसमें तथाकथित मुख्यधारा की जातियों और वर्गों समेत दलितों, स्त्रियों, आदिवासियों और अन्य चीन्ही-अनचीन्ही जातियों और वर्गों की संस्कृतियों की आभा भी शामिल होती है। एक ओर जहाँ सामाजिक शक्तियों की धमक से संसार की कोई संस्कृति निर्लिप्त नहीं रह सकती, वहीं दूसरी ओर तमाम जातियों की सांस्कृतिक

अवधारणाएँ सामाजिक शक्तियों की कार्रवाइयों में हस्तक्षेप करती चलती हैं। अतः सामाजिक रूपांतरण दोतरफ़ा गतिविधि बनी रहती है।

चिंता की बात यह है कि हम जिस दौर में आ धँसे हैं, उसमें सोचने-विचारने का रिवाज धीरे-धीरे कम हो चला है। सामाजिक रूपांतरण की कार्रवाई इकतरफ़ा हो चली है। बहुसंख्यकवाद विरुद्ध अल्पसंख्यकवाद का अखाड़ा लोटा जा रहा है। प्राचीन मुख्यधारा वाली अवधारणा के समाज और संस्कृति को हाशिए पर ठेला जा रहा है। उसूलों को निभाने वालों, निर्बल की रक्षा के लिए मर मिटने वाले सबलों का क्रमशः अकाल पड़ता जा रहा है। जो सिद्धांतों पर चलते हैं, जोख़िम उठाते हैं, उन्हें निरा पोंगा, अव्यावहारिक या सिरफिरा समझ लिया जाता है। पूँजीवादी सभ्यता ने हमारे पारंपरिक रिश्तों का रस सोख लिया है। रिश्तों की ऊष्मा के नाम पर अब दिखावे और स्वार्थ से लपलपाती हुई जीभें बची हैं। लोग चरण छुऔव्वल के बाद गला काट देते हैं। पूरी सामाजिक संरचनाएँ इन कारगुज़ारियों से पटी पड़ी हैं। इतिहास और विचारधाराओं के अंत की सगर्व घोषणाओं के बाद अब मनुष्यता के अंत की घोषणा करना ही शेष रह गया है। जब मनुष्यता ही नहीं रहेगी, तो मानव-मूल्यों की क्या ज़रूरत और क्या अर्थवत्ता? इसकी भूमिका ज़ोर-शोर से बनाई जा रही है और हम जाने-अनजाने उसके सहभागी बने हुए हैं। यह चरम उदासीनता का भी दौर है।

साम्राज्यवाद और नव उपनिवेशवाद कई-कई रूप धर हमारे सामने खड़ा हो गया है। कभी वह बाज़ारवाद, भूमंडलीकरण, उपभोक्तावाद का रूप धरता है, क़भी वह धर्म के झंडे फ़हराता हुआ धार्मिक उन्माद का रूप धारण कर लेता है, तो कभी संस्कृति की दुहाई देने लगता है। उसकी शक्लों को पहचानना अब इतना आसान नहीं रह गया है। विखंडनवाद, उत्तर आधुनिकता, उत्तर संरचनावाद- जैसे उसके कितने ही रूप और रूपांतरण हैं। इनकी लीला ऐंद्रजालिक है। यह पूरा तंत्र प्राचीनकाल के निशाचरों जैसा मायावी युद्ध लड़ रहा है- कभी दिखना, कभी ग़ायब हो जाना! समूचा विश्व-समाज किस दिशा की ओर जा रहा है, इसका पता ही नहीं लगने देता। हमारे आस-पास की चीज़ों को रातोंरात बदल डालता है और उसके जादू में हम हक्का-बक्का रह जाते हैं। रूपांतरण की प्रक्रिया इतनी तेज़ है कि हमारी किसी प्रतिक्रिया से पहले ही मंजर बदल जाता है। हम इस मंजर के घटक या नियंता नहीं, मात्र एक उपभोक्ता बनकर रह जाते हैं और 'यूज़ एंड थ्रो' यानी उपभोग करो और फेंको की संस्कृति का कब हिस्सा बन जाते हैं, इसका पता ही नहीं चलता।

हमारे अवचेतन में यह संस्कृति इतना घर कर चुकी है कि हम इस हाथ ले, उस हाथ दे का व्यवहार करने लगे हैं। मानवीय संबंधों और और परस्पर सहयोग की भावना का कोई अंतराल नहीं बचा है। एक तरह का व्यापारिक लेन-देन हमारी भावनात्मक संरचना में घर कर गया है। भारतीय समाजों की पुरातन सदाशयता में गहरी फाँक आ चुकी है। संयुक्त परिवार-प्रणाली के भी अब केवल खंडहर ही बचे हैं। आर्थिक मज़बूरियों ने लोगों को माचिस की डिबियों जैसे मकानों और एकल परिवार के दमघोंटू पिंजरे में क़ैद करके रख दिया है। संयुक्त परिवार में हो रहे लगातार विखंडन पर समाजशास्त्री प्रो. रवींद्रनाथ साहा का विश्लेषण कहता है कि "औद्योगिकीकरण के कारण सामाजिक क्षैतिज गतिशीलता बढ़ गई है। लोग रोज़ी-रोटी को लेकर परिवार से बाहर रहने को मज़बूर हैं। वहीं वर्तमान में उपभोक्ता-संस्कृति के कारण लोगों की भौतिकतावादी आकांक्षाएँ और आवश्यकताएँ बढ़ गई हैं। स्वयं के परिवार और बच्चों की संतुष्टि को लेकर लोग दबाव में रहने लगे हैं। प्रतियोगिता के कारण तनाव बढ़ गया है। लोगों की मनोवृत्ति में भी बदलाव है। लोगों में आपसी सौहार्द और समायोजन का ह्रास हो गया है और यही संयुक्त-परिवार के विखंडन का मुख्य कारण है।" यह भी सामाजिक रूपांतरण का एक यथार्थ रूप है। हालाँकि इसके हानि-लाभ पर अलग से बहस की जा सकती है।

आज समाज में बदलाव की प्रमुख कारक घरेलू शक्तियाँ नहीं; बल्कि बहुराष्ट्रीय कंपनियाँ, उनका विज्ञापन-तंत्र और अंतरराष्ट्रीय सेंधमार साइबर सिस्टम है। ये सब मिलकर दलितों, आदिवासियों और स्त्रियों के हितों की अनदेखी करते हैं; क्योंकि इनकी अपनी स्वतंत्र क्रय-शक्ति नहीं है; जो मँहगे, भड़कीले और ग़ैर-ज़रूरी उत्पाद ख़रीद सकें। अंतरराष्ट्रीय पूँजी का लक्ष्य भारतीय निम्न मध्यवर्ग, मध्यवर्ग, उच्च मध्यवर्ग है; जिसे वह विश्व-सुंदरियों के माध्यम से अपनी ओर लुभाता है। अपने लीचड़ उत्पादों की विश्वसनीयता बढ़ाने के लिए यह पूँजी देशी विश्व-सुंदरियाँ भी पैदा करती है और सौंदर्य की अंधी होड़ में बहुत बड़े वर्ग को शामिल कर देती है। यही वजह है कि प्राकृतिक सौंदर्य की जगह कृत्रिम सौंदर्य लेता जा रहा है और निशाने पर स्त्रियाँ व पुरुष दोनों हैं।

अंग्रेज़ी-सभ्यता की चकाचौंध के बाद यह दूसरा अवसर है, जब एक नए बाज़ार का कहर हमारे देश में निरंतर बरस रहा है और उससे मोहपाश में बँधकर हम सम्मोहित होते चले जा रहे हैं। जिस भी गली से निक़लो, चीज़ों

का अंबार लगा है; जिसके नीचे हमारी सामाजिक रूपांतरण की चेतना दब गई है। जिनके पास पैसा है, वे अपने घर को गोदाम बनाने में जुटे हैं और जो पैसाविहीन हैं, वे दूर से ताक रहे हैं। हमें जड़ता प्रदान करने वाला यह अघोरी तंत्र आख़िर हमें कहाँ ले जाएगा? इस तंत्र का मंत्र जाने बिना हम सामाजिक रूपांतरण की किसी भी प्रक्रिया को नहीं समझ सकते। कार्ल मार्क्स-फ्रेडरिक एंगेल्स ने भारत के संदर्भ में हमें इस प्रक्रिया की ऐतिहासिक समझ दी थी- "हमें यह नहीं भूलना चाहिए कि प्रतिष्ठाहीन, गतिहीन और सर्वथा जड़ जीवन ने, इस तरह के निष्क्रिय अस्तित्व ने अपने से बिल्कुल भिन्न, विनाश की अनियंत्रित, असीमित शक्तियों को भी जगा दिया था।ख्र. मनुष्य को परिस्थितियों का सर्वशक्तिशाली स्वामी बनाने की बजाय उन्होंने उसे बाह्य परिस्थितियों का दास बना दिया कि अपने आप विकसित होने वाली एक सामाजिक सत्ता को उसने एक कभी न बदलने वाले स्वाभाविक प्रारब्ध का रूप दे दिया।" (भारत का प्रथम स्वतंत्रता-संग्राम, पृष्ठ-13, 14)

सामाजिक जड़ता के इस ब्रिटिश साम्राज्यवादी यथार्थ के आलोक में 18वीं और 19वीं सदी के दौरान भारतीय जनता के मौलिक अधिकारों का हनन, दमन, उत्पीड़न और शोषण का अखंड ताना-बाना बुना गया था। आज अंतरराष्ट्रीय पूँजी अपने बदले हुए संगठित स्वरूप में धार्मिक उन्माद, पर्यावरण का विनाश और अपसंस्कृति का घटाटोप लेकर भारत में फिर से हाज़िर हो गई है और हम पलक-पाँवड़े बिछाकर उसका स्वागत कर रहे हैं। फलस्वरूप हिंसा की सभ्यता का निरंतर आक्रमण हो रहा है; शिक्षा, स्वास्थ्य, कुपोषण और रोज़गार की भयानक चिंताएँ व्याप्त हैं; अश्लीलता की बहार आई हुई है; उत्तर आधुनिक समाज की प्रेत-छायाएँ मँडरा रही हैं; स्त्रियों और दलितों के अधिकारों की बात करना पिछड़ेपन की पक्की निशानी मान लिया गया है। राजेंद्र यादव मानते थे- "दलित के साथ-साथ स्त्री भी उसी वर्ग में आती है; क्योंकि वे हमेशा अपना व्यक्तित्त्व नहीं, अपने प्रभु का व्यक्तित्त्व जीते हैं और उसके साथ आइडेंटीफाई होते हैं।" (हंस, अक्टूबर 1992, पृष्ठ-72)

एक साहित्यकार होने के नाते स्त्रियों और दलितों की बात एक साथ यहाँ मैं इसलिए उठा रहा हूँ कि भारतीय समाज में जड़ता की एक सर्वग्रासी प्रक्रिया व्याप्त हो गई है; जिसके शिकार दलित और स्त्री समान रूप से हैं। बात को पुख़्ता करने के लिए मैं महान कथाकार प्रेमचंद के ऐतिहासिक भाषण का यह अंश पेश करना चाहता हूँ- "जो दलित हैं, पीड़ित हैं, वंचित हैं- चाहे वह व्यक्ति हो या समूह, उसकी हिमायत और वक़ालत करना उसका (साहित्यकार)

फ़र्ज़ है। उसकी अदालत समान है। इसी अदालत के सामने वह अपना इस्तग़ासा पेश करता है और उसकी न्यायवृत्ति तथा सौंदर्यवृत्ति को जाग्रत करके अपना यत्न सफल समझता है। पर साधारण कारिंदों की तरह साहित्यकार अपने मुवक्किल की ओर से उचित-अनुचित सभी तरह के दावे पेश नहीं करता, अतिरंजना से काम नहीं लेता।'' (साहित्य का उद्देश्य)

पर साहित्यकार भी क्या करें! हमारी सामाजिक संरचना में ऐसी कई गुत्थियाँ हैं और कई ऐसी गाँठें हैं; जिन्हें अभी तक सुलझाया नहीं जा सका। जातीय बम संविधानेतर सत्ता के स्तर पर जगह-जगह फिट कर दिए गए हैं; जिनके फटने का समय कहीं और से निर्धारित होता है और रिमोट कंट्रोल किसी और के पास होता है। इस ग़ज़ब तालमेल को राष्ट्रीय विकास के मानक, सामाजिक न्याय के पिरामिड भी डिफ़्यूज़ नहीं कर पा रहे हैं। धर्म और जाति की श्रेष्ठता का पाखंड इतना गहरा है कि इक्कीसवीं सदी में भी स्त्री और दलित-विमर्श कराह रहा है। वरिष्ठ आलोचक मैनेजर पांडेय का मानना है- ''यह सही है कि एक स्तर पर दलित और नारी की स्थिति एक जैसी है; क्योंकि दोनों पराधीनता के शिकार हैं। यह अकारण नहीं है कि भारत की वैदिक, पौराणिक परंपरा के रक्षक शास्त्रकारों एवं कवियों तक ने शूद्र और नारी को एक साथ रखा है। इसलिए अब व्यापक रूप में भारतीय समाज की संरचना में दमन, उत्पीड़न के शिकार जनसमुदाय की बात की जाती है तो दलितों और स्त्रियों को एक साथ रखा जाता है। (युद्धरत आम आदमी, दलित चेतना विशेषांक, पृष्ठ-180)

कहने को तो दलितों, आदिवासियों के विकास के लिए सरकार, स्वयंसेवी संस्थाएँ, आरएसएस के मुखौटा संगठन और विदेशी मिशनरियाँ अरसे से सक्रिय हैं; पर क्या उनका समुचित सामाजिक रूपांतरण हो सका? उत्तर नकारात्मक ही है। इसीलिए अनुसूचित जातियों, जनजातियों के लिए हो रहे विकास-कार्यों में व्याप्त विसंगतियों पर रोशनी डालने का काम भी जारी है। समाजशास्त्री महेश श्रीवास्तव लिखते हैं- ''सभी राजनीतिक दल दलितों को सपने बाँटते हैं और यथार्थ का स्वयं उपभोग करते हैं। यदि ऐसा नहीं होता, तो आज़ादी के इतने सालों बाद भी दलितों की हालत क्या वैसी ही बनी रहती? बिहार में पिछड़ों के राज में पिछड़ों के साथ क्या हो रहा है और जो पिछड़े राज कर रहे हैं, वे अपना और अपने परिवार का हित देखने के अलावा क्या कर रहे हैं? दरअसल अनुसूचित जातियों, जनजातियों के बारे में हम बहुत कम जानते हैं। सही बात तो यह है कि किसी को जानने के बाद ही हम उससे जुड़ सकते हैं और जुड़ने

के बाद ही कुछ कर पाना संभव होता है।" (नया पथ, स्वाधीनता विशेषांक, अंक-24, 25, पृष्ठ-108)

वर्ष 1914 में सरस्वती पत्रिका में हीरा डोम की छपी एक कविता से उपर्युक्त विडंबना को हम बेहतर समझ सकते हैं। 'अछूत की शिकायत' कविता में उन्होंने सवाल उठाने का साहस किया था- "हमनी के इनरा के निगिचे न जाइलेजा/पाँके से भरि-भरि पिऊतानी पानी/पनही से पिटि-पिटि हाथ गोड़ तुड़ि देलैं/हमने के एतनी काही के हलकानी।" (अर्थात् हम लोग कुएँ के करीब नहीं जा सकते, हम कीचड़ में से पानी निकाल-निकालकर पीते हैं। जूते से पीट-पीटकर हमारे हाथ-पैर तोड़ दिए जाते हैं। हम लोगों को इतनी यातना क्यों सहनी पड़ती है?) इस कविता की रोशनी में अगर दलितों की पुरानी ज़िंदगी से लेकर नई ज़िंदगी को देखा जाए तो लूट-खसोट, शोषण और उत्पीड़न की एक लंबी त्रासदी बहती चली आ रही है। क्या वजह है, आज़ादी के इतने वर्षों बाद भी उनके प्रति हमारा मनोविज्ञान नहीं बदला। सामाजिक न्याय की बातें केवल बातें ही रह गईं। उनको ज़मीन पर नहीं उतारा जा सका। मुझे लगता है कि इन जातियों को बराबरी पर लाने की हमारी सदिच्छा ही नहीं है।

आदिवासियों की चिंता में एक कवि घुला जाता है- "दरअसल तुम्हारे और रोशनी के बीच/घना जंगल है/तुम्हें रोशनी की भी ज़रूरत है और जंगल की भी/इसीलिए जंगल के बीच/राह बनाओ/रोशनी को जंगल के बीच से/अपने गाँव तक पहुँचाओ/तुम्हारे इशारे पर हवा बहेगी/तुम्हारे इंगत पर मेघ/तुम्हारी धरती पर उतरेंगे/तुम्हारे खेत सोना उगलेंगे/धरती करेगी तुम्हारा तिलक/और भूमिपुत्र के पथ पर तुम्हें करेगी प्रतिष्ठित।" तात्पर्य यह कि जनजातियाँ किसी वैशाखी से नहीं उठ सकतीं। इन्हें अपने ख़ून, पसीना, परिश्रम, जिजीविषा के बूते प्रतिष्ठित होना होगा। ज़रूरत है इनके भीतर के अँधेरे को रोशनी से भरने की, ज्ञान की गंगा बहाने की, तभी रूपांतरण संभव हो सकता है।

डॉ. अंबेडकर कहा करते थे कि वे आरक्षण के विरुद्ध हैं; क्योंकि वे जानते थे कि आरक्षण एक वैशाखी है और वैशाखी के सहारे इन वर्गों को बहुत दूरी तक नहीं ले जाया सकता। यों तो भारतीय परंपरा में ग़रीब-गुरबा से प्रेम करना, उनकी मदद करना वरेण्य माना गया है; लेकिन व्यावहारिक परिणाम हमारे आपके सामने है। बड़े समूहों ने छोटों को कभी उठने नहीं दिया और कभी यदि उन्होंने उठने की कोशिश की तो धक्का देकर नीचे गिरा दिया। आदिवासियों के साथ हुए छल की बात करते हुए कवि कहता है- "तुम्हें जानकर आश्चर्य होगा वनवासी/तुम्हारे देश में, तुम्हारा नहीं/तुम्हारे अँगूठों का

अस्तित्व आँका गया/और तुम्हारे अँगूठों के लिए/तुम्हें एकलव्य की तरह फाँसा गया/तुम कहाँ समझ पाए/तुम्हारा ही अँगूठा तुम्हें दिखा दिया गया/और तुम्हारे ही अँगूठों के बल पर/तुम्हारा सब कुछ छीन लिया गया।''

अनुसूचित जातियों व जनजातियों के जीवन-स्तर में सुधार लाने हेतु हमारे भी कुछ कर्तव्य हैं। हमें हेय या दया की दृष्टि से न देखकर उन्हें शैक्षणिक, आर्थिक, व्यावसायिक, सांस्कृतिक और सामाजिक क्षेत्रों में प्रवृत्त करना चाहिए जनजातियों की प्रमुख समस्याओं में अंधविश्वास, रूढ़ियाँ, विस्थापन, अलगाव, निरक्षरता, बेरोज़गारी और ऋणग्रस्तता शामिल हैं। उनकी जीवन-शैली को समृद्ध करने के लिए विज्ञान और प्रौद्योगिकी का सहारा लिया जाना चाहिए। उन समाजों में व्याप्त अंधविश्वास को दूर करने के प्रयत्न करके उन्हें इस योग्य बनाना चाहिए कि वैज्ञानिक दृष्टि विकसित हो सके और वे अपने हुनर, आदिम ज्ञान और अपनी तर्कशक्ति का उपयोग करके देश की तरक्की में सक्रिय भाग ले सकें; शासन द्वारा दी गई सुविधाओं का स्वनिर्णय से भरपूर उपयोग कर सकें। तभी समाज का यह कटा हुआ अंग अन्य बलिष्ठ अंगों के साथ तालमेल बिठाकर सामाजिक बदलाव में अपना अमूल्य योगदान दे सकता है। प्रलोभन, धमकी, दंड और बहलाने-फुसलाने के बल पर उन्हें साथ नहीं लाया जा सकता।

दलितों, आदिवासियों के साथ-साथ स्त्रियों की भी सामाजिक रूपांतरण में महती भूमिका है; लेकिन हमने उन्हें भी कभी मुख्यधारा में शामिल ही नहीं होने दिया; बस उन्हें पूजने की बातें करते रहे और इसकी आड़ में उनकी दुर्दशा करते रहे। 'औरत होने की सज़ा' पुस्तक में अरविंद जैन लिखते हैं- ''पशुओं, गुलामों और स्त्रियों की वफ़ादारी, धर्मपरायणता, मालिक के प्रति जान न्योछावर करने की बलिदान-भावना, त्याग की कहानियों से सारा मध्ययुग भरा पड़ा है। यही उनका स्त्रीत्व है और यही शील। इसकी महिमा सबसे अधिक है। हर विजेता ने शत्रु-राज्य की संपत्ति के साथ, गुलामों और स्त्रियों को भी लूटा; क्योंकि मूलतः वह भी संपत्ति ही है।'' अरविंद जैन की बात एक़दम सच है। कहने को तो स्त्री को हमारे सामाजिक और पारिवारिक जीवन में अनंत अधिकार मिले हुए हैं; लेकिन जब धरातल पर नज़र डालते हैं तो उसके अधिकार की बात छेड़ते ही दमन-चक्र शुरू हो जाता है।

सुखद यह है कि इस दमन-चक्र से भयभीत न होते हुए पिछले कुछ वर्षों से हमारे देश में स्त्री और दलित-विमर्श मुखर हो गया है। दलितों के आंदोलनों के चलते उनकी आवाज़ भी सुनी जाने लगी है। स्त्रियों को साथ लेकर आगे

बढ़ना पुरुषसत्ता की मजबूरी बन चुकी है; क्योंकि विभिन्न सेक्टरों में उनका श्रम बड़े काम का साबित हुआ है। कथाकार स्वयंप्रकाश मानते हैं कि- "पिछले चालीस सालों में महिलाओं की स्थिति में उल्लेखनीय अंतर आया है और अनेक एशियाई देशों की तुलना में भारत की महिलाएँ एक अधिक सहज और मुक्त समाज में हैं; लेकिन उनकी स्थिति को नारी-मुक्ति-आंदोलन ने नहीं; बल्कि सामाजिक-आर्थिक दबावों, परिवर्तनों और विवशताओं ने बदला है।" (दूसरा पहलू, पृष्ठ-33) इस रूपांतरण से उम्मीद बँधी है कि वह दिन दूर नहीं, जब उन्हें संविधान द्वारा प्रदत्त अधिकार निश्चित तौर पर मिलेंगे।

हालाँकि भारत में ग्रासरूट की औरतों के लिए स्त्रीवाद का वही मतलब नहीं है; जो खाते-पीते मध्यवर्ग के लिए है। इसके बावजूद सामाजिक रूपांतरण में हर वर्ग की स्त्री को अपनी भूमिका निभानी होगी। उसका एकमात्र वर्ग है- स्त्री। जब तक वह इस हक़ीक़त को नहीं समझेगी, उसे अलग-थलग रखा जाएगा, कमज़ोर बनाकर उसका शोषण किया जाएगा और अपनी ही जैसी दूसरी दुःखियारी स्त्रियों के दुःख में शरीक नहीं होने दिया जाएगा। इसी का नतीजा है कि जब-जब औरत ने अकेले प्रतिकार किया है तो उसे इसकी भारी क़ीमत चुकानी पड़ी है। मध्यकालीन मीरा से लेकर आधुनिक काल की तसलीमा नसरीन तक इसके उदाहरण बिखरे पड़े हैं। बकौल आलोचक नामवर सिंह इसकी वजह वह मानसिकता है कि- "भारत जैसे पिछड़े समाज में स्त्रियाँ स्वतंत्र हो ही नहीं सकतीं; जैसा कि संस्कृत में कहा गया है- केवल वेश्या स्वतंत्र हो सकती है।" इसके पीछे कार्यरत अर्थतंत्र और सामाजिक विकृति पर महान बांग्ला लेखिका और आदिवासी इलाक़ों की कार्यकर्ता स्वर्गीय महाश्वेता देवी ने खुलासा किया था- "ग्लोबल सेक्स टूरिज़्म की सबसे अधिक मार दुनिया भर में ग़रीब, पिछड़ी और आदिवासी स्त्रियों पर पड़ रही है। एड्स से सुरक्षित माने जाने के कारण बालवेश्यावृत्ति का नया उभार हुआ है। भारत में कम उम्र बच्चियों की तस्करी बढ़ रही है। पश्चिम बंगाल के वीरभूमि शहर में बाढ़-प्रभावित परिवारों की कम उम्र बच्चियों को वेश्यावृत्ति के लिए 'रिक्रूट' किया गया। अब प्राकृतिक आपदा भी बाल-वेश्यावृत्ति के कारोबारियों को फ़ायदा पहुँचा रही है। ऐसे समय में हम स्त्रीवाद के बारे में बड़ी-बड़ी अकादेमिक बहसों में उलझे हैं।" (हंस, मई 2001)

लेकिन बहसें तो चलेंगी; विचार-मंथन भी होगा। इसी मंथन से आंदोलन निक़लेंगे और आंदोलनों से दलितों, आदिवासियों और स्त्रियों के हक़ में समाधान प्राप्त होंगे। ज़रूरत वर्ग-संघर्ष, दलित-संघर्ष, आदिवासी-संघर्ष और

स्त्री-संघर्ष को एक सूत्र में पिरोने की है; लेकिन यह तभी संभव हो सकेगा, जब इन संघर्षों को नेतृत्व देने वाले भी इन्हीं वंचित वर्गों के बीच से उदित हों; नेतृत्वकारियों के बीच सामूहिकता, लक्ष्य की स्पष्टता और उद्देश्य का एका हो; छोटे-बड़े मतभेदों के कारण उभर रहे बिखराव को सँभालने की क्षमता हो। वरना खाए, पिए, अघाए और मौका देखते ही पाला बदलने वाले अगुवा तो सिर्फ़ फूट डाल सकते हैं और अपनी स्वार्थ-सिद्धि के लिए सामाजिक रूपांतरण को पूरी तरह पटरी से उतार सकते हैं। ऐसे लोग दबंग वर्गों, कॉरपोरेट पूँजी, उसकी पिछलग्गू सत्ता और आपराधिक गठजोड़ द्वारा घुसपैठ कराए गए दलाल या भेदिए भी हो सकते हैं। इन्हें दुरदुरा और लतियाकर भगा देना कोई अनैतिकता नहीं कही जाएगी। ऐसे तत्त्वों की क्षुद्रता के चलते स्त्रियों, दलितों और आदिवासियों के सामाजिक रूपांतरण का पहिया किसी हाल में रुकना नहीं चाहिए।

हमसे हँसा नहीं जाता

अब न तो कहते बनता, न सोचते। शायद आदर्शों का इंतकाल हो गया। हमारी आँखों के सामने प्रजातंत्र का रोज़-ब-रोज़ ख़ून हो रहा है। राष्ट्रनिर्माण, राष्ट्रभक्ति और राष्ट्रीय एकता के नारे के पीछे भी एक साज़िश काम कर रही है। लंपट कुर्सी के नशे में जनता घृणा के शिकंजे में ठेल दी गई है। निरंतर विलुप्त हो रही विनम्रता सपनों में दिखती है। मन ऊबता जा रहा है हिंसा और हत्याकांडों से। वे बातें कर रहे हैं एकांगी विचारों की। वे रखैल बना देना चाहते हैं रियाया को; अपाहिज बना देना चाहते हैं संविधान को। आदमी को गूँगेपन की तरफ़ ठेला जा रहा है। धौंस जारी है कि किसी को बख़्शा नहीं जाएगा? हो रहे हैं समूचे उत्पात। अपराधियों की आरती उतारी जा रही है और शरीफ़ों को धमकाया जा रहा है। संविधान से खिलवाड़ करती ताक़तें अट्टहास कर रही हैं बिना किसी भय के। कवयित्री विस्लावा शिंबोर्स्का की पंक्तियाँ देखें- "हमें बेबसों के आँसुओं/और सच्चाई जैसी चीज़ों के लिए/अपने दिल में सम्मान जगाना था/लेकिन ऐसा कुछ न हुआ/आज ये हालात हैं कि/सुख एक मरीचिका बनकर रह गया है/कोई नहीं हँसता बेवकूफ़ियों पर/और न फ़ख़्र करता है/अक्लमंदी पर/अब तो उम्मीद भी/सोलह साला हसीना नहीं रही।"

शायद ये अँधेरे वक़्त की प्रेत-छायाएँ हैं। सब भौंचक, सब दहशत में। एक धीमा ज़हर जारी है। फैला है दूर-दूर तक क्रूरताओं का तांडव। तमाम तरह की लंपटताएँ खेल रही हैं। एक तरह के यांत्रिक विचार, एक तरह की नृशंसता घृणा का बीजारोपण कर रही है। यह एक तरह का धुँधलका है और एक तरह का निराशामय समय भी; लेकिन साज़िशों की आपाधापी में कुछ भी ख़त्म नहीं होगा; क्योंकि हमारी जिजीविषा ज़िंदा है। जिजीविषाएँ ऐसे-ऐसे हौसले देती हैं कि बड़े कठिन-से-कठिन काम अंततोगत्वा आसान हो उठते हैं। एक तरह का मिथक बनाया जा रहा है कि इस डरावने माहौल का आदी बनाकर आदमी की

आशाओं और विश्वासों को लूटा जा सकता है; जबकि प्रतिरोध हज़ार-हज़ार रूपों में फूटता है। जनतंत्र को समाप्त कर देना किसी तानाशाह के वश में नहीं।

हमारी ज़िंदगी बहुत सहज नहीं होती; उसमें तरह-तरह के सवाल भी होते हैं और तरह-तरह के जवाब भी। ज़िंदगी वहाँ अपने आप असुरक्षित महसूस करती है, जहाँ दोगलापन और दोभाषियापन होता है। हमारा जीवन बिखराव अंतर्विरोधों तथा विसंगतियों के बीच है। हमारे न तो जीवन में सिलसिला है, न व्याकरण में और न भाषा के अंतःरूप में। कुमार विकल के शब्दों में- ''मुझे शब्दों की हिफ़ाजत करनी है/और पहली लड़ाई/उस आदमी के ख़िलाफ़ लड़नी है/जो शब्दों की अर्थवत्ता को तोड़ता है/और दूसरी उसके विरुद्ध/जो शब्दों की अर्थवत्ता छोड़ता है।'' अर्थवत्ता के साथ मनमाना व्यवहार नहीं चल सकता। इस दौर में आज़ादी और जनतंत्र दो ऐसे शब्द हैं; जिनकी क़ीमत समझने की ज़रूरत है। हम मनुष्य की विकास-यात्रा को लगभग अनदेखा करते हुए पता नहीं विकास के किन सोपानों को पाना चाहते हैं!

क्या अजब और ग़ज़ब दुनिया हो गई है हमारी। भयमुक्त भारत नहीं, बल्कि भययुक्त भारत। जहाँ तक नज़र जाती है एक अज्ञात भय पसरा हुआ है। अंधकार में तरह-तरह के घुग्घू बोल रहे हैं; लेकिन हम लोकतंत्र के उजाले के लिए अड़े हैं। हमें तानाशाही नहीं, लोकतंत्र चाहिए; लेकिन हमसे कहा जा रहा है सावधान की मुद्रा में खड़े हो जाओ। लहर-लहर लहराए तिरंगा- जैसे शिक्षा में बार-बार प्रयोग होते हैं। जो भी आता है शिक्षा-व्यवस्था में चार लात लगाता है और शिक्षा के अंजर-पंजर ढीले कर जाता है। न शिक्षा सुधरी, न शिक्षा-तंत्र। अब तो शिक्षा के नाम पर सब कुछ खुल्ला है। डिग्रियों की बोली लग रही है। जो शिक्षा के इस संजाल को समझ गया, वह शिक्षण-संस्थानों को बाक़ायदा किसी मॉल की तरह चला रहा है; अभिवावकों को लूट रहा है; माननीय शिक्षकों, आचार्यों और पेट पालने वालों को लूट रहा है। व्यवस्था सम्हालने वालों की तोंदें बढ़ रही हैं। अध्यापकों के ढाँचे निक़ल रहे हैं और शिक्षा का जनगणमन हो रहा है।

लोकतंत्र है- आज़ादी है; लेकिन हम निःसहाय हैं, निरापद भी नहीं है; लोकतंत्र में चारों ओर से धक्के खा रहे हैं। हमारे ऊपर स्वतंत्रता बार-बार अचकचाकर गिरती है। देशभक्ति के गीत निरंतर झरते हैं; लेकिन जो सरहद पर लड़े, जिन्होंने गुलामी से मुक्त करने में अंग्रेज़ों की लाठियाँ झेलीं, जो फाँसी के फंदों में झूले, जो लगातार पिटे, उनके मूल्यों की कोई क़दर नहीं है। वे महापुरुष अब गुड्डी तानकर एक तरफ़ खड़े कर दिए गए हैं। जो आज़ादी के

आंदोलन में कहीं नहीं थे, वे कुर्सी पर विराजमान हैं। वे अपने ही पुरखों को बार-बार बौना बना रहे हैं और ललकारवादी हो गए हैं। हम 15 अगस्त के दिन आज़ादी का जयकारा लगाते हैं; गणतंत्र के लिए 26 जनवरी को झंडे फहराते हैं; लेकिन चीखें लगातार सुनाई पड़ती है। सब दिखावे और चढ़ावे की आरती है।

इधर राष्ट्रगीत बज रहे हैं; उधर राष्ट्रीय कराह फैली है। किसान आत्महत्याएँ कर रहे हैं। बहू-बेटियाँ बलात्कार झेल रही हैं। इसके लिए सत्ता के पास न तो कोई शर्म है न तो कोई हया; जैसे बसंत घायल है वैसे ही आज़ादी और जनतंत्र भी। जैसे बनन में बागन में बगरयो बसंत है- वैसे आज़ादी और जनतंत्र सत्ताधीशों के लिए बहार बनकर आया है। जन धूल में लोट रहा है और तंत्र वायुयानों में उड़ रहा है। काव्य-पंक्तियाँ हैं- "उसके आसमान में कोई स्वतंत्र पक्षी नहीं है/बिजली-बादलों की बरसात है सिर्फ़/एक राजनीतिक मौन कितना कहर ढा सकता है/ओफ्फ कितनी हिंसा कितनी असहिष्णुता/बुद्ध के रहम दिल का कोई अता पता नहीं/जनमते हैं विद्रोह के बीज इससे/निर्दयता, दमन, अवसाद/और पत्थर हृदय के ख़िलाफ़/भिन्न नस्ल के लोग क्या जी नहीं सकते?"

अब समूचा कुछ भी नहीं रह गया है- आज़ादी टुकड़ा-टुकड़ा, जनतंत्र उखड़ा-उखड़ा। दुर्गम इलाक़ों की चौकसी करने वाले हमारे देश के वीर सेनानी पता नहीं कैसे-कैसे शातिरों को सलाम करने के लिए मज़बूर किए जा रहे हैं। संत-महात्मा, बाबा-साधु जनतंत्र में मंत्री हो गए और अपनी दाढ़ी पर मसकल्ला मार रहे हैं। क्या बताएँ, हमसे हँसा नहीं जाता! आख़िर उत्सव कैसे मनाएँ, हम कैसे हँसें? लेकिन व्यवस्था किसी-न-किसी बहाने, किसी-न-किसी रूप में उत्सव उगा ही लेती है; फिर गान, तान, फलाना, ढिकाना और भाषण-भूषण चलते हैं; मालाएँ और गर्दनें एकाकार हो जाती हैं। आख़िर इन बहुरूपियों पर कोई विश्वास करे भी तो कैसे?

रिश्तों का बिखरता कोलाज़

"मैं अपने घर लौटूँगा/मेरे घर के आँगन में/जो पचपन वर्ष का बूढ़ा पेड़ है/उसके पाँव के पास/एक नन्हीं कोंपल उगी है/मैं अपने घर लौटूँगा उस कोंपल को/अपने शेष जीवन-जल से सींचूँगा।... मैं अपने घर लौटूँगा/और अपनी ज़िंदगी की बची हुई ऊन से/एक नन्हा पुलओवर बनाऊँगा/जो समय के साथ/एक ऐसा पुलओवर बन जाएगा/दुनिया का हर बच्चा पहन पाएगा/और घर शब्द को/शब्दकोष से निकालकर/एक लोक शब्द बनाएगा।" (कुमार विकल)

रिश्तों को परिभाषित करना हमेशा कठिन रहा है। कुछ रिश्ते हमेशा रक्त-संबंधों के साए में चलते हैं और कुछ हमारे सामाजिक-सांस्कृतिक रूपों से निर्मित होते हैं। एक रिश्ता मनुष्यता का भी है और वह हमारे समय के व्यापक फलक को घेरता है। रिश्तों को खोजना, सींचना और सहेजना पड़ता है। रिश्ते एक-दो दिन में नहीं बनते। कभी-कभी उनकी साज-सँभाल में एक उम्र लग जाती है। रिश्ते टूटने में तो एक पल नहीं लगता। इसलिए रिश्तों की गंभीर परवाह करनी चाहिए। सुदृढ़ रिश्तों के लिए हमेशा सुदृढ़ विश्वास की ज़रूरत होती हैं। बिना विश्वास के रिश्ते लंबे चल ही नहीं सकते। यहाँ मैं अंधविश्वास या मज़बूरी की बात नहीं कर रहा हूँ।

रिश्ते हमारे जीवन में बहुत महत्त्वपूर्ण होते है और रिश्तों में जीवन की ऊष्मा हो तो कोई भी लक्ष्य पाया जा सकता है। रिश्ते त्याग की माँग करते हैं। रिश्ते प्रेम और जिजीविषा की चाहत रखते हैं। मिर्ज़ा ग़ालिब कहते हैं- "हज़ारों ख़्वाहिशें ऐसी कि हर ख़्वाहिश पे दम निक़ले/बहुत निक़ले मेरे अरमाँ लेकिन फिर भी कम निक़ले।" समाज में रिश्तों का एक विशेष स्थान है। सामाजिक जीवन की सफलता के लिए रिश्तों को नज़रअंदाज़ नहीं किया जा सकता। हम जिस दौर में हैं, उसमें पारिवारिक मूल्य, जीवन-मूल्य और रिश्तों के प्रति रागात्मकता निरंतर घटी है। ज़्यादातर अपने स्वार्थ के लिए रिश्ते निभाने की

मुहिम चल रही है। रिश्तों के संचालन में अमीर-ग़रीब का भेद तो है ही, पैसों की भी विराट लीला है। रिश्तों में प्यार-हुलास और जीवतंता ज़रूरी है। रिश्तों को निभाने के लिए अपनापन और सहजता भी ज़रूरी है। इसीलिए कहा जाता है कि हमारे जीवन में ज़्यादा रिश्ते भले ही न हों, पर जितने भी हों, उनमें गरमाहट का होना लाजमी है। यदि ऐसा नहीं हुआ तो रिश्ते टिकाऊ नहीं हो सकते? अल्पना वर्मा की काव्य-पंक्तियाँ हैं- "खुली हथेलियों में कहाँ रह पाते हैं/मन में बसते हैं, कभी रूह में उतर जाते हैं/कैसे रिश्ते हैं/जो समझ नहीं आते/देह से नहीं बस मन से बाँधने वाले/भावों का अथाह सागर कभी दे जाते हैं/अपेक्षाओं से बहुत दूर मगर हैं नाजुक/टूट कर गिरे तो बस बिखर कर रह जाते हैं।"

रिश्तों में ऐसा क्या है जिसको सहेजने के लिए हम बार-बार तड़प उठते हैं? अतीत को वर्तमान में पूरा-का-पूरा रख देना चाहते हैं? मेरे एक मित्र हैं अशोक द्विवेदी। इस समय भोपाल में रहते हैं; पीएचई विभाग में इंजीनियर थे। छत्तीसगढ़ राज्य से अवकाशप्राप्त करने के पश्चात् सुखी और संपन्न जीवन बिता रहे थे। तीन बेटियाँ हैं- बेटियों के परिवार अपने काम-धंधे से लगे हुए हैं। एक तरह का अमन-चैन है; लेकिन द्विवेदी जी तनाव के किन आवर्तों में हैं, पता ही नहीं चलता! पिछले वर्ष हार्टअटैक हुआ। लंबे इलाज के बाद स्वस्थ हो ही रहे थे कि अचानक भयानक लकवा (पैरालिसस) का शिकार हो गए। यह हादसा झेलते उन्हें छह् महीने से ज़्यादा का समय हो गया। ऐसे प्यारे और दिलखोल आदमी का यह कष्ट मुझे बेचैन किए रहता है। दूसरे साथी है श्री बीएन मिश्र- रीवा (मध्य प्रदेश) में रहते हैं। पिपरिया में वे गर्ल्स हायर सेकेंडरी स्कूल के प्राचार्य थे और मैं कॉलेज में प्रोफ़ेसर था। अब हम दोनों सेवानिवृत्त हैं; लेकिन रिश्तों की ऊष्मा जस-की-तस है। उनसे मिलने की इच्छा मुझे हमेशा एक पाँव पर खड़ा रखती है। वहीं कुछ रिश्तों का रोना यह है कि जिनके साथ आपने 25-30 वर्षों तक लगातार समय साझा किया, उनके साथ संबंध बहाल करने तक की कोई इच्छा अब शेष नहीं रही!

आधुनिक जीवन-पद्धति और बाज़ार की माया ने हर चीज़ को स्वार्थों के खेल में बदल दिया है। लोग रिश्तों के भीतर छिपे रूपों को नहीं समझना चाहते। एक दौर ऐसा भी था, जब टेलीविज़न (या कहें दूरदर्शन) ने हमारे समय को छेड़ या स्तंभित कर दिया था। जैसे कोई मित्र मिलने आया है, कोई रिश्तेदार और प्रिय पात्र हमारे घर में बैठा है; लेकिन लोग उलझे हैं टीवी में। किसी के पास वक़्त नहीं। अब सेल फ़ोन का एक अवतार- टच मोबाइल हमारे जीवन

और दुनिया में प्रकट हो गया है। आप मन में बड़ा उल्लास व उमंग भरकर किसी से मिलने कहीं पहुँचे और सामने वाले सज्जन मोबाइल से जूझ रहे हैं। आपसे हाँ, हूँ बातें करेंगे और अंत में आप वहाँ से चिढ़कर वापस आ जाएँगे। पिछले दिनों मैंने एक मित्र की बेटी के सगाई-समारोह में गौर किया कि होने वाले वर-वधू के माता-पिता को छोड़कर लगभग सभी रिश्तेदार और आगंतुक अपने-अपने मोबाइल फ़ोन की स्क्रीन पर नज़रें गड़ाए हुए थे। यानी आत्मीय बाद-व्यवहार भी अब मात्र एक औपचारिकता बन कर रह गया है। सामाजिक रिश्तों में उपस्थित होते हुए भी हम अनुपस्थित रहने लगे हैं।

रिश्तों को रेखांकित करने के दावे के साथ इधर फेसबुक में विभिन्न प्रकार के दिवसों को मनाने का एक नया रूप सामने आया है। मसलन, पितृ-दिवस (फादर्स डे), मातृ-दिवस (मदर्स डे), शिक्षक-दिवस (टीचर्स डे), मित्रता-दिवस (फेंडशिप डे), प्रेमी-प्रेमिका दिवस (वैलेंटाइन डे), बेटी-दिवस (डॉटर्स डे), अलाना दिवस, फलाना दिवस। लोग धड़ल्ले से सेवा, त्याग, सम्मान, समानता, प्यार और स्नेह जताने वाली पोस्ट ठेल रहे हैं। उनमें सत्यता कम, कृत्रिमता ज़्यादा है; वरना क्या कारण है कि अपने ख़ून से बचपन सींचने वाली माँ को बंद कमरे में कंकाल बनने के लिए छोड़कर संतान विदेश में ऐश करती है और बेहतर परवरिश के लिए आजीवन खटने वाले पिता को लोग वृद्धाश्रमों में अजनबियों के हवाले कर देते हैं। पास-फेल होने के भय का दायरा लाँघते ही अधिकतर विद्यार्थी अपने शिक्षकों को नमस्कार करने की ज़रूरत भी नहीं समझते। छोटे-से मनमुटाव के चलते बरसों के याराने चले जाते हैं। नए आकर्षण साथ जीने-मरने की कसमें खाने वालों को झटके में बेवफ़ा बना देते हैं। सबको लपेटे में न लिया जाए तब भी ऐसे रिश्तों के जन्नत की हक़ीक़त सबको मालूम है।

जानता हूँ, आत्मीय रिश्तों की बुनावट हमें हमेशा तरोताज़ा और संवेदनात्मक बनाती है। अपने गाँव की याद करता हूँ तो बार-बार भीग-भीग जाता हूँ। वहाँ हर धर्म-जाति-बिरादरी के लोग, जो मेरे पिता जी को भाई कहते रहे हैं, उनके साथ उम्र और शिक्षा-दीक्षा की परवाह किए बग़ैर मेरे रिश्ते मुझसे एक पीढ़ी ऊपर के थे। मसलन परमा नाऊ को मैंने कभी उनका नाम लेकर नहीं बुलाया, वे मेरे लिए हमेशा काका रहे। मेरे पिता जी मनबोधी कोटवार को भाई कहते थे- मैं उन्हें आदर के साथ कक्का कहता था। इसी तरह लोहार काका, बढ़ई काका लगभग उम्र होने के बावजूद रिश्तों की ऊपरी सीमा पर थे। हमारे घर एक तेली भैया आते थे- मेरी माँ को काकी और पिता जी को काका कहते

थे। वे भी मेरे लिए हमेशा भाई रहे और उनकी घरवाली को मैं भउजी कहा करता था। गाँव में तथाकथित छोटी जातियों के लोग, जैसे विसलियाँ कोटवार के दामाद आते थे तो हमारे यहाँ उनको पूरे सम्मान से बैठाया जाता था। उनके साथ शिष्ट व्यवहार किया जाता था। सचमुच रिश्तों का बड़ा सम्मान था हमारे जीवन में।

रीवा या अन्य जगहों में रहते हुए मेरी माँ जब भी गाँव से आतीं, कभी झरबेरी के बेर लातीं, कभी केथा, कभी अँबरा (आँवला), कभी अमचूर, कभी बिरचुन, कभी पड़ोरा, कभी नीबू; कभी-कभी चना की भाजी भी लाती थीं। वे 92 वर्ष की होकर हमसे विदा हुईं। उनकी जीवन-शैली में गाय का अग्रासन (अगरासन) शामिल था। साथ ही भोजन करने के पहले होम लगाना ज़रूरी था। मैं जहाँ रहता था, गाय वहाँ थी नहीं। उन्हें दिक्कत होती। हमने बहुत दिनों तक माँ की लाई हुई चीज़ों को, उनकी भावनाओं को शायद ठीक से समझा नहीं। हम कहा करते थे- क्यों परेशान होती हो? वे कहती थीं- बिना माँ-बाप बने इन भावनाओं को क्या समझ पाओगे? पिता जी जब हमारे पास स्थायी रूप से शहर में रहने आ रहे थे तो उनका प्रस्ताव था कि घर की गाएँ दुधारू हैं- उन्हें यहाँ ले आया जाए। मैंने अपनी असमर्थता ज़ाहिर की। यदि मेरे माता-पिता कभी अपने आप को उपेक्षित महसूस करते तो कहा करते- तुम लोग भी हम जैसे बूढ़े होओगे तब सारी बातें समझोगे। छोटी-छोटी चीज़ों से उनका लगाव और जुड़ाव अद्‌भुत था। गाँव में जो हमारे पुरखों के सजाए खेत हैं- आज हमें कारूँ का ख़जाना लगते हैं। उन खेतों का एक-एक दाना हमारे लिए बेशकीमती है; क्योंकि उनसे हमारी भावनाएँ जुड़ी हैं। हमारा अपनत्व, हमारी निजता उनकी मिट्टी में है; वहाँ के वातावरण में हमारे प्राण बसते हैं; भले ही महीनों न जा पाएँ- रिश्ता है तो है।

रीवा में जहाँ मैंने अपना आशियाँ बनाया है- शिल्पी उपवन में, वह कॉलोनी नई है। घर में आम का एक पेड़ है। इस साल उसमें आठ-दस फल ही लगे। बड़े होने पर उनमें से दो आम भोपाल रहने वाले मझले बेटे को दे दिए। कुछ दिनों बाद जब बड़ी बहू नीलम बनारस जाने लगी तो दो आम उसको दिए गए। वह टालमटोल कर रही थी। कहने लगी कि क्या बनारस में आमों की कमी है? वहीं ख़रीद लेंगे। मैं और मेरी धर्मपत्नी यानी उसके सास-ससुर थोड़ी देर के लिए ख़ामोश खड़े रहे। मौके की नज़ाकत समझकर वह लगभग रुआँसी हो गई। उसे समझते देर नहीं लगी कि आम के ये फल ज़्यादा-से-ज़्यादा आधा किलो वज़न के होंगे; लेकिन इन दो फलों में मम्मी-पापा के स्नेह,

आंतरिकता और मोह का रस भरा हुआ है। उसने फौरन अपने ज़रूरी सामान के बीच उन आमों को किसी अनमोल धरोहर की तरह सहेजकर रख लिया। रिश्तों की प्रगाढ़ता आँखों से टपक पड़ी। अपने माता-पिता की कही बातें किसी चलचित्र की तरह मेरे मस्तिष्क में घूमने लगीं।

हम एक ऐसे दौर में हैं; जहाँ चीज़ों से जुड़ी भावनाओं को समझने की कोशिश नहीं होती। अब तो ऐसा समय है; जो मात्र स्वार्थ के दावानलों में है। किस-किस को याद करूँ! शायद कुछ लोग पढ़कर हँसें भी। मेरे एक गुरु जी हैं- नाम है श्री चंदभानधर द्विवेदी- वे 90 वर्ष के हैं, अपने छोटे बेटे के साथ भोपाल में रहते हैं। कभी-कभार उनसे बातें होती हैं मोबाइल पर। इस वर्ष मझले बेटे मनीष, बहू नंदिनी और पोतों के साथ उनसे मिलने गया था। साथ में मेरी जीवनसंगिनी शांति भी थी। उनके बहू-बेटे ने हमें जो सम्मान दिया, वह अकथ है। विदा लेते वक़्त गुरु जी इतने भावुक हो गए कि रो पड़े। अपने विद्यार्थी-जीवन से बहती चली आई संवेदना की उस अजस्र धारा से मैं अब तक आप्लावित हूँ।

मेरे एक महान शिक्षक थे- डॉ. कमला प्रसाद। एक प्रतिभावान आलोचक, मेधावी संपादक और संगठक के तौर पर हिंदी का समूचा साहित्य-संसार उन्हें जानता और याद करता है। बाद में वह अखिल भारतीय प्रगतिशील लेखक संघ के महासचिव भी बने। वे मेरे शिक्षक भर नहीं थे, मार्गदर्शक और बड़े भाई की तरह रहे हैं। अब वे इस दुनिया में नहीं हैं; लेकिन उनकी आत्मीयता हर पल मेरे साथ है। याद आता है कि एक बार ग्वालियर से अकेले लौटते समय उन्होंने अपने बच्चों के साथ-साथ मेरे लिए भी शर्ट का एक पीस ख़रीद लिया था और जब रीवा में मैंने संकोचवश उसे स्वीकार करने से मना किया तो कहने लगे कि यह 'शिष्यदक्षिणा' है! कल्पना कीजिए कि वह 'गुरुदक्षिणा' वग़ैरह में विश्वास नहीं करते थे; लेकिन मुझे वह उपहार स्वीकार करने के लिए राज़ी करने हेतु 'शिष्यदक्षिणा' शब्द को ईजाद कर डाला।

मेरे अत्यंत आत्मीय और हिंदी के एक बड़े कवि अरुण कमल ने कमला प्रसाद जी के जन्मदिन पर एक कविता लिखी थी; जिसका शीर्षक है 'दोस्त।' उसके दो अंश आप भी पढ़ें- "जानता हूँ कोई है मेरा वीर कहीं/जो बचा लेगा मुझे आख़िरी वक़्त/चाहे जितना भी पाप करो/जो उतार लेगा मुझे फूल सा फाँसी के फंदे से/उसकी आस्तीन में पोंछता चेहरे की गर्द/कोई है जिसके मुँह पर झूठ न बोलूँ/कोई है जिसके आगे ग़लत सुनते डरूँ/जिसकी नज़र से गिरने का मतलब चौबीसवीं मंज़िल से गिरना।" उसी का एक दूसरा अंश- "दो छोटे

बच्चे जूते चमकाने वाले/बैठे हैं सुबह से ग्राहक के वास्ते/कि शाम होते-होते आता है एक के पास एक ग्राहक/और दूसरा उसे अपनी डिबिया से देता है क्रीम/और फिर दोनों ढाबे में खाते हैं लिट्टी एक साथ/क्या है इस छोटी-सी बात में/जो आज मुझे व्याकुल कर रहा है/अभी-अभी सुना मैंने चंद्रमा पर जल है/और दोस्त की सुराही में जल/मेरे कुएँ का पानी खारा दोस्त के घर का मीठा जल/दोस्त जिनसे ज़िंदगी में मानी पैदा होते हैं।'' अरुण कमल की बात रिश्तों के जादू को प्रकट करती है; हमारी भावनामयता को नया आलोक देती है।

बहुत पहले पढ़ी कथाकार उषा प्रियंवदा की एक कहानी 'वापसी' याद आती है। उसके गजाधर बाबू हमें बार-बार स्मरण आते हैं। साठ-सत्तर के दशक की यह कहानी आधुनिकता की लंबी छलाँग की कहानी है। अपनी पत्नी, बच्चों के लिए गजाधर बाबू का समर्पण बेमिसाल है; लेकिन वे अंतिम दौर में उपेक्षा का दंश झेलने को बाध्य हुए रेलवे की नौकरी से रिटायर होने के बाद वे अपने घर इस आशा और विश्वास के साथ आए थे कि परिवारजनों के साथ हँसी-ख़ुशी रहेंगे; लेकिन लौटने पर उन्हें सब कुछ बदला-बदला दिखाई पड़ता है। गजाधर बाबू इतने अकेले हैं, इतने आंतरिक दुःख में हैं कि उनकी पत्नी और बच्चे तक उस अकेलेपन को, उस पीड़ा को नहीं समझ पाते। क्या हो गया है हमारे समय और समाज को! हमारे रिश्तों के ग्राफ़ को!! हम अकेलेपन की खाई में मुश्कें बाँधकर धकेल दिए गए हैं या यह महज़ समय का रुझान है!!!

लेकिन रिश्तों के घटाटोप में कभी-कभी उजली यादों की एक बिजुरी चमकती है और आशा-दिलासा के फूल खिल जाते हैं। याद आता है कि अपने छोटे बेटे अभिषेक को जब मैं गंभीर स्थिति में इलाज के लिए निपट अजनबी महानगर बंबई (अब मुंबई) लेकर जाने की योजना बनाते हुए घबरा रहा था, तो मेरे उमरी (जिला-सतना) निवासी गुरु जी रामराज सिंह ने कैसे मेरा ढाढ़स बँधाया था। उन्होंने न सिर्फ़ मुझे पशोपेश से निकाला; बल्कि अपने मुंबई में रहने वाले एक नाती को मेरे पहुँचने से पहले ही चिट्ठी लिखकर चेता दिया कि सेवाराम आएँगे तो अपने पिता की तरह ही उनकी खैरख़्वाह रखिएगा। अब बताइए, मैं स्वयं तब दूसरे बच्चों को महाविद्यालय में पढ़ाता था; लेकिन संबल मिला मुझे माध्यमिक शाला में पढ़ाने वाले अपने गुरु जी से! रिश्तों का गुलमोहर खिलाना ऐसे ही सीखा जाता है।

रिश्तों की स्मृतियों के हाथीद्वार पर साथ पढ़ने-खेलने वाले कई लंगोटिया यार, नौकरी के दौर के सहकर्मी और मेरे अनेक विद्यार्थी लगातार दस्तक देते

रहते हैं। समय की कोई धुन इसकी अनुगूँज को मद्धिम नहीं कर सकती। यह एक ऐसा रसायन है; जिसमें अपनत्व का अमृत घुला हुआ है। मेरे लिए रिश्ते किसी मीठी लोरी से कम नहीं। इसलिए यदि रिश्तों में घनत्व है तो उन्हें अनिवार्यतः सहेजा जाना चाहिए। रिश्तों की धमक और चमक व्यक्तियों से लेकर समाज और देश-विदेश तक आवाजाही करती है। इस प्रसंग में हमारे समय के एक बेहद महत्त्वपूर्ण और चहेते कवि केदारनाथ सिंह का यह कवितांश मेरी आत्मा को नम कर रहा है- "अब तो आ गया हूँ पर क्या करूँ मैं/एक बूढ़े पक्षी की तरह लौट-लौट/मैं यहीं क्यों चला आता हूँ बार-बार/पृथ्वी पर ऊब क्या उतनी ही पुरानी है जितनी दूब/ख़्र जो मेरे नहीं है/आख़िर वे भी तो मेरे ही हैं/चाहे जहाँ भी रहते हों/फिर क्यों यह ज़िद/कि यहीं, यहीं/सिर्फ़ मेरा ही घर है?" (ज़मीन पक रही है)

अपने गाँव, अपनी धरती को याद करना, भूले-बिसरे सहचरों का स्मरण करना, उन सबकी छुअन को महसूस करना हमें मनुष्यता की गरिमा से ओत-प्रोत करता है और रिश्तों के फलक को पृथ्वी की जड़ों से लेकर आकाश की फुनगी तक विस्तीर्ण कर देता है।

●●●